# 김우진 시와 희곡 연구

: 그 상관성을 위하여

모든 것은 파괴된다.
자기 속에 장치하였던
다이나마이트는
자기 자신을
서서히 유력하게, 또 확실히
파괴시킨 후, 쉼 없이
또다시 건설한다.
오 자연의 힘이여!
모든 헌(古) 것은 파괴된다.

– 김우진 <고(古)의 파괴> 부분

# 시작하며

문학은 인간의 삶을 형상화한 것이기 때문에 장르가 다르다고 해서 다른 이야기를 하는 것이 아니다. 시를 써야할 때는 시인이 그 장르를 인식하기 때문이고, 극작품을 써야할 때는 그 형식으로 형상화해야만 하기 때문이다. 한 사람이 여러 장르를 쓰는 데는 그래야만 하는 이유가 그 작품 안에 내재한다. 다양한 학문의 융합을 이야기하는 지금도 한국문학 연구자들은 인접 장르인 시와 희곡의 관계와 영향에 대한 연관성을 도외시하고 있다. 필자는 김우진 문학의 장르간의 특징을 통해 근대문학 형성기의 의식을 이해하고 21세기라는 급격히 변전하는 시기에 다양한 문학 형식의 가능성을 열어보고자 한다.

근대문학의 형성기인 1910년대의 문화경험으로 자기표현 방식을 찾아간 김우진은 한시와 자유시를 같은 시기에 썼다. 이는 전통시가인 한시에서 자유시로의 이행과정을 살펴볼 수 있는 단서를 제공한다. 그의 시에 나타난 한시의 특징과 작법을 살펴보는 것은 자유시에 나타난 한시의 영향을 밝히는데도 유효하지만 우리 시가의 전통적인 형식과 자유시와의 연계를 생각해 볼 기회를 주기 때문이다. 1910년대 후반은 애국계몽기 시가에 나타나던 정서가 일상적 개인의 정서로 바뀌어 나타나기 시작한 시기이다. 그러나 진정한 의미의 개인의 정서와 감정에 충실한 작품의 발표로까지 이어지지 않았다. 이러한 1915년에 개인의 현실적 가치와 정신적 가치추구로 인한 갈등을 시로 토로한 김우진은 특별하다. 진정한 의미의 자유시는 시가 아니면 도달할 수 없는 가치와 정서적 경험을 표출하려는 절대성을 갖는다. 그러나 일상적으로는 어떤 기능도 담당할 수 없는 이러한 세계가 1910년대 후반에 얼마나 공감력을 얻을 수 있었을까?

시를 쓰던 그가 희곡을 쓸 수밖에 없었던 이유 또한 그의 특성과 무관하지 않다. 근대극의 출발기인 1920년 초반에 사실주의극도 정착하지 못한 문단에서 김우진이 표현주의 극과 다양한 형식을 혼합한 극을 쓸 수 있었던 것은 그의 자아추구 의식에서 기인된 것이라 볼 수 있다. 한 작가 안에 존재하는 문학적 기운은 그가 표현하고자 하는 욕망에 따라 형식을 선택한다. 특히 현대시의 주제인 자아의 문제가 김우진의 시와 희곡에 지속적으로 등장하고 있는 것은 그의 시와 희곡을 같은 차원에서 바라볼 근거를 제시한다. 나아가 시와 연계된 그의 희곡이 지니고 있는 특징을 통해 한국 근대문학에서 자생적인 시극의 가능성도 열어보고자 한다. 작품으로 성공여부를 떠나 그의 시도는 원시적이고 원래적인 문학의 힘을 소구하고자 하는 바람에서 출발되었을 것이다. 그 근본은 자아와 인간 존재의 본원적인 문제인 혼동에서 리듬을 찾고자하는 움직임이라고 볼 수 있다.

한국문학 연구를 주도했던 사실적이고 개념 중심적인 접근을 세분화하여 창작의 구체적 동력인 내면의 고통을 이해하고 인간의 본질을 소구하는 예술로서 근대 문학의 면모를 찾아보고자 했다. 이 책은 김우진의 정신세계를 통합적으로 접근해보고자 했던 필자의 박사학위 논문 『김우진 연구』에서 소설 부분을 제외한 시와 희곡 부분을 가져왔다. 김우진의 개성과 장르적 특징의 긴밀성을 추적하여 시와 희곡의 상관성에 대해 쓴 여러 편의 논문을 모았다.

2018년 가을
손 필 영

# 목 차

# I

# 자아인식과 시

# I 자아인식과 시

## 01 / 한시에서 자유시로의 이행

1897년에 태어난 金祐鎭은 일제의 강제 병합이 있기까지 한문으로 교육을 받았다. 이것은 이후 다양한 문화 경험으로 자기 길을 모색한 김우진의 내면 배경으로 작용하였을 것이다. 김우진의 근대 문화 경험과 단절되지 않은 습관과 의식의 충돌은 1915년 이후의 초기 시작품에 드러나므로 이 시기의 시에 대한 고찰은 김우진의 문학에 대한 의식 변화과정을 추적할 수 있게 한다.

1915년 4월에 구마모토(웅본)로 건너가서 『학지광(1914년 4월 창간)』, 『근대사조(1916년 1월 창간)』, 『기독청년(1917년 12월 창간)』 등의 문예지를 통해 문화경험을 한 김우진은 시를 통해 자기표현을 하였고 도쿄(동경)로 옮겨 1918년[1] 와세다 대학교

---

* 본 책은 두 가지의 전집을 자료로 썼다.
『金祐鎭 全集 Ⅰ, Ⅱ』, 전예원, 1983.
서연호·홍창수 편, 『김우진 전집 Ⅰ, Ⅱ, Ⅲ』, 연극과 인간, 2000.

1) 정대성, 「새로운 자료로 살펴본 와세다 대학 시절의 金祐鎭」, 『한국극예술연구』 제25집, 2007, p.436 참고. 출간된 두 전집에는 1919년으로 되어 있으나 와세다 대학에서 발행한 기록에는 1918년 4월 4일에 예과에 입학한 것으로 되어 있다.

예과를 거쳐 영문학을 공부하면서 문학평론과 희곡작품을 썼다. 근대시의 특징인 '자아'를 드러낸 시 작품은 1915년부터 1926년 출가하기까지 꾸준히 창작되었는데 그의 희곡 중에서 두 편은 '시인'이 주인공으로 등장하고 <산돼지>는 시가 극 결말을 대신한다. 이렇게 김우진에게 시는 특별한 의미[2]이었다고 볼 수 있다. 1915년 이전[3]의 시편들[4]도 있었겠지만 현재 남아 있는 일기에 재 수록된 시편과 편집된 시집을 통해서만 그의 정서를 읽을 수 있다. 김우진이 정리한 『草亭集』[5]에 보이는 그의 한시도 1915[6]년 이후의 것이다. 1919년 이전에 그가 얼마만큼 시를 썼고 한시를 써왔는지 모두 확인할 수 없지만 현재는 1919년 이전 까지 그가 쓴 시 작품은 한시를 포함해서 10편[7]

---

2) 염철, 「金祐鎭 산문을 통해 본 詩 인식 양상」, 『어문논집』 제61집, 2015, p.488 참고.
이 논문은 金祐鎭이 다른 문학 장르에서도 시를 지향했다고 결론내리고 있다.

3) 1913년에 소설을 썼던 그의 이력, '마음의 자취(心の跡)'라는 그의 일기 공책 표지에 '제16권(Vol.6)'과 '東京在學時'라는 표시, 일기에 재인용된 자작시들의 기록연대(1917년) 등은 김우진이 1919년 이전에도 문학적 기록을 남겼을 것을 추정하게 한다.

4) 한시·국문시·일문시를 포함한 시적 화자가 세계에 대해 정서적으로 대응한 글을 의미하여 본 논문에서는 시로 통칭하겠다.

5) 김우진의 아버지 김성규의 문집.

6) 김우진이 생각하는 새로운 文學의 출발시기이다. "새로운 조선文學이 잇는지 약 십년이다. 나의 계산으로 조선 청년으로서 일본에 가 공부하든 이가 동경에 學之光, 창조, 현대 등의 잡지 혹은 內地의 數種의 新聞雜誌에 투고하야 글쓰기 시작한 뒤로부터이다" 金祐鎭, 「李光洙流의 文學을 埋葬하라」, 『김우진 전집 Ⅱ』, p.294.

7) 1915년의 漢詩, 自由詩(일문) 각 1편, 1916년의 自由詩 1편, 1917년의 아버지께 보낸 漢詩와 自由詩(일문) 각 1편, 1918년의 漢詩 1편, 自由詩(일문) 2편, 1919년의 漢詩와 自由詩가 각 1편이 있다.

이 남아 있는 것을 알 수 있다. 1920년 본격적인 근대문학의 장이 펼쳐지기 전에 김우진은 한시와 자유시를 쓰다가 이후 자유시와 희곡을 창작했다. 특이한 점은 1900년 이전에 출생한 문인들은 시와 한시를 병행하여 창작했으나 김우진은 한시와 자유시로 정서를 드러내다가 나중에는 자유시로만 정서를 표현했다는 점이다. 이는 의미의 표현을 포함한 세계관의 변화를 드러내는 것으로 근대문학의 출발 환경을 좀 더 세밀하게 생각해 볼 수 있는 기회를 제공하며 동시에 당시 청년들의 세계관과 표현방식을 살펴 볼 수 있게 한다. 또한 김우진이 시라는 장르를 형태적으로 인시하였음을 알 수 있는데 무엇보다 그의 자유시 추구는 자아추구 양상과 관련하여 그가 희곡에서 다루고 있는 주제의식[8]과도 연관이 된다.

개화기 문학 창작집단[9] 중에서 특히 유학생 집단들은 1920년 이후 한국문단을 이끌어가기 전에 1910년대를 그들이 읽고 경험한 서구문화를 자생적으로 흡수하는 시간으로 유용했기 때문에 1920년대의 근대 문학의 출발은 1910년대의 젊은 지식인들의 내면 갈등의 표현으로 시작한다.[10] 이러한 가운데 찾아낸 형식이 자유시라 할 수 있다[11]. 1920년대에 金祐鎭이 현대적

8) 김성진, 「金祐鎭의 연극관 연구」, 『드라마 논총』 21집, 한국드라마학회, 2003. 12, 참고.
金祐鎭이 극예술을 선택한 이유는 자아확인에 있다고 하였다.

9) 김영철, 「근대시의 형성기」, 『한국현대시사』, 민음사. 2008, p.51 참고. 개화기 매체를 통해 드러난 문학 창작 집단을 저널리스트 계층, 유학생 계층, 개화서민 계층, 전문창작 계층, 이민 계층으로 나눠 그들의 장르 의식을 소개했다.

10) 이은정, 「근대시 형성 초기단계의 역사적 성격」, 『이화어문논집』 13, 1994, p.620 참고.

극작품을 쓰고 생을 마감할 수밖에 없었던 정신의 변모과정은 1910년대의 그의 자아추구의 방식과 방향에서부터 암시적으로 드러난다.

본 장은 먼저, 동일시기에 쓴 한시와 자유시를 통해 정서적 표현이 한시와 자유시에서 어떻게 나타나는지 찾아볼 것이다. 이는 시가에 있어서 전통적 장르와 근대적 장르의 연결 가능성을 제공할 것이다. 또한 당대의 『학지광』에 발표된 시와 비교하면 金祐鎭 시의 보편성과 개별성을 찾아 볼 수도 있을 것이다.

두 번째, 1915년의 일문시(자유시)에 나타난 그의 의식을 바탕으로 하여 1910년대에 문학적으로 자기표현을 찾아간 金祐鎭 시의 형식적 측면을 통해 드러낸 내적갈등을 살펴볼 것이다.[12) 자유시의 내용은 자아 표현의 문제이고 형식은 이와 관련된 리듬[13)의 문제이므로 먼저 김우진의 자아와 그것을 드러내려는 형식인 리듬에 대한 고찰은 근대시 형성기에 시의 형식과 내용이 어떻게 유기적으로 작용하여 형상화 되었는지 알 수 있게 한다. 따라서 이 고찰은 金祐鎭 시의 인쇄나 출판[14) 유무를 떠

11) 윤의섭, 「근대시의 미적 자율성 형성과정 연구」, 『한국시학 연구』 제33호, 2012, p.288 참고.

12) 본 장은 金祐鎭의 40여 편의 詩 중에서 스스로 '낭만주의 시'라고 평가(1922)한 7편의 초기시를 대상으로 하겠다. 그 중에서 시적대상을 향한 시인의 감정과 정서가 구체적으로 드러난 시와 표의문자의 특성을 살려 이미지화한 경우를 살펴보겠다.

13) 원론적으로 자유시와 정형적인 틀을 가진 시의 구분은 시의 음악적인 부분이다. 오세영, 『한국현대시사』, 민음사, 1970, p.18.

14) "잘 알다시피 고전시의 경우 시인은 주로 필사매체를 통하여 텍스트를 산출하고 필사된 텍스트로 독자와 소통한다. 또한 필사된 텍스트는 손으로 직접 써야하기 때문에 유통의 규모나 범위가 극히 제한적일 수밖에 없다. 유일본이나 소수의 사본 형태로 텍스트가 유통될 것이므로 독

나 근대시 형성기에 개인의 세계관 변화가 정서적 변화와 어떻게 조우하여 한국 문학에 내재화 되었는가를 밝히는 것이 될 것이다.

## 1) 형식과 내용[15]의 일치 추구

### (1) 지식인의 생활과 한시

한시(근체시)는 중국의 한시를 모범으로 충효를 최고의 가치로 여기는 유교적 이데올로기를 표방하므로 자유정신을 지향하는 자유시의 세계와 거리를 갖지만 개화기에는 지식인들 사이에서 시대적 변화와 가치를 토로하기 위해 유통되었고, 일제강점기에는 애국지사들과 민족의식을 주창하던 이들 사이에서 지속적으로 칭직되고 유통되었다[16]. 이 시기의 한시는 중국 한시

---

자 역시 지인이나 가문 등 극히 제한된 범위를 넘어서기 어렵다" (성기옥, 「고전시와 현대시의 미학적 패러다임」, 『한국시의 미학적 패러다임과 시학적 전통』, 소명출판사, 2006, p.83.)

네 편의 시집을 필사본으로 묶은 金祐鎭의 시편은 출판양상에서도 고전시와 현대시의 중간적 형태를 보이고 있다. 그러나 金祐鎭이 시를 인쇄 출판하지 않은 이유는 자신의 내면세계인 꿈을 순수하게 유지하기 위한 것이었을지도 모른다.

15) 박슬기, 「한국과 일본에서의 자유시론의 성립」, 『한국현대 문학 연구』 제42호, 2014, pp.16~17.

"근대시의 성립과정에서 자유시론이 중요한 이유는 자유시론이 그 어떠한 시론보다 강하게 전시대의 시와 단절을 주장하였기 때문이다. 전대와 다른 것은 그 무엇보다도 인간의 주관이며, '내면'이 다르다면 그것을 담고 있는 형식이 달라야 한다. 정서에 완전하게 일치하는 시형은 고정될 수 없으므로, 정해진 형식이란 있을 수 없다. 주관과 완전히 일치하는 시형 시형과 시의 동일성."

처럼 사성이나 압운 등의 소리를 통한 심화된 미의식의 결집보다 의미를 드러내고 주고받는 데에 유용되었으므로 소리와 분리된 의미 중심의 소통을 위한 시가가 되어 시가로서의 기능이 제한적이었다고 볼 수 있다. 또한 조선시대 후기부터 지속적으로 주장되어온 말과 글의 일치를 이루고자 하는 움직임과는 별도로 한시는 전통의 측면으로 바라보았으나 근대에 이르러 제국에서 국가로 분절되면서 라틴어, 한자 등의 제국의 문자언어에서 각 국가, 민족의 구어인 국어를 만들어 나간 역사적 사실[17]에 기대어본다면 1920년대 이후 한시에 대응하는 시대적 변화는 언문일치의 실현이라고도 할 수 있다.

을사늑약을 당한 근대 계몽기에 글을 읽고 쓰는 사람들 중 위기의식을 느끼지 않은 사람은 없었을 것이다. 국권을 상실한 충격이 가장 컸겠지만 밀려오는 외래문화에 의한 당혹감이나 호기심은 당시의 지식인에게 혼동 속에서 새로운 시도를 감행하게 했다. 당대의 유교적 패러다임에서 심층 속의 에피스테메[18]의 전환은 불안과 혼동을 수반할 수밖에 없어 잡지나 신문이라는 새로운 매체를 통해 위기의식을 극복하고자 하는 여러 형식의 글로 표현되었다. 당시 매체에 발표된 한시가 유래 없이 많았다는 것이 이 시대의 특징이다[19]. 한시가 유용된 것은

16) 진재교, 「동아시아의 시가 문학과 근대의 발견: 근대 전환기와 한시의 대응 - 근대 인쇄 매체와 한시와의 상관성」, 『한국시가 연구』 24권, 한국시가학회, 2008, p.106 참고.

17) 가라타니 고진, 『근대문학의 종언』, 조영일 역, 도서출판b, 2006, p.53.

18) 이광래, 『미셸푸코』, 민음사, 1990, p.147. "이론 수준에 있는 에피스테메에 비하면 패러다임은 틀림없이 이론 이상의 것인 반면에 에피스테메는 무의식의 심층에 놓여 있다는 점에서 세계관 이상의 것이다."

19) 1910년까지 발행된 40여종의 잡지에서 국문시가가 게재된 것은 10여종

한시의 강한 압축과 상징성 때문에 전달과 파급이 효과적이라 여겨 문예물보다 지식과 정보전달의 매체로 인식된 데 있다. 근대 계몽기 이후에도 한시는 지식인들 사이에서 편지나 시회를 통해 꾸준히 작시되었다.[20] 도일 후 1917년 金祐鎭이 아버지께 보낸 한시를 보자.

防草萋萋日日新 動人歸思不勝春
鄕關此去三千里 夜夢高堂謁老親

– 『草亭集』 卷之二[21]

무성한 향기로운 풀 나날이 새로워지니
고향 갈 생각 일어 봄날을 어쩌지 못하겠네
고향은 삼천리 밖
밤 꿈에서나 고향집 늙은 아버님을 뵙네.

위 시는 金祐鎭이 고향을 떠나 세 번째 봄을 맞으면서 쓴 絶句로 전경후정이라는 전형적인 한시형식을 갖추었다. 起句와 承句에서 시적 화자는 봄이 주는 아름다움과 대비되는 그리움

---

에 불과한데 한시는 거의 대부분의 잡지에 실렸다.(김영철, 「개화기 시가론」, 『한국현대 시사 연구』, 시학, 2007, p.79 참고) 따라서 1910년까지 한시는 정서 표현의 대표적 시가라 볼 수 있다.
1915~1916년은 한시의 절정기로 총 1,584편의 한시가 발표되었다. 이 기간 동안의 자유시는 미미하였다. (유석환(2014), 「매일신보와 근대문학; 1910~1929」, 『근대서지』 제9호, 2014, pp.186~187 참고)

20) 진재교, 앞의 책, p.108 참고.

21) 서연호·홍창수 편, 『김우진 전집Ⅰ』, 연극과 인간, 2000, p.400 참고.
『김우진 전집Ⅲ』 원문 참고.
양승국, 『김우진, 그의 삶과 문학』, 태학사, 1998, p.72 (한시 원문 출처)

의 감정을 드러낸다. 매일 풀이 자라나 새로워지는 봄을 보며 억제할 수 없을 정도로 고향에 가고 싶은 충동을 느끼는 것은 고향에 계신 늙어가는 아버지를 그리워하기 때문이다. 轉句까지 '무성한 풀'과 '삼천리 밖'의 고향이 대비적으로 드러나나 結句에서 그 그리움의 감정을 꿈에서 해결한다. 시인은 '꿈'을 문제해결의 공간으로 상정하고 있다.

擔簦十載爲何功 對案沉吟思不窮
孝子淚中冬筍綠 義人心上釰花[22]紅
三教立言元異趣 伍洲別族不同風
鴻毛泰嶽分輕重 眞正英雄在執中

– 『草亭集』 卷之二[23]

분주히 돌아다닌 10년에 무슨 공을 이루려 하였던가?
책상을 마주하고 곰곰이 읊조리니 생각은 끝이 없네
효자의 눈물은 겨울에도 죽순을 푸르게 한다는데
의인의 마음의 칼날이 부딪혀 불꽃이 붉네
삼교의 가르침은 원래부터 취지가 다르고
오대주의 여러 민족은 풍속이 다르네
홍모와 태산은 그 무거움이 나뉘어 있고
진정한 영웅은 마음의 중심에 집중하는 것에 있으리

1919년에 쓴 七言律詩로 <學窓音>이다. 아버지 김성규의 한시에 次韻[24] 하여 쓴 것이므로 개인적인 감정을 자제했으리라

22) 鋾(=劍)花(=華): 검과 검이 맞부딪히는 데서 생기는 불꽃 (갈등을 意味한다) 당나라 이백의 <胡無人行>에서.

23) 양승국, 앞의 책, p.75.

생각한다. 首聯에서 분주히 움직인다는 의미를 “긴 우산을 등에 걸고는 분주히 이리저리 돌아다닌다”는 用事로, 아버지에 대한 애정을 “효자의 눈물은 겨울에도 죽순을 푸르게 한다”라는 用事로 표현하고 있다. 또한 首聯에서 돌아다니며 이루려는 행위와 앉아서 생각하는 행위가 대구를 이루고 頷聯의 푸른색과 붉은색은 대조를 이루면서, 동시에 용사의 ‘효자’와 마음의 칼이 부딪혀 붉은 불꽃을 지닌 ‘의인(뜻을 세운 사람)’을 대조적으로 씀으로 갈등을 드러낸다.[25] 그 갈등은 경련에서 異와 同의 대구, 대조로 나타내는데 三教(儒, 佛, 仙)는 원래 취지가 다르고 세상의 다양한 문화와 풍속도 다르기 때문이다. 尾聯에서도 重과 中을 이용해 대구를 써서 가장 가벼운 기러기 깃털부터 가장 크고 무거운 큰 산이 나누어 있듯이 자신은 진정한 영웅(의인)이 되기 위해 마음의 중심에 집중(執中)하겠다고 다짐한다. 이 부분은 중의적 해석이 가능하다. 마음의 중심에 집중한다는 것은 유교적 덕목인 중용의 도리를 지키겠다는 것이기도 하지만 경중의 세계를 파악하려는 자신의 내면세계인 마음(칼이 부딪혀 붉은 불꽃을 일으키는)에 집중하겠다는 의미도 갖는다. 아버지의 편지에서 주장한 동서양의 이치가 같다[26]는

---

24) 다른 사람이 지은 詩의 자(韻字)를 따서 詩를 짓다.

25) 율시에서는 함련과 경련에서 대구를 지키나 굳이 대구가 필요 없는 절구에서까지 대구를 쓰는 것은 ‘詩 言志’라는 말을 그대로 활용한 것이라 할 수 있다. 自身의 뜻을 펴기 위해 漢詩의 型式에 얽매이지 않은 것이다.

26) 신연수, 「일본 유학시절 金祐鎭에게 준 부친 김성규의 계서」, 『近代서지』 3~4호, 2011~2012, p.74. 김성규는 동양의 현인이 말하기를 얼굴의 침은 손으로 닦기보다 기다리면 마르니 두려움이나 성내지 말아야하는 것과 서양의 영웅이 말하기를 천하의 승리는 참는 자에게 돌아간다는 것은

견해에 동서양이 다르다고 반박하고 있는 것을 보면 후자의 의미에 더 가깝다고 할 수 있다. 그러나 이날 시회에서 시적 화자의 의도와 달리 청자들은 중용의 도리를 지켜 과불급이 없는 집중인 중용의 도리를 지키겠다는 유교적 덕목으로 들었을 것이다.

鳥弄晴雲翔絶壁 魚翻落照躍淸灣
十年負笈成何事 空使吳親老未閒

— 『草亭集』 卷之二[27]

새는 맑은 구름을 희롱하며 절벽에서 날고
물고기는 낙조에 비늘 번득이며 푸른 물에서 뛰노네
십년 동안 공부하며 무엇을 이루었나
공연히 어버이만 늙어서도 한가롭지 못하게 하였네

1922년 여름에 쓴 絶句이다. 앞부분 起, 承句는 시적 배경에 대한 묘사이고 뒷부분 轉, 結句는 심정을 토로하고 있지만 起, 承句에 나타난 자유롭게 나는 새와 헤엄치는 물고기는 轉句의 자유롭지 못한 시적 화자의 모습과 대조·대비되어 나타난다. 특히 새가 절벽에서 난다는 것이나 낙조에 비늘 번뜩이는 이미지는 긴장감을 주며 역동적이고 생동감이 있다. 이는 시적 자아의 그렇지 못한 모습을 대비하여 드러낸 것으로 볼 수 있다. 앞의 律詩 <學窓音>의 분주히 돌아다닌 '十年'과 같은 위의 '十年'은 일본유학을 떠나온 시간이며 金祐鎭이 새로운 문화를

동서양이 같은 이치에서 인내를 말하고 있다며 인내하기를 충고한다.

27) 양승국, 앞의 책, p.76.

경험한 시간이다. 1919년이나 1922년의 '十年'은 시간적 의미보다 무언가를 이루고 완성한다는 의미이다. 시인은 스스로 무엇을 이루었는가 자문하지만 처음부터 그는 이루는 일보다 생각하는 일에 집중했으므로 아버지의 뜻과는 다른 일을 하고 있어 이 시는 아버지께 미안함과 고마움을 표현하기 위한 것이라 할 수 있다.

1918년 구마모토(웅본) 농업학교를 졸업하고 거처를 도쿄(동경)로 옮겨 와세다 대학교 고등 예과에 입학한 金祐鎭은 소설과 잡지를 보지도 말고 책상 위에 올려놓지도 말라[28]는 아버지와 갈등을 겪었다. 도쿄에서의 생활은 김우진이 소설 <공상문학>에서 보여준 문학적 순수 세계의 추구[29]에서 간접적으로나마 근대 서구 문학세계로의 진입을 의미한다. 이즈음 <어느 날 밤의 환영>, <휘파람 새와 별>이라는 일문시를 쓴다. 아버지의 뜻과는 다른 영문과로의 진학은 순수 세계를 지향[30]한 金祐鎭 영혼이 그 형식을 찾기 위한 도정이었다.

창가를 포함한 개화기의 여러 형식의 시가 장르는 국가 위기로 인해 보다 공적이고 가치 지향적인 의미를 다루었기 때문에 개인의 정서와 미의식에 대한 토로는 찾아볼 수가 없었다.[31]

---

28) 신연수, 위의 서지, p.75.

29) 16세에 쓴 <공상문학>은 김우진이 비극적 열정이나 순수성을 지향하고 있음을 보게 한다. 이 소설은 토마스 하디의 <환상을 그리는 여인>의 패러디일 가능성도 있으나 김우진이 동일한 소재를 다른 주제의식으로 형상화시킴으로 자신의 기질을 여과 없이 드러내어 앞으로 추구될 정신의 방향까지도 가늠해 볼 수 있도록 창작했다.
졸고, 『김우진 연구』, 국민대학교 박사학위 논문, 1999, p.21.

30) 졸고, 위의 논문, p.114.

31) 정우택, 『韓國近代 詩人의 靈魂과 型式』, 깊은 샘, 2004, p.15 참고.

1910년 후반에 이르러 시가에서 개인의 정서가 새롭게 의미화되는 것도 전통시가에서 자유시로의 이행 과정에서 발생한 정서 변화[32]와 연관 지워 볼 수 있다.

일본 유학생들 중 한자에 익숙한 세대도 유교적 가치관을 바탕으로 또 차운을 받아 작시하고 음송하기 때문에 같은 공간에 있는 청자를 배려했던 태도와는 다른 시적 화자의 독백 형식을 통해 화자의 솔직한 감정을 자연스럽게 표출할 수 있는 자유시에 정서적으로 동의할 수밖에 없었을 것이다. 우리 현대 시사에서 자유시가 근대시로서 형성된 이유에는 식민 억압에서 낭만주의 세계관을 필연적으로 수용한데에도 그 이유가 있지만 세계관의 변화가 시 내용에만 관여한 것이 아니라 장르적 형태에까지 관여[33]하였기 때문이다. 개화기에 개인의 서정을 드러내던 시가 장르는 듣거나 말하는 시가에서 보거나 읽는 시가로 인쇄, 출판, 유통됨으로서 그 制詩形式이 바뀌게 된[34] 것도 서정적 장르의 변화양상에 영향을 미친다.

### (2) 자연발생적인 호흡, 리듬의 추구

생각을 자연스럽게 기록하기 위해선 문자표기가 자연스러워

---

32) 노춘기, 「近代詩 形成期의 創作주체와 장르의식」, 『어문논집』 54권, 민족어문학회, 2006, p.244.

33) 김준오, 『문학사와 장르』, 문학과 지성, 2000, p.152.

34) "詩歌가 이름 그대로 노래로 불리는 製詩型式은 開化期까지 지속된다. 신체시의 문학사적 의의는 그 형식의 새로움보다 '듣는' 詩歌로부터 탈피하여 '보는' 詩歌가 된 사실에 있으며 開化期 시조는 인쇄되어 읽히게 되었다는 점에서 고시조와 구분된다." 김준오, 『시론』, 삼지원, 2009, p.55.

야 한다. 내면의 갈등과 정서적 표현을 정확하게 하기 위해서는 한글 어휘가 어느 정도 고착되고 정리[35] 되어야 했을 것이다. 국어 표현이 섬세하지 않은[36] 金祐鎭은 소설이나 산문 장르와는 다르게 시가라는 압축된 글 안에서 비유(이미지)나 리듬으로 갈등을 드러내기가 쉽지 않았을 것이다. 앞에서 언급했듯이 1913년에 <공상문학>을 쓴 金祐鎭의 이력으로 보아 이전에도 시를 썼을지 모르나 기록으로 남아 있는 최초의 詩는 1915년에 쓴 한시(次韻詩)와 일문시이다. 이 시기는 문학 현상 공모에서조차도 순한글로 글을 쓰는 것을 독려할 정도로 한글 이휘가 확립되기 이진이있으므로 金祐鎭에게 있어서 솔직한 내면 갈등 표현은 1910년대의 문화를 경험하게 한 일어가 용이[37] 했을 것이라 생각한다.

"父の志を継げよ"と父はいびぬ´
"立派なら人になれよ"と母はいびぬ´
數へ見れば十四年の
昔の家の軒の下 °

---

35) 윤진현, 「金祐鎭의 문자의식과 文學語의 성립과정」, 『김우진』, 한국극예술학회편, 연극과 인간, 2010, pp.148~149 참고. 1919년 일기에 보면 그의 모국어 의식은 강하게 드러난다. 그러나 그의 의식과 달리 이후의 글에도 일어나 영어로 표기된 글이 보인다. 이것은 의식의 문제라기보다 자유로운 表現의 문제이다.

36) "언어를 수련할 가장 민감한 십칠, 팔세시부터, 외국에 유거하야 듯는 것, 읽는 것이 모도 외국어이엿습니다"
「조선말 없는 조선 문단에 고함」, 『김우진 전집 Ⅱ』, p.235.

37) "김우진 자신이 내적 고백과 감정을 표출하는 데 보다 수월하게 생각했던 언어가 '일본어'임을 의미한다" 윤진현, 위의 글, p.139.

父の志は何?
立派な人は何?
不当の子はいまだ知らず´
遊學の身の時ありて
夢は故鄕に走れども´
夢の下なる母のためには
如何なる花を手向くべき´
老ひたる父のいづこに
安息の屋根を建つべき´
あゝ何をえらむべき°

– <あゝ何をえらむべき> 全文[38]

"아비의 뜻을 계승하라"고 아버지는 말씀하신다.
"훌륭한 사람이 되라"고 어머니는 말씀하신다.
(중략)
유학(遊學) 몸이 된 때가 있어
꿈은 고향으로 달려가건만
꿈의 원천인 어머니를 위해선
어떤 꽃을 가지게 할까
늙으신 아버지는 어디에
안식의 지붕을 세워야 하나
아아, 무엇을 얻어야 하나.

– <아아, 무엇을 얻어야 하나> 부분[39]

金祐鎭의 위의 일문시는 『학지광』에 발표된 많은 시들처럼 제목부터 감탄사로 시작되어 화자의 감정의 격앙[40]을 드러낸

38) 『金祐鎭全集 Ⅰ』, 전예원, 1983, p.223.
39) 『김우진 전집 Ⅰ』, p.310.

다. 청운의 꿈을 안고 일본으로 건너간 18세의 金祐鎭이 느낀 불안과 혼동이 빚은 내적 갈등의 독백이기도 하다. 이 詩에 보이는 어머니는 현실에는 부재한다.[41] 시적 화자는 4살 때 돌아가신 꿈의 원천인 어머니를 위해 꽃을 준비하겠다고 하고 아버지를 위해서는 안식의 지붕을 마련하겠다고 하는데 이 상반적인 의미는 金祐鎭 갈등의 출발점이며 이후 그의 작품 속에 지속적으로 등장한다.[42] 실제적으로 그의 삶에서도 옛집 처마 밑에서부터 시작된 갈등은 안식의 지붕을 세우는 것과 꽃으로 비유되는 꿈의 실현으로 그가 생을 마감하는 26세까지 계속되었다. 金祐鎭은 자신의 구체적 심경토로를 위해 새로운 형식을 추구할 수밖에 없었음을 보여준다.

이날 저녁에
너 흰 粉 얼골
불켜가며
(중략)

---

40) "일견 유치하고 원색적인 감정을 거리낌 없이 드러내는 태도는 이 시대의 '감정'에 대한 시각이 근대적 개인의 발견이라는 차원에서 새로운 목적의식을 갖게 되었다"
노춘기, 앞의 논문, p.237.

41) 1922년 9월 24일 일기 "안이나요. 당초에 모르겠서요. 다만 기억나는 것은 저기 저 강변에 어머니 상여가 지나가는 것을 아모 철업시 이족에서서 촌 아이들과 우스며 바라보든 것뿐이야요" 나는 그때 우연한 悲感이 胸裏에 충일하여짐을 끼달엇다. 그 동시에 뜨거운 눈물이 面顔에 注流하였다… 나는, 얼골 기억도 업는 그이의 게 이갓치 無極한 愛慕의 정이 깁다.

42) "金祐鎭 유토피아는 '시의 세계' 혹은 '어머니의 세계', 상상계의 공간이다." 박명진, 「金祐鎭과 식민지 모더니티」, 『어문논집』 53호, 중앙어문학회, 2012, p.132.

아 지낸 날에
나는
'犧牲'의 쥴리아나로
너를 몇 번이나
그려보앗든고.
그러나 이날 밤
갓흔 자리에
갓히 누어서
한마음으로
千年 萬年 祝壽하며
뜨거웁게 입 맛초이나
너와 나의
안즌 자리
萬里 億里
떠러져 잇서라

– <첫날밤> 부분

국어로 된 위 시 또한 막연한 정서 토로가 아닌 1916년에 결혼하던 날 쓴 詩이다. 결혼의 대상으로 '희생의 쥬리아나'43)를 이상형으로 꿈꾸었다고 밝혔다. 내적 가치인 영혼을 위해 의지적으로 자신의 삶을 버린 조선의 여인 쥴리아나는 1960년대 이

43) 임진왜란 때 일본에 끌려갔다 돌아오지 못하고 천주교도가 되어 순교한 오타 쥴리아를 의미하는 것으로 볼 수 있다. 그녀의 한국명은 알 수 없으나 그녀는 1596년 구마모토 우토에서 모레혼 신부에게 카토릭 세례를 받았으며 1612년에 기리스탄(카톨릭) 박해로 인하여 고즈시섬까지 유배를 가게 된 기록들이 그 당시 일본에서 선교활동한 선교사들의 선간문을 통해 알려지게 되었다. 박현옥, 「모리 레이코의 『삼채 여자론』- 조선여인 오타 줄리아를 중심으로」, 『일본문화학보』 제54집, 2012, pp.161~176 참고.

후 일본 소설에 자주 등장하고 있는데 고즈시마 섬에서는 매년 '쥴리아나 축제'[44]로 기릴 정도로 일본에서는 특별한 존재로 부각되었다. 金祐鎭이 이러한 여인을 이상적으로 꿈꾸었다는 것은 영혼의 순결에 대한 갈구를 드러내는 부분이기도하다. 시적화자인 그가 느끼는 절망감은 "이 갇흔 燈불/ 아무리 잇슬지나/ 이 내 마음의 눈/ 밤갓히 어둡다"는 표현을 통해 상당히 구체적으로 드러난다. 시적 대상인 신부를 '너'로 부르며 1연 2행을 한 어절로 처리한 점이나, '흰 粉 얼굴/ 불켜가며'나 '불근 져근 입/ 다물고/ 무엇을 생각하늬'와 같은 행의 분리는 시의 형식과 리듬을 인식하고 쓴 것이라 할 수 있다.

자유시에서 리듬을 구성하는 행 걸침(run-on)이나, 단절(break), 또는 연결(link)등의 통사적 요소(syntatic element)는 의미(meaning) 형성에도 중요한 역할[45]을 하기 때문에 리듬 패턴뿐만 아니라 문장으로 조직화되어 시간을 통해 독특하게 배열되는 진행에 작용한다. 이러한 차원의 시의 이동을 구구분(pharsing)이라 부르는데, 리듬 이동과 항시 관련된다는 것을 강조하기 위해 구이동(phrasal movement)이라는 용어를 사용한다. 시에서 행을 나누는 구이동은 다양한 의미의 속도와 앞으로 나아가려는 충동(forward impetus) 그리고 상이한 등급과 유형의 휴지(pause)와 폐쇄(closure)[46]를 통해 리듬과 의미를 상보적으로 형성하므로 통사적 요소들의 구이동과 관련한 행 배열은 리듬형성에 중요

---

44) 박현옥, 「고즈시마 섬의 줄리아 축제에 관한 연구 - 조선여인 '오타 줄리아'를 중심으로」, 『일본 어문학』 제58집, 2013, pp.147~164 참고.

45) 김명호, 「율격시와 자유시의 리듬비교분석」, 『현대 영미어문학』 제16권 1호, 1988, p.214 참고.

46) 김명호, 위의 논문, p.220 참고.

한 역할을 한다.

위 시의 각 연마다 사용된 종결어의 통일과 반복으로 형성된 리듬은 마지막 연의 '어둡다'라는 종결어미를 위해 에너지를 축적했다가 그 의미를 강하게 부각시키면서 어둠 속으로 에너지를 몰아넣어 당시의 시[47]들과는 달리 완결되어 나타난다. 시인이 추구하는 빛의 세계와 대비되는 어둠은 시인의 절망감으로, 시의 형식에도 그대로 드러났다. 이는 "사실적 체험보다 추론되거나 상상된 보편 체험이 주조를 이루던" 1920년 이전의 잡지인 『학지광』이나 순전한 감정토로의 『삼광』에 발표된 시들에 비해 체험을 바탕으로 대상을 구체적으로 썼다는 점과 창작주체의 의식적인 측면에서 문학의 형식적 자율성을 성취했다는 점에서 구별된다. 金祐鎭은 드러내고자 하는 내용과 이를 표현한 형식을 유기적으로 결합하여 자유시로 성취했다. 결혼이란 육체적 결합을 의미하는 것이 아니라 내적 영혼의 결합까지 의미하므로 자유롭지 못한 혼인제도에 대한 갈등이 자연발생적으로 시인의 감정을 토로하게 했고 자연발생적인 형식을 불러왔다.[48] 시인의 감정이 1917년까지는 극단적이지는 않았으나 2년

47) "시의 종결에 대한 인식은 시를 미적 존재로서 완성시키기 위한 의도와 맞물려 있지만 1910년대의 시에서는 다양한 모색이 보이지만 안정된 모습은 보이지 않는다고 했다."
윤의섭, 「시 종결 방식의 형성과 의미」, 『한국시학연구』 제27호, 2010, pp.174 ~191.

48) "자유시는 시형과 시가 일치되어 있는 시, 그러므로 사실상 '시인의 내면 그 자체'다" 자유로운 정서 주관의 리듬 그 자체 "(소마 교후) 혹은 시인의 호흡을 찰나에 표현한 것"(김억)이 시라는 주장은… '형식의 타파'가 아니라 '형식의 중지'이며, 내용의 표현(表現)이 아니라 '내용의 표현(表顯)'이다. 이것이 자유시론이 지니고 있던 중대한 의의이자, 이들의 자유시론이 실질적인 근대시의 선언이 된 이유다" 박슬기, 「한국과

뒤에는 내적 갈등이 첨예화 되면서 시적 자아의 고통이 직설적으로 드러난다.

아 아버지여!
祈禱할 것 무엇이며
想念할 것 무엇이요.
흡수히 想像하며
흡수히 生覺하는 것
까닭 업시 눈물 지듯
저녁놀의 구름일 뿐임닛가.
(중략)
엇지나 畏怖의 춤을
그갓히 퐛허 쥬심닛가.
(중략)
아그러나
갑잇게도 어더 노으신
祈念의 선반 우에
欲求와 信賴의 모판 우에
平和의 비를 가물게 마소서.

– <아버지께> 부분

감탄사로 시작하는 아버지께 보내는 편지글 형식의 시이다. 단순한 정서 토로 이상의 감정을 구조적으로 전개하고 있다. 또한 앞의 율시 <학창음>의 정서처럼 아버지에 대한 갈등이 드러난다. 그러나 아버지는 외적인 요소인 자신(육체)을 따뜻하

일본에서의 자유시론의 성립」, 『한국현대 문학 연구』 제42집, 2014, p.25.

게 감싸 안으면서 내면인 마음의 등불(영혼)에는 바람을 일으키고 외포(두려움)의 침을 뱉고 있다고 고통의 원인을 토로한다. 시인의 극심한 내적 고통은 '아'라는 감탄사를 세 번씩 연발하면서 한번 더럽히면 다시 오지 않는 生(갈대) 위에 침을 뱉어 더럽히지 말라고 당부한 것은 그 生이 추악해(더러워)지지 않아야 맑고 순수한 정신과 영을 추구할 수 있기 때문이다.

이렇게 그는 현실적으로는 표현할 수 없는 내적고통을 <아버지께>를 통해 토로하였다. 그가 남긴 5편의 한시 중 한 편(1917)은 아버지께 보낸 시이고 나머지 네 편(1915, 1918, 1919, 1922)은 차운시이다. 기록으로 남은 金祐鎭의 한시는 아버지와의 관계를 위한 것인데 1917년의 한시는 정서의 자기표출 방식으로 선택한 것이나 이후로는 金祐鎭 스스로 정서를 드러냈다기보다 일종의 놀이로서 관계를 위해 作詩한 것이다. 그의 남아있는 일기 곳곳에 가정 유지를 위한 아버지의 현세적 처세와 유교적 덕목을 강조하던 훈육이 억압으로 작용했던 것이 나타난다. 1915년의 한시부터 1922년의 마지막 한시까지 드러난 아버지에 대한 정서적 변화는 사친에서 갈등의 대상으로까지 드러나 점점 갈등이 고조되면서 억압된 감정의 표출과 일치된 호흡의 표현인 자유시로 이행 할 수에 없었음을 시사한다. 1910년대의 金祐鎭의 정서는 시대처럼이나 혼동스러웠을 것이나 그가 내면적 가치를 찾아가는 과정은 현세적 가치와의 충돌 속에서 일찍부터 그 길을 찾았다고 볼 수 있다. 박슬기는 한국근대시의 새로운 리듬론을 개진하면서 "주체의 자기 구성은 자기파괴에 끊임없이 마주치며, 한국 근대적 자유시에서의 '내면으로의 전회' 자기파괴적인 과정에 매개되어 있다"[49]고 하면서 자기 서술 충동에 상응하면서 리듬이 생성된다고 보았는데 이는 김우진의 내면의 고통이 시의 리듬으로 표상될 수박에 없었던 자연발생적인 리듬 형성을 설명한다.

정형시가(한시)와 자유시는 사물을 은유나 상징으로 접근한 비유적 글쓰기이다. 그러나 정형시가에서 형성된 음수율이나 실제로 발화되는 리듬은 억양법을 통해 아이러니까지 불러오지만 극단적 감정을 토로하기에는 한계가 있다. 따라서 20세기 초에 시조나 한시를 썼던 사람들도 충효로 대별되는 유교적 가치를 드러내는 경우를 제외하고는 자연스럽게 그 형식적 틀을 벗어나 자신들의 정서나 정신의 극단을 표현하는 방식을 찾을 수밖에 없었다. 조선시대의 봉건제도의 한계를 인식한 동학혁명부터 조선의 붕괴에 따른 봉건의식과 국권 피탈, 서구사상의 침투 앞에서 개인의 혼동은 극한으로 치달을 수밖에 없었으므로 자유시로의 이행은 리듬을 통한 개화기의 위기의식에서 감행된 공적 대응의 글쓰기에서 사적 대응의 글쓰기의 한 양상의 결과로 볼 수 있다.[50] 김동인, 주요한, 김억 등 당대 문인들로부터 감동과 극찬을 받은[51] 김여제의 <萬萬 派派 息笛을 울

49) 박슬기, 「한국근대시의 새로운 리듬론, 리듬의 음성주의를 넘어서」, 『한국시학연구』 제36호, 2013, pp.14~15.

50) 노춘기, 「잡지 『삼광』 소재 시와 시론 연구」, 『비평문학』 제42호, 2011, pp.180~207 참고.

1910년대와 1920년대의 文學을 이해하는 데에 있어서 가장 중요한 관점 중 하나는 감정의 재현과 表現을 구분하는 것이다… '普遍的 感情'이나 '民族的 感情'이라는 主張이 提起 될 때에도 그때의 感情이란 '再現'의 問題이므로 個的 自我의 內面은 그 目的과 對象에서 除外된다… 『삼광』의 詩작품들은 감정의 表出이라는 側面에서 그 自體가 目的이 된다는 지점에서 전 시대와 區別되는 特性임을 인정할 수 있다.

51) 정우택, 『한국 근대시인의 영혼과 형식』, 깊은 샘, 2004, p.110.

음>[52]은 구국의 소리를 신라시대의 萬波息笛을 통해 나타냈는데 내면의 감정 파동을 담은 리듬과 결합된 의미 때문에 확산되는 효과[53]를 보았다.

『학지광』 이후 계속적으로 발간된 문예지에 게재되는 자유시에 대한 구체적인 이론은 1919년부터 개진된다. 김억은 시를 "시인의 호흡과 고동에 근저를 잡은 음률이 詩人의 정신과 심령의 산물인 絶對價值를 가진[54]" 것으로 정의하면서 시인의 호흡에 연유한 내적 가치 표현을 강조한다. 황석우는 <詩話>와 <朝鮮詩壇의 시발점>을 매일신보에 발표하면서 시의 리듬과 호흡에 대한 시의 특징적 요소에 대해 본격적으로 논의하게 된다. "詩에는 '靈律'한 맛이 있을 뿐이다[55]" 또 "그 律의 根柢를 個性[56]"에 두고 리듬과 개성을 강조한 것은 개인의 내면을 개방하고 개인의 영혼을 자유로운 상태로 되돌릴 수 있다는 기대 때문이었다. 이로써 근대문학은 1915년 이후 토로되기 시작한 내면의 세계가 개인의 내밀한 호흡과 만나면서 형성된 자유시로 앞선 시대의 시가형식과 결별하는 순간을 맞았다고 볼 수 있다. 1915년부터 내면의 고백이라는 내용을 드러내기 위해 자

---

52) 유암, 「만만 파파 식적의 울음」, 『학지광』 제11호, 1917년 1월 1일. '만만 파파 식적'은 삼국유사에 전하는 자연의 급변화나 혼돈에 평정을 부여하는 악기로 이 詩의 배경이 되고 있다. 一然 著·이병도역, 『삼국유사』, 권2, 권3, 명문당 참고.

53) "내용(정죠, 사샹, 감정)이 새롭고 型式에 이르러서도 고래의 격을 파한 自由詩"
주요한, 「노래를 지으시려는 이에게」, 『조선문단』 1, 1924, pp.48~49.

54) 김억, 「시형의 음률과 호흡」, 『태서문예신보』 14호, 1919.1.13.

55) 황석우, 「시화」, ≪매일신보≫, 1919.10.13.

56) 황석우, 「조선 시단의 발족점과 자유시」, ≪매일신보≫, 1919.11.10.

유로운 리듬이라는 형식을 찾은 김우진은 시라는 장르의 형식적 특징을 인지한 가운데 시를 통해 내밀한 자아 추구방식을 드러냈다.

## 2) 한시작법의 영향

### (1) 시적 대상의 구체성

일반적 1910년대의 시들은 개인의 사실적 체험보다 추론되거니 상상된 보편 체험을 지향하고 있어[57] 개념적인 면이 강하다. 국권 침탈에 대한 분노와 회복을 위해서 꿈을 꾸는 『학지광』에 실린 시작품들에서 시적 대상이 1920년대에는 님에 연결되어 조국을 의미[58]한다고 하나 김우진의 시적 대상은 구체적이고 개인적이다. <칫날밤>은 아내에게 느끼는 감정과 자신의 이상적 여인에 대한 토로를 <아버지께>는 자신의 내적 열망에 대한 토로를 하고 있다.

세계에 대한 개인의 정서적 반응이 시라면 시적 화자가 자신의 주변에 대한 감정을 형상화하는 것이 시의 출발이다. 김우진의 시는 이론이나 학습에 의해 작시된 것이 아니라 자신의 내면의 소리에 귀를 기울여 형상화 된 것이다. 리듬이라는 형식적 측면을 내려놓고 본다면 체험으로 자기를 고백한 金祐鎭의 시는 글과 삶이 분리되지 않은 유가적 전통과도 관련[59]이

57) 노춘기, 「근대기 형성기의 창작 주체와 장르의식」, 『어문논집』 54권, 민족어문학회, 2006, p.233.

58) 노춘기, 위의 논문, p.243.

있다. 그는 오랜 동안 기간 한시 창작의 기법에 시적 호흡을 위해 자유시라는 형식으로 자신을 드러낸 것이라 할 수 있다. 그의 오랜 일기기록의 습관은 신독을 목적으로 책을 읽고 '나'를 돌아보고 기록으로 남긴 성리학의 전통을 유지하려는 그의 가풍에서는 필연적인 것이다. 또한 글을 짓는 일이 문학적 목적보다는 선비의 교양과 교류를 위한 일상생활[60]에서 연유했다는 사실도 그의 차운시를 통해서도 알 수 있듯이 그에게 글은 생활에서 기인된 것이라 볼 수 있다. 그렇기 때문에 김우진의 1910년대의 시는 구체적 대상을 향해 있고 일문시[61]도 경험에 연유한 것이다.

김우진은 차운시를 썼던 상황 때문에 내면을 솔직하게 드러낼 수 없었겠지만 내면을 독백할 때는 한시의 형식을 취하지 않고 형식에서 벗어난 자유시로 내면의 솔직한 감정을 호흡을 통해 자연스럽게 표현했다. 김우진이 시인이 되려고 고백했던 일기[62]를 보면 金祐鎭에게 시는 속류와 구별되는 꿈의 세계이

---

59) "金祐鎭의 漢詩에는 近代的 世界觀과 自我意識이 깃들어 있다. 金祐鎭은 漢詩를 만들 줄 아는 마지막 세대이면서 근대 문명을 몸으로 체험하고 깊이 이해할 수 있는 첫 세대로 그는 近代的 漢詩를 썼다."
정대성, 「한국근대시의 먼동: 수산 金祐鎭의 漢詩」, 『민족 문학 논총』 31권 0호, 영남대 민족 문화 연구소, 2005, pp.583~584.

60) 김풍기, 『한시의 품격』, 창비, 2014, pp.239~240 참고. 한시는 일상생활에서의 가장 즐겨 하는 오락 프로그램이다. 경연 프로그램에서 참가자의 실력을 겨루는 것과 같다. 허균은 일상생활과의 친숙함을 표현하기 위해 음식 맛과 같은 작품의 맛이라 했다.

61) <아아 무엇을 얻어야 하나>, <어느 날 밤의 환영>, <휘파람 새와 별>, <밤>, <이성의 새 친구를 얻고>로 시적 화자의 경험을 바탕으로 구체적인 생활에 기대어 씌어졌다.

62) 1919년 4월 20일 일기 "속류(俗流)는 詩를 치(嗤)ᄒᆞᆫ다 ᄒᆞ여도 ᄂᆞᆫ 詩人

고 위로의 세계이며 자연과 합일되는 영원의 시간으로 입성하는 문이다. 허위와 가식이 있는 현실의 세계와 대비되는 꾸밈없는 순직, 순수한 세계로의 열망이 시를 선택하게 한 것이다. 솔직·순수·순직은 모두 내면의 고백이고, 현실과 보이지 않는 세계를 동시에 응시하고 있는 자아의 고백이다.

### (2) 이미지 제조 방식

<첫날밤>에 '쥴리아나'를 언급한 것이나 <아버지께>에서 인생을 생각하는 '갈대'라는 파스칼의 이미지를 빌려온 것이나 생명의 힘을 '일광(해)'으로 니이체에게서 빌려온 것은 한시의 用事[63]처럼 문학적 전범에서 끌어와 자연스럽게 引用한 것이다. 환골탈태나 점철성금은 한시 표현에서 用事 운용의 묘가 극대화될 때 이르는 말이다. 친의무봉이나 무은이린 말은 시로 다른 것을 합쳤는데도 합쳐진 가장자리를 찾을 수가 없다는 뜻으로 시가 절묘한 用事를 통해서 이루어졌을 때 쓴다. 이러한 用事는 학시 과정에서의 수많은 詩의 暗誦과 次韻, 集句에 의한 습작 등의 과정에서 자연스레 체득되는 것이다. 金祐鎭의 自由詩에 이러한 用事의 쓰임과 같은 구절 등장도 그의 많은

---

이 될 것을 바란다. 증오흔 現實을 도피ᄒᆞ야 ᄂᆞ의 갈 바는 이 환각의 世界뿐이다. 전일(前日)과 모무(暮霧) 중에서 엄연(淹然)히 자연의 뜻듯ᄒᆞᆫ 품속에 들 것이다" 『김우진 전집 Ⅱ』, p.468.

63) 用事란 詩作에 있어 전고나 역사적 사실을 인용하는 것을 말한다. 漢詩에 있어서는 자주 전고를 인용하게 된다. 최대호, 『현대시와 한시』, 은하출판사, 1994, p.31.
용사의 내용으로는 고인명(古人名)·관명(官名)·고인어(古人語)·고인사(古人事) 등 다양하다. 김풍기, 위의 책, p.140.

독서 체험과 깊은 사색에서 연유한 것이라 생각된다.

<아버지께>에 표현된 ‘부유(蜉蝣)’라는 한자어는 일반적으로 여기저기 떠다니는 것을 意味하는 ‘浮遊’가 아니다. 하루살이 벌레를 의미하는 蜉蝣를 물위에 뜬 浮遊처럼 쓴 것은, 인간의 삶은 시간을 의미하는 물결 위에 떠다니는 하루살이 벌레에 지나지 않다는 것을 의미하기 위한 이미지로 표현한 것이다. 현대시에서 비유를 만들 때 관념인 主知(tener)는 사물인 매체(veichle)를 통해 구체화가 된다.[64] T.E 흄의 이미지 시와 시론이 발표된 이후 한국시에서도 1930년대는 이미지가 강조되면서 감상(애상)을 억제하기 위해 구체적이고 명징한 이미지를 사용하게 되지만 金祐鎭은 그 이전에 한시 창작의 경험[65]으로 시의 의미와 사물을 결합시켜 이미지를 만들고 있다. 이것은 뜻글자인 한자사용이 익숙했기 때문에 얻은 결과이다. ‘畏怖의 침’의 경우 내용상 ‘침’(사물)이라는 더러움을 의미하는 어휘가 畏怖라는 두려움(意味)을 갖는다. 이 시에서 침을 뱉는다는 행위는 두려움에 대한 경계태세(협박)를 意味한다. 즉, 침을 뱉는 사람이 두렵기 때문이다. 한시에서 新意[66]를 사용하여 새로운 의미

64) 김용직, 『현대시론』, 학연사, 1997, p.170.

65) 漢詩에서 이미지의 반복성과 단일성이 결합되어 깊은 뜻을 나타내고 경치와 情緖가 조화를 이루고 있다. 중국漢詩에서 意境은 중요한 미학개념인데 주관적 思想과 감정이 객관적인 사물이나 대상을 만나 融合하면서 생성되는 意味 또는 現狀을 말함. 情景交融, 虛實相生이 그 핵심이다. 虛境은 實景을 운반체로 하여 실경의 具體的인 묘사를 통해 表現한다. 김경선, 「정지용과 중국한시의 회화 특징 비교연구」, 『韓中人文學 硏究』 45집, 한중 문학회, 2014, p.208.

66) 뜻글자인 한자의 특징을 이용해 새로운 意味를 만들기 위해 조어하여 단어를 만듦.

를 만들어내는 것처럼 金祐鎭은 일반적으로 사용하지 않는 한자어를 조합하여 사용함으로써 압축적으로 자신의 뜻을 펼치고 있다. '흰 이를 악물며', '畏怖의 침'의 '침'이나 '이빨'과 같은 자연어가 아닌 일상어가 한국시사에서 시어로 등장하기까지 김수영의 <눈>을 기다려야 했다. 1920년대 이후 계속해서 한국시는 정서를 표현하는데 일상어를 제한했기 때문이다. 金祐鎭은 한시에서 의미를 위해 新意를 쓰는 것처럼 자유시에서도 구체적인 정서를 표현하기 위해 의미를 조성하여 글자를 사용하였다. 이러한 金祐鎭 초기 자유시에 나타난 한시 製作方式의 영향은 전통시가와 근대시의 연계 연구에 많은 가능성을 열어 놓는다.

아 그러나
갑잇게도 이디 노으신
祈念의 선반 우에
欲求와 信賴의 모판 우에
平和의 비를 가물게 마소서.

<아버지께>의 마지막 구절이다. '祈念[67]의 선반'이라는 표현도 일반적 '記念'과 구별된 '祈禱하는 마음(생각)'으로 시적 화자의 바람을 의미한 것이다. 그것을 "선반 위에 올려놓았다"는

---

67) 漢詩의 '雙關意'라는 하나의 글자가 同音이나 多義에 의해 한 가지 이상의 뜻을 含蓄하게 되는 경우가 있다. 이러한 특성은 表意文字인 漢字에서 온다. 김경선, 앞의 논문, p.427.
金祐鎭은 同音으로 多義를 함축했다.

것은 현실과 구별하여 '갑잇게도 어더 노으신'이라는 의미로 일상적 가치 보다 높은 이미지를 드러내고 있다. 또한 '欲求와 信賴의 모판'도, 바라고 구하고, 믿는 희망이 언젠가 옮겨 심을 모판의 싹이라는 이미지로 적절하게 표현됐다. 이와 같이 주지(관념)와 구체적 사물로 형상화되는 비유를 통한 이미지를 한 자어의 특징으로 유용하고 있다. '평화의 비'도 정확하게 '생명을 자라게 하는 평화로운 비'라는 주지와 매체로 표현되어 있다. 이러한 소박한 비유가 1920년대에 들어서면 내밀화되어 더욱 개성적으로 표현된다. 「思想의 壽衣랄 弔喪하는 修[68]難字의 歎息」에서도 제목의 수난자는 일반적 受難者가 아니다. 詩人은 '修難者'를 앞의 詩에서처럼 신의로 사용하고 있다. '修難者'는 죽은 사상에게 표현하는 애도를 의지적으로 지속하고 있는 사람을 의미한 것이다.

> 한 張式 두 張式 떼여내이는
> 掛曆의 흔 日字는
> 그네들의 마암 鼓動이나,
> 첨아 끗에 엉기는 煙氣 속
> 거무줄에 걸닌 生贅[69]는

---

68) 전집 편찬자는 受자의 오자라고 하였으나 詩人(金祐鎭)이 意味를 부여하여 만든 表現이다. 이렇게 일반적으로 쓰이는 한자 어휘와 다르게 表現된 한자어(新意)가 여러 군데에서 발견된다.

69) 전집 편찬자는 生贄(생지)를 生蟄(생칩)의 오기로 보고 있으나 '생칩'은 겨울잠을 자는 봄을 기다리는 벌레의 意味인데, 詩人이 원래 쓴 '生贄'는 거미줄에 걸려서 살아있지만 아무것도 할 수 없는 상태를 意味하므로 살아있지만 靈魂이 죽은 것과 같은 이미지를 表現하기 위해 선택한 新意이다.

그네들의 靈의 열매 안인가

– <思想의 壽衣랄 弔喪하는 修難字의 歎息> 3연

이미 죽은 사상이 청춘을 잠식하여 모든 감각을 마비시켜 영혼을 위협하고 있다. 벽에 걸린 일일 달력 낱장을 떼어내는 것 같은 삶이 마음을 불안스레 두드리는 가운데 처마 끝에 엉켜드는 뿌연 연기 속 거미줄에 벌레가 걸린다. 불안을 두드리는 소리로, 뿌연 연기속의 거미줄로 청각과 시각으로 표현했다. 여기서도 시인은 주지(관념)을 매체(사물)로 비유하고 있다. 혼동의 삶을 뿌연 연기로, 탄식과 불안을 거미줄로 은유화하여 표현했다. 시인의 개성이 더욱 돋보이는 부분은 이 거미줄에 걸리는 生贄라는 표현이다. 여기에 걸리는 생지는 청춘을 의미한다. 살아있지만 거미줄에 걸려 아무것도 할 수 없는 상태이고 이것이 수난자들의 靈의 열매이다. 탄식하는 영혼을 거미줄에 걸린 '생지'로 비유한 것이다. 카이저는 자아와 세계가 자기 표현적 정조 속에서 융합하고 상호침투 하는 것, 곧 '대상성의 내면화'가 서정시의 본질이라고 본다.[70] 1922년에 이르면 金祐鎭은 새로운 시가형식을 통해 자신의 정서를 자신의 생관[71]과 결합시켜 관념을 구체적 사물을 통해 개성적으로 표현하고자 한다. 서정시란 주관적 경험의 자기표현이다. 한편의 시는 시인이 현실을 보는 안목이며, 그것의 인식이다. 즉 사물과 사물을 연관지우고

70) V. Kayser, *Das Prachiliche Kunstwerk,* 김윤섭 역,『언어예술 작품론』, 대방출판사, 1982, pp.520~521.

71) 金祐鎭의 詩에서는 죽음을 "참으로 살려는 意志적 행위"로 드러난다. 라캉의 언어로 상징계에서 실제계로의 귀환을 意味한다. 1926년의 그의 자살은 이러한 生觀의 결과이다. 졸고, 앞의 논문, 참고.

인간과 세계사이의 새로운 관계를 만드는 일이라고 할 수 있다. 이것을 박이문은 시적인식[72]이라고 한다. 시로 승화된 새로운 세계는 곧 그 몰입양상의 구체화이며, 시인의 내재적이고 잠재적인 인식을 읽을 수 있게 한다. 시인은 인식의 세계를 부정하고 항상 새로운 세계로 지향한다. 이는 시적인식의 가장 큰 속성이다. 이처럼 한시 표현의 습관이 자유시에서도 그 의미를 이미지화 할 때 유용된 것은 근대시 출발점에서 보다 적확한 자아의 표현을 위해서는 당연한 도정이었을 것이다.

72) 박이문, 『詩와 과학』, 일조각, 1984, p.29.

## 02 / 세계와의 갈등, 시 장르인식

김우진의 시는 삶의 경험에서 비롯되었고 자기 고백적이었다. 예술 작품은 단순히 존재하기 위해 만들어지는 경우와 남에게 감상되기 위해 만들어지는 경우가 있다는 벤야민의 지적[73)]은 존재하기만 하는 작품에 대한 이해의 지평을 열어 놓는다. 신의 영광만을 위한 종교예술이나 작가의 심리적 부담감을 덜기 위해 만드는 작품은 사람들의 눈에 뜨일 필요가 없다는 점에서 구석기시대의 주술적 예술을 상정하지만 마술적 효과를 위해 작품을 그리거나 표현한 당사자는 표현하는 그 자체에서 기쁨과 희열을 느꼈을 것이다. 이 기쁨이나 희열의 순간을 맞이하는 심리적인 배경을 지속적 경험으로 이이긴다는 것은 "모호한 삶에 질서를 부과하고자 하는 해석 행위"[74)]라 볼 수 있다. 극작가 김우진은 1926년에 삶을 스스로 마감하기까지 열정적으로 자아를 추구한 근대의 대표적 극작가이지만, 오랫동안 쓰인 그의 시작품은 발표되지 않은 채 그의 손으로 몇 번씩 수정되고 몇 권으로 묶여 전해졌다. 그가 순수한 기쁨으로 시를 썼든 자신의 삶에 질서를 부여하기 위해 시를 썼든 발표되지 않은 그의 시작품은 김우진 정신의 변화 양상을 살펴보기 위해서, 또 극이라는 장르로 자신의 생각을 드러내는 방식을 취한

73) 발터 벤야민, 차봉희 옮김, 『현대사회와 예술』, 문학과 사회, 1980, p.59.
74) 유호식, 「자기에 대한 글쓰기 연구 (1)—고백의 전략」, 『불어불문학연구』 43권, 2000, pp.182~183.

이유를 찾아보기 위해서 구체적으로 연구되어야 한다.

또한 그가 자기추구 방식을 희곡창작으로 선택했지만 자신의 내면세계를 시로 여과 없이 드러냈기 때문에 김우진 자아 연구를 위해서 시를 고찰하는 것은 중요하다. 그가 한시와 분리하여 자유시를 쓴 것은 내적 갈등에 의한 자연발생적인 리듬을 표출하려는 것이었으나, 시의 이미지를 만드는 과정은 한시 제작 과정에서 영향 받은 것을 알 수 있었다. 한시와 자유시가 정서를 적확하게 표현하기 위해 비유로 압축 표현되고 개인의 주관적 감정을 표현하는 시가의 특징을 지니고 있지만 봉건의식과 자유사상의 갈등은 자아를 극단적으로 추구할 형식을 찾을 수밖에 없도록 만들었다. 이러한 형식적 차이는 시적 화자의 내면 의식과 자연에 대한 태도를 바꾸게 했다. 또한 당시 새롭게 등장한 용어 '靈'에 대한 의식적인 측면은 김우진의 시에 대한 장르인식에도 영향을 미친다. 이는 1910년대 후반기의 문화경험을 한 시인의 주체적 의식 변화를 추적할 수 있게 한다. 문학 이론이 심오하고 다양하게 개진될지라도 작품 없는 이론은 개념으로 끝난다. 문학이론은 구체적 작품의 귀납적 체계화이다. 1910년대 후반기에는 점진적으로 문학 이론이 소개되었지만 이론에 앞서 개인의 열망에 의해 시가 창작되었고 이러한 욕망이 자유시라는 시형식을 정착시킬 수 있게 한 것이다. 1910년대 김우진은 스스로 시인이 되기를 열망했으나 시를 발표하지 않았다. 그러나 자유시는 그에게 본성적이며 자연발생적이므로 호흡과 같은 것[75]이라 할 수 있다.

---

75) 졸고, 앞의 논문, p.198.

김우진이 스스로 낭만주의 시대[76]라고 말한 초기 시를 보겠다. 한시도 이 시기까지 씌어졌기 때문에 이 시기는 김우진 문학세계에서 중요한 의미를 갖는다. 유교적 가풍 안에서 성장한 김우진은 1915년 도일하면서 자기 속의 현대적 자기발견과 분열의식이 혼재된 가운데 솔직한 자의식의 표현과 형상화를 지향할 수밖에 없었을 것이다. 그의 의식은 영문학을 전공하면서 유교적 습관이 사라지고 근대인으로 자리 잡지만 대정기의 자아, 개인을 중시하는 분위기에서 급속도로 확산된[77] '에머슨'을 통한 새로운 경험이 자아에 대한 의식과 자연에 대한 태도 변화를 촉구했다고 볼 수 있는데 이는 시를 통해 확연하게 드러난다.

### 1) 세계와의 갈등 – 내면과 영의 세계 추구

"父の志を継げよ"と父はいびぬ′
"立派なら人になれよ"と母はいびぬ′
數へ見れば十四年の
昔の家の軒の下———。

76) 『김우진 전집 Ⅰ』(서연호, 홍창수 편)에 의하면 김우진이 자신의 시를 크게 넷으로 나누었는데 1915년부터 1926년까지 11년간 쓴 시로 총 40여 편의 시 묶음이 첫 번째 것이고 이 시편 중 선별하여 스스로 '낭만주의 시대'라고 분류한 7편이 두 번째 묶음이고 『Sociětě Mai』에 선별하여 발표한 7편의 시가 세 번째 묶음이고 <애악곡>외 6편으로 분류된 네 번째의 묶음이 있다. 각각은 그 특징을 뚜렷하게 드러낸다.

77) 이철호, 「1910년대 후반 청년지식인들의 기독교적 '生命' 인식－<學之光>을 중심으로」, 『한국기독교역사연구소식』 제78호, 2007, p.53 참고.

父の志は何?
立派な人は何?
不当の子はいまだ知らず´

遊學の身の時ありて
夢は故鄕に走れども´
夢の下なる母のためには
如何なる花を手向くべき´
老ひたる父のいづこに
安息の屋根を建つべき´
あゝ何をえらむべき°

– <あゝ何をえらむべき> 全文[78)]

"아비의 뜻을 계승하라"고 아버지는 말씀하신다.
"훌륭한 사람이 되라"고 어머니는 말씀하신다.
헤어보면 어언 14년
옛집 처마 밑-

아버지의 뜻은 무엇?
훌륭한 사람은 무엇?
불초한 자식은 여전히 알길 없고

유학(遊學) 몸이 된 때가 있어
꿈은 고향으로 달려가건만
꿈의 원천인 어머니를 위해선
어떤 꽃을 가지게 할까
늙으신 아버지는 어디에

78) 『金祐鎭 全集 Ⅰ』, 전예원, 1983, p.223.

안식의 지붕을 세워야 하나
아아, 무엇을 얻어야 하나.

– <아아, 무엇을 얻어야 하나> 전문[79]

기록으로 남은 김우진 최초의 자유시이다. 비록 일문시이지만 그의 의식을 엿볼 수 있어 다시 전문을 인용하였다. 시적화자의 갈등은 아버지의 요구와 어머니의 요구가 다르다는 인식에 있다. 아버지는 자신의 뜻을 계승하라 하고 어머니는 훌륭한 사람이 되라고 한다. 시인의 공부는 아버지를 위해서는 '안식의 지붕'을 세워야 하고 어머니를 위해서는 '꽃'을 준비하는 것이다. 내면에서 서로 다른 두 인식의 주체가 '안식'과 '꿈'으로 대별되는 현실적 가치와 이상적 가치의 갈등으로 나타난다. 이미 돌아가신 어머니의 세계는 현실에 부재하므로 만날 수 없는 세계이다. 당시는 애국계몽기 시가에서의 '영웅'이 인간의 일상적 보편성을 띄는 '용사'로 바뀌어 개인의 정서를 드러내기 시작했다[80]는 시기로 보고 있으나 진정한 의미의 개인의 정서와 감정에 충실한 작품 발표로까지 이루어지지는 않았다. 1919년 『삼광』의 창간 배경[81]에 비추어볼 때, 1915년 이후 시를 통해 개인의 현실적 가치와 정신적 가치추구로 인한 갈등을

79) 『김우진 전집 Ⅱ』, p.310.

80) 정우택, 『한국 근대 시인의 영혼과 형식』, 깊은 샘, 2004, p.27.

81) "'인생' 즉 사회적 문제에 대한 관심과 책임을 예술행위의 직접적인 내용이나 소재로 삼아야할 필요가 있으며 문학 독자에 대한 배려와 책임 또한 중요한 고려의 대상의 하나로 삼고 있었던 것이 창조의 입장이었다면, 삼광에서는 문학의 존재이유를 처음부터 예술로서의 문학의 독립성 그 자체에서 발견하고자 했다는 점이 그 특성이 될 것이다." 노춘기, 「잡지 『삼광』 소재 시와 시론 연구」, 『비평문학』 제42호, 2011, p.179.

토로한 김우진은 특별하다. 진정한 의미의 자유시는 시가 아니면 도달할 수 없는 가치와 정서적 경험의 표출이다. 일상적으로는 어떤 기능도 할 수 없는 세계의 추구가 1910년대 후반기에 얼마나 설득력을 가질 수 있었을까? 1929년 시인 이장희가 느꼈던 절망감도 이와 무관하지 않았을까 생각해본다면 그보다 10년 앞선 시기는 개인의 정서의 소통이 더욱 불가능했을 것이다. 1919년 창간된 『삼광』에 발표된 시가 예술로서 문학의 독자적인 지위를 의식하고 주장했다[82]는 평가와 "순수하게 개인적인 감정을 적극적으로 표출하려는 의식이 이전 시기의 작품과는 뚜렷하게 구별된다"[83]는 견해를 염두에 둔다면 정서 표출에 개인의 순수성을 갈망하고 있는 김우진은 1910년 후반기에 문학의 특성과 궤적을 같이한다고 할 수 있다.

1915년에는 김우진이 시를 통해 드러낸 현실과 꿈의 갈등이 방향성을 갖지 않고 그 자체에 몰입되어있다. 갈등 속의 1917년 한시 절구를 보면 아버지에 대한 그리움이 사무쳐 있는 시적 화자를 볼 수 있기 때문이다. 그 1년 전인 1916년에 쓴 자유시를 다시 보겠다.

> (전략)
> 아 지낸 날에
> 나는
> '犧牲'의 쥴리아나로
> 너를 몇 번이나

82) 노춘기, 앞의 논문, p.207 참고.
83) 노춘기, 앞의 논문, 같은 면.

그려보앗든고.
그러나 이날 밤
갓흔 자리에
갓히 누어서
한마음으로
千年 萬年 祝壽하며
뜨거웁게 입 맛초이나
너와 나의
안즌 자리
萬里 億里
떠러져 잇서라
(중략)
네의 붓구려움
나 아니 가젓스되
내 마음 속
當久히 어둡다.

– <첫날밤> 부분

결혼 첫날밤의 독백에서 시적 화자는 '희생의 쥴리아나[84)]'를 이상적 여인으로 그리고 있다고 함으로써 갈등을 드러낸다. 마음이 '상구히 어둡다'는 표현으로 보아 심한 절망감에 빠져있

84) 임진왜란 때 일본에 끌려갔다 돌아오지 못하고 천주교도가 되어 순교한 오타 쥴리아를 의미하는 것으로 볼 수 있다. 그녀의 한국명은 알 수 없으나 그녀가 1596년 구마모토 우토에서 모레혼 신부에게 카토릭 세례를 받았으며 1612년에 기리스탄(카토릭) 박해로 인하여 고즈시섬까지 유배를 가게 된 기록들이 그 당시 일본에서 선교활동한 선교사들의 서간문을 통해 알려지게 되었다. 박현옥, 「모리 레이코의 『삼채 여자론』-조선 여인 오타 줄리아를 중심으로」, 『일본문화학보』 제54집, 2012, 참고.

는 것을 알 수 있다. 여기의 쥴리아나도 현실적 인물이 아니다. 이미 순교하여 성인의 반열에 오른 쥴리아나에 대한 갈망도 앞의 시에서 보여준 꿈의 세계에서 만날 수 있는 인물이며 시인의 가치이다. 또한 쥴리아나는 영혼을 위해 살았고 죽임을 당했던 인물이므로 시적화자는 영혼의 순결성 추구를 최대의 가치로 드러내고 있다.

엇지면 그갓히도 따뜻하게
나의 몸을 검처 안으면서도
엇지면 그리도
내의 가는 燈불에 바람질 하심닛가
징상스럽게도 흰 이를
악물며
엇지나 畏怖의 춤을
그갓히 팟허 쥬심닛가.

– <아버지께> 부분

위 시에서도 갈등이 드러난다. 시적 화자는 '나의 몸'과 '내의 가는 등불'로 나뉜다. 즉, 현실로 지칭하는 '몸'과 내면의 세계로 보이는 '등불'을 드러낸 것은 현실과 '꿈'과 '쥴리아나'와 연결된 영혼의 세계와의 갈등을 나타낸 것이다. 이 시기부터 시적 화자의 갈등은 방향을 정하고 나아간다. 이 시기의 한시 <학창음>을 보면 '효자'와 '의인'이 갈등을 하고 있다.

擔簦十載爲何功 對案沉吟思不窮
孝子淚中冬筍綠 義人心上釖花[85]紅

三教立言元異趣 伍洲別族不同風
鴻毛泰嶽分輕重 眞正英雄在執中

– 草亭集 卷之二[86]

분주히 돌아다닌 10년에 무슨 공을 이루려 하였던가?
책상을 마주하고 곰곰이 읊조리니 생각은 끝이 없네
효자의 눈물은 겨울에도 죽순을 푸르게 한다는데
의인의 마음의 칼날이 부딪혀 불꽃이 붉네
삼교의 가르침은 원래부터 취지가 다르고
오대주의 여러 민족은 풍속이 다르네
홍모와 태산은 그 무거움이 나뉘어 있고
진정한 영웅은 마음의 중심에 집중하는 것에 있으리

대귀로 이루어진 함련의 '효자'와 대별되는 '의인'은 뜻을 세운 사림으로 마음의 칼날이 부딪혀 붉은 피가 흐른다. 마지막 미련에서는 진정한 '영웅'이 되기 위해 마음에 집중하겠다고 다짐한다. 김우진은 "모든 문화사난 영웅, 천재의 속중에 대한 승리자의 기록에 불과하다. 정치에 타락하고 종교에 타락한 유태인의 속중을 정복한 이는 야소[87](耶蘇)이다. 라마(羅馬) 법왕의 허신적(虛信的) 맹종을 감수(甘受)하야 신앙을 노방(路傍)의 초개(草芥)갓치 알기에 순치된 봉건시대의 속중들에게 도전하여 정복한

---

85) 鍧(=劍)花(=華) : 검과 검이 맞부딪히는 데서 생기는 불꽃 (갈등을 의미한다) 당나라 이백의 <胡無人行>에서.

86) 『金祐鎭 전집 1』, 연극과 인간. 2000, 참고.
양승국, 「극작가 金祐鎭 재론」, 『한국극예술연구』 제7집, 한국극예술학회. 1997, 참고.

87) 예수 그리스도.

자는 루테루[88]다"[89]로 함으로써 '영웅'을 당시에는 이해받지 못해 뜻을 이루지 못하지만 영혼의 해방과 구제를 위해 노력한 인물로 바라보고 역사는 이들의 승리의 기록이라 할 만큼 정신적 가치와 영적 가치로 상정하고 있다. 또한 이 마지막 미련의 '집중(執中)'은 일반적으로 유교적 덕목인 중용의 도리를 지켜 과불급이 없는 상태를 의미한다고 볼 수 있지만 <이광수류의 문학을 매장하라>[90]에서 그는 '중용'이라는 태도가 실질적인 삶과 거리가 있음을 역설했다.

그렇기 때문에 위 <학창음>은 한시의 형태를 가지고 있으나 김우진 내면에 자리 잡은 근대의식이 자연스럽게 표출되고 있음을 드러낸다. 또한 이 한시는 선경후정으로 작시한 김우진의 여타의 한시와는 구성이 다르다. 차운시이지만 배경이 되는 자연에 대한 언급이 없는 것은 마지막 '眞正英雄在執中'에서 '中'에 그 의미가 모여 있기 때문이다. 배경도 지우고 시인이 자신의 내면을 집중적으로 드러내고 있는 것은 심정적(마음의) 갈망이 외부세계에 관심을 가질 여유도 없을 만큼 강력하게 작용했기 때문이다. 같은 해에 쓰인 자유시 <아버지께>에서 자연과

---

88) 루터.

89) 김우진, 「소위 근대극에 대하여」, 『학지광』 제22호, 1921. 6, 『김우진 전집 Ⅱ』, p.34.

90) "이러한 얼토당토않은 '중병치의 조선'을 생각하기 때문에 당연한 경로(經路)로써 그이는 중용을 찬미하여, 소위 과유불급(過猶不及)의 유교적 문화를 요구하고 '시대정신'을 농담으로 녁이어서 실인생(實人生)을 초월한 아푸리오한 진리가 잇는 줄로 알고, 혁명을 일시의 한산한 유산(遊山)으로 아러 '갓금 고가(高價)를 주고 구하는 요염한 창기(娼妓)'로써 말하려 한다"
김우진, 「이광수류의 문학을 매장하라」, 『조선지광』 1926, 『김우진 전집 Ⅱ』, p.208.

우주의 중심인 '마음'을 응시하고자 했던 시적 화자의 열망이 이 한시 <학창음>에서도 드러날 수밖에 없었다.

<학창음>에서 함련의 갈등이 경련에서 두 번이나 반복된 '다름'의 인지로 인해 미련에서 마음의 '집중'으로 나아가게 된 것이다. 갈등을 의미하는 칼날이 부딪혀 불꽃이 붉은 마음은, <아버지께>에서 '내의 가는 등불'이며 위태롭고 상처받은 영혼을 의미하는 것이라 할 수 있다. 1919년에 이르러서는 시인은 한시와 자유시에서 경중의 차이가 있을지언정 동일한 정서를 표출할 수밖에 없었음을 알 수 있다. 당시 『학지광』 시인들은 "개인의 정신적 방향, 자유에의 낭만적 동경을 표출함으로써 근대 문학의 새로운 주체로서의 정체성을 스스로 형성해나가고 있었던 것으로 내면으로 향하게 된 그들의 시는 자유시형이라는 무제약의 형식으로 개인의 서정을 읊게 되었으며, 그 새로움은 또 다른 측면에서의 창조적인 역할을 수행했다"[91]고 본 견해는 일견 김우진에게도 해당되는 시적 성취로 볼 수 있으나 이들과는 달리 김우진의 내면 추구는 순수한 영혼의 지향으로 타협할 수 없는 절대성을 갖는다.

장덕수는 공자, 석가, 예수와 같은 고금의 현자들은 심령의 자기표현이 없었다면 존재할 수 없었다고 하면서 이와 반대로 사회는 미개하고 곤궁한 상태에 머물러 개체적 존재의 "생명과 심령의 파괴"의 정도가 극심하다고 보았다. 이것을 해결하기 위해 "外 우주를 觀解하며 內로 자기 통일과 자기 확립의 광명이 되기를 원하는 바"를 통해 자연으로서의 자기 자신과 우주

91) 노춘기, 「근대시 형성기의 창작 주체와 장르의식」, 『민족 어문학회』 54권, 2006, p.244 참고.

를 일치시키려는 에머슨의 사상을 적극적[92]으로 소개한다. 김우진이 도일한 즈음인 1915년 5월에 발표한 <의지의 약동>[93]에서 장덕수는 세계정복자나 알렉산더를 숭배하는 이는 많아도 숭고한 희생을 한 예수나 루소에 대해서는 관심이 적은 것을 안타까워하면서 전적 인간이 될 것을 주장한다. 이러한 사람은 내적인 자각을 한 사람이고 외부의 어떤 것에도 영향을 받지 않고 독립적인 자아각성을 한 상태로 "영안을 말게 떠서 만물의 진상을 통관"한 '영안'을 가진 자로 보는데, 김우진이 자유시 <첫날밤>, <아버지께>, 한시 <학창음>에서 내면세계와 영적 세계 추구에 의미를 둔 것을 보면 이러한 사상과 무관하지 않음을 드러낸다. 김우진은 에머슨처럼 개인이 우주적 존재와 합일 되어 영적 생명력을 공유할 수 있다고 보았다.

> 나는 하나의 투명한 안구(眼球)가 된다. 나는 무(無)로 된다. 나는 만물을 본다. 우주적 존재의 흐름이 나를 뚫고 순환한다. 나는 신의 일부분 또는 일편(一片)이다.[94]

> 小子의 눈에는
> 萬物의 凝視 -
> 죽엄 갓흔 萬物의 凝視가 잇슬 뿐이외다.
>
> – <아버지께> 7연

이 시기의 근대적인 자아각성은 에머슨을 매개로 하여 인간

---

92) 장덕수, 「학지광 제3호 발간에 임하야」, 『학지광』 3호, 1914. 12.
93) 장덕수, 「의지의 약동」, 『학지광』 5호, 1915. 5.
94) 에머슨, 이창배 역, 『에머슨 수상록』, 서문당, 1996, p.13.

정신과 자연의 상호작용으로 보지 않으면 도달하기 어려웠을지라도 실제적으로 당시 시작품에서는 시적화자가 의지적으로 우주적 존재를 추구하는 경우보다 여전히 개인의 문제와 사회의 문제를 개념적으로 해결하려는 시 작품들이 『학지광』에 발표되었다. 달리 말하면 개인이 영안을 떠서 우주적 존재와의 합일을 추구하는 초월적이고 신비적인 세계관이 사회적 정치적으로 추구되었지만 시를 통해 추구된 경우는 드물었다. 이와 달리 김우진의 시는 에머슨에 의해서 방향성을 갖았다. 시적화자가 말하는 '만물의 응시'는 시인이 자기내부에 있는 기운과 우주적 실체와의 만남을 통해 순수하고 창조적인 자기 희구를 드러낸 것으로 그는 이를 통해 갈등하고 있는 현실 세계를 뛰어넘을 방향을 설정하게 된다.

> 메이지 일본에서 근대적 내면성을 가져온 것은, 그리고 연애나 문학을 가져온 것은 기독교입니다. 그러나 단순히 영향이라는 것만으로는 왜 이시기에 기독교가 문제가 되었는지 알 수 없습니다.... 그들은 출세가 미덥지 못했습니다. 또 그때까지 충성의 대상이었던 '주군(主)'이 없는 그런 상태에서 그리스도(主)로 행했습니다. 그렇다면 이것은 입신출세주의라는 시대적 배경 없이는 이해할 수 없습니다. 그들의 입신출세를 강요하는 사회에 대항하여 자립하려고 했습니다. 그때 기독교(프로테스탄티즘)와 만났습니다.[95]

메이지 이후 일본 지식인들의 최대 과제 중 하나는 '참자기

95) 가라타니 고진, 조영일 역, 『근대문학의 종언』, 도서출판b, 2006, p.77.

란 무엇인가'라는 질문에 진지하게 답변하는 일이었다. 니시다 기타로가 말하는 '순수경험'과 기타무라 도코쿠가 주장했던 '내부생명'은 근대적 자아의 성립에 관하여 언술하되, 근본적으로 범신론적인 신비주의 체험 또는 기독교 담론과의 친연성 속에서 사유하고 있다.[96] 김우진이 경험한 당시 일본의 근대는 출세와 부를 추구하는 개인의 욕망을 부추겼지만 그에 대한 반발로 순수한 세계와 영혼에 대한 갈구가 에머슨을 통해 한 축을 이루었던 것이다. 한국시사에서 자아를 셋(윤동주의 「또 다른 고향」)으로 나누거나 외면과 내면(이상의 「거울」)으로 나누어 표현한 모습은 1930년대[97] 이후라고 볼 수 있다. 그러나 내면을 의미하는 魂이나 靈의 등장은 자아의 분열이라든가 내면의 고통을 드러내고자 할 때부터라고 볼 수 있다. 1885년 갑오경장이후 선교사들에 의한 기독교 교육의 보급과 찬송가와 개화기 창가에 靈이라는 언어가 등장한 이후 한 세대가 지난 1920년쯤에는 '영'이라는 말은 종교를 배경으로 어느 정도 보편적 의미로[98] 쓰이고 있었다. 특히 '영혼'이라는 용어나 '작은 신'의 개념이 1920년 이후의 金祐鎭 시에도 나타난다.

내 魂의 어구리 (내 어이 하랴, 1920)

---

96) 이철호, 앞의 논문, p.47 참고.

97) 오세영은 현대시를 1930년대 이후부터 보고 있다. 오세영, 「한국현대시의 성찰」, 『한국현대시사』, 민음사, 1970, p.28 참고.

98) "박영희 등의 근대 문인들은 영혼, 죄, 영원 등의 개념을 무의식적으로라도 육화하고 있었다. 이 과정에서 그들은 점차 '나'라는 인식주체에 대해 눈뜨게 되었다 또한 죄, 벌, 영혼, 육신 등의 기독교적 가치관이 배경이 된 낯선 관념들과 조우하게 되었던 것이다" 조영복, 『1920년대 초기시의 이념과 미학』, 소명출판, 2004, pp.25~26.

내 靈은 安穩하고도 조을니도다 (哀樂曲, 1921)
촉촉히 가을 비난/ 내 魂을 축이고 (秋思, 1921)

또한 어둠을 밝히는 등불을 포함한 ‘빛’은 깨달음이나 마음의 상태를 보여주는 종교적 개념적 접근에서 더욱 구체적으로 영혼의 자유나 순결이라는 비유적 이미지로 드러난다. <첫날밤>의 이상적 여인인 줄리아나는 이후의 시에도 변형되어 지속적으로 나타난다.

한시와 달리 김우진의 자유시에서는 시적화자의 분리된 내면을 만닐 수가 있었나. 한시에서 유일하게 시석 화자의 내면 갈등을 드러낸 <학창음>에서는 효자와 대립하는 의인, 영웅이 시인이 추구하는 정신적 가치의 상징으로 표현되었다.

1915년부터 1922년까지의 한시에서는 자아의 모습과 갈등이 사유시처럼 극심하게 드러나지 않았고 이 시기에 새로이 등장한 ‘영(靈)’이라는 언어도 사용되지는 않았다. 그러나 김우진이 인식한 근대 의식으로 인해 유교적 패러다임이 그대로 반영되지도 않았다. 오래 동안 익힌 한시의 형식은 김우진이 접한 근대의식을 흡수[99]하여 자유시를 작시하는데 영향을 주었다고 볼 수 있다. 글은 생각의 반영이므로 형식의 차이가 의미의 표출의 경중을 가져오지만 비슷한 시기의 ‘시’라는 정서적 장르에서는 각기 상이한 정서를 표출할 수 없음을 확인했다. 이러한 과정을 거치면서 김우진은 갈등이 주가 되는 극형식으로 자신의 생각을 드러내고 가시화하였다고 볼 수 있다.

99) 정대성, 「한국근대시의 먼동, 수산 김우진의 한시－전통의 변용과 창출, 전통과 근대의 변증법－」, 『민족문화 논총』 제31편, 2005, p.583.

### 2) 자연관의 변화 – 자연 밖에서 자연 안으로

한시를 포함한 전통시가에서는 자연을 관조하거나 시적 화자가 자연과 일치하는 모습을 드러낸다. 혹은 도교적으로 접근하면 자연을 통해 무릉도원과 같은 이상적 세계[100]를 그리고 있다. 점차 19세기로 들어서면서 자연은 은거의 공간보다 개인의 일상적 공간으로 이해되기 시작했다. 자연의 형상을 통해 시인은 불변하고 영속적인 가치와의 합일을 추구하며 우주적 조화감을 맛보던 데에서 벗어난 주관적 감정을 노래한다. 이것은 규범적, 집단적 가치를 지향하는 중세적 보편주의에서 주관적 이성을 지닌 개인의 발견이라는 근대로 나아가는 과정[101]을 반영한 것이다. 이러한 과정에서 金祐鎭의 시에 나타난 자연은 이상적 세계가 아니라 응시와 조응의 대상으로 드러난다. 金祐鎭의 한시에서는 대구의 형식을 취하면서 자연은 시적 배경으로 드러나지만 시인의 정서와는 대립적으로 그려진다.

① 防草萋萋日日新　動人歸思不勝春

무성한 향기로운 풀 나날이 새로워지니
고향 갈 생각 일어 봄날을 어쩌지 못하겠네

<1917년 봄 웅본에서>

---

100) 엄경희·유정선 「자연시의 전통과 세계관의 변모」, 『한국시의 미학적 패러다임과 시학적 전통』, 2000, p.309 참고.

101) 엄경희·유정선, 위의 논문, pp.310~311.

② 鳥弄晴雲翔絶壁　魚翻落照躍淸灣
十年負笈成何事　空使吳親老未閒

새는 맑은 구름을 희롱하며 절벽에서 날고
물고기는 낙조에 비늘 번득이며 푸른 물에서 뛰노네
십년 동안 공부하며 무엇을 이루었나
공연히 어버이만 늙어서도 한가롭지 못하게 하였네

<1922년 여름 화천에서>

자연은 시적 상황의 배경이지만 ①에서는 봄날의 풀빛이 날마다 푸르러져서 시적화자의 마음과는 대비적이다. ②에서는 새들은 희롱하며 절벽에서 날고 물고기들은 저녁노을을 배경으로 활기차게 뛰어 노는데 반해 시적 화자는 자괴감과 무력감을 드러내고 있다. 자연은 행복하고 평화로운데 시인은 갈등을 느끼고 평화롭지 않은 것을 보여주고 있다. 무엇보다 시인은 자연 속에 들어가지 않고, 자연을 일대 일로 마주하고 있다. 이렇게 한시에서 자연은 시적화자의 정서와 대비되어 그려졌다.

③ 달아 네 빛 아모리 밝으나
빗최일 정 든 님의
쟈는 얼굴 힌 빗됨을 어이하랴
아 바람아 네 결 아모리 네 결 고으나
싯치고 지날 정든 님의
뺨 차진 것을 스러하라

– <내어이하랴> 1연(1920)

④ 아 生命은 떠다니는 蜉蝣
맑근 물 우에

언제뜬지 求할 수 잇스나
한番 더럽피면
다시 오지 안는
生의 깔대 우에
춤 뱃지 마십시오.

– <아버지께> 5연(1919)

小子의 눈에는
萬物의 凝視-
죽엄 갓흔 萬物의 凝視가 잇슬 뿐이외다.

– <아버지께> 7연(1919)

⑤ "가시오 어서 가시오
가서 棺 무들 무덤이나 파라"드시
마른 닙 갓흔 맷초리가
비웃고 나라갑니다.

– <사랑의 가을> 3연(1921)

누른 입 날리고
가을 바람 불 때
뜬 기럭이
닉 생각 西天에 傳하겟늬-

– <회상> 1연(1920 추정)

⑥ 녯날의 흰 구름은
새로히 봄을 마즌 原野 위에
閑暇히 떠 있으되
지나간 날 山川을 굴니든 바람은
흰 모래 맑은 시내 위에

물결의 微笑와 弄戲하고 잇스되,
狂舞하난 髑髏 우에
사라지지 안코 걸닌 것
다만 사람의 思想의 壽衣로다

- <사상의 수의랄 조상하난 수난자의 탄식> 5연(1922)

자유시 ③에서는 자연과 시적 대상의 상태가 대비적으로 드러나나 시적화자는 자연에서 동의와 위로를 구한다. 자연의 속성을 이용하여 달빛과 시적 대상의 얼굴빛의 대조를 드러내려는 것이 아니라 달빛이 아름답게 비춰주려 해도 그 대상이 빛을 받을 수 없음을 드러내고 생명의 기운인 바람에게 생명의 기운을 잃어버린 대상을 같이 슬퍼하자고 권유함으로써 자연은 시적 화자가 감정을 토로하고 위로 받으려는 대상으로 나타난다. ④에서 '맑은 물', '갈대'는 끊임없이 흘러가고 흔들리는 속성을 가졌으므로 인생을 은유적으로 드러낸다. 여기서 자연은 그 자체가 대상이 되거나 시적화자의 정신적 가치를 드러낸다. "시의 가치는 말과 말이 관계가 빚어내는 형식관련보다 오히려 말과 (말이 관여하는) 對象과의 의미 관련에서 생겨난다"[102]는 시의 장르적 특징을 충분히 보여준다. 자연(만물)은 생의 비밀을 품고 있어 그 안에 존재하는 시인은 그 비밀에 다가가고자 최대의 관심을 표명한다. ⑤에서 시적 화자는 자신도 자연물의 일부로 몰아가는 정신적 상황을 드러내지만 인생을 덧없는 삶인 자연물로 비유한 것이 아니라 신의 섭리 안에 존재하는 우주적 질서 안의 부분으로 드러낸다. 같이 인용한 <회상>(1920추

102) 박이문, 『인식과 실존』, 문학과 지성, 1987, pp.223~224.

정)도 자연 속에서 시적화자는 정서적 동의를 구하고 있다. 그리고 ⑥의 <사상의 수의를 입은 수난자의 탄식>(1922)에서 자연은 변화를 자연스럽게 받아들이는 데 반해 인간의 사상은 사라지지 않고 죽음의 그림자처럼 계속적으로 작용하고 있음을 대비적으로 보여주고 있으나 위의 ①, ②의 한시에서 시적화자의 정서와 대비하여 나타난 실제적인 자연이 아닌 관념적, 정신적 의미를 드러내고 있다.

한시에서는 시가 빚어지는 현장에서 '자연'이 구체적으로 드러나고 의미화 되어 시적화자와 자연의 크기가 같아 자연을 마주(대조)하고 있으나 자유시에서는 시적화자가 자연의 질서 속의 유한한 존재가 되거나 자연 속 작은 일부(은유)로 표현되어 있다. 이러한 자연에 대한 태도는 자연을 통한 시적화자와 시적대상과의 거리의 반영이라 볼 수 있다. ①, ②의 한시에서는 시인이 대상에 대한 태도가 객관적이며 이중적이지 않다. 자연의 편안함과 그렇지 않은 자신을 대립적으로 그림으로써 거리를 갖고, 시인이 자연 밖에 존재하므로 갈등을 숨기거나, 자연 자체와는 갈등을 갖지 않았다. ③, ④, ⑤의 자유시에서는 시인의 주관적 감정에 몰입된 시적 화자는 대상과 갈등하고 대상에 대한 二重的 자세를 갖고 자연에 들어가(은유적으로 처리되어) 자연도 갈등을 갖는다. 특히 ④에서는 시적 화자가 자연 속으로 들어가기 위해 자연을 응시하고 조응하는 모습을 보이는데 이것은 물아일체의 자연관과 대비적으로 자연을 상응하여 우주적 기운을 느끼는 대상으로 보고 있다. 이는 자기 내부의 영의 실체를 각성하는 순간 인간은 지상의 속박에 의한 비소성에서 벗어나 무한으로 비상 귀속한다는 에머슨의 자시론에 의한 신비주의적 자연관의 영향으로 보인다. 1919년 4월 20일 일기에서 "속류(俗流)는 詩를 치(嗤)ᄒᆞᆫ다 ᄒᆞ여도 ᄂᆞᄂᆞᆫ 詩人이 될 것을 바란다. 증오ᄒᆞᆫ 現實을 도피ᄒᆞ야 ᄂᆞ의 갈 바ᄂᆞᆫ 이 환각의 世界뿐이다. 전일(前日)과 모무(暮霧) 중에서 엄연(淹然)히 자연의 ᄯᅳᆺ듯ᄒᆞᆫ 품속에 들 것이다"[103)]라며 김우진은 증오스러운 현실을 벗어나 시를 통해 자연 안으로 들어갈 것을 고백했는데 그가 자연의 일부가 되는 일은 시를 통한 것이므로 김우진에게 있어서 자유시와 자연과 위로와 구원은 동일한 의미이다.

한시에서는 자연 속에서 영적인 존재의 기운을 느낄 수 없지만, 자유시에서는 자연 속의 내밀한 기운을 알아차리고자 하는 의지를 보이므로 김우진의 자연에 대한 태도는 시적 형식에 따라 다르게 나타난다. 이러한 자연관이 희곡 <산돼지>의 결말을 행동 대신 조명희의 <봄 잔디밭 우에서>라는 시로 처리하여 인간의 감정을 봄기운으로 표현해 인간을 사물화 할 수 있었다고 볼 수 있다. 결말 부분에 행동이 빠져 공감을 지니기에는 설득력이 부족하다는 그간의 <산돼지>에 대한 평가는 김우진이 지닌 자연에 대한 태도를 간과한데 있다. 이는 <이영녀>의 결말 부분에서 정밀한 빛과 하나가 되는 주인공의 죽음의 순간을 이해하는 데에도 도움을 준다. 또한 <난파>의 결말부분도 물을 통한 모태로의 귀환을 의미하는 상징적 이미지로 자연을 통한 비가시적 세계로의 귀환(구원)이라는 시의 세계와 연결된다.

이러한 결말은 자연을 통한 이미지로 전달하려는 작가의식이

103) 『김우진 전집 Ⅱ』, p.468.

드러나는 부분이며, 조선시대의 한시나 시조에서 보여준 인간 중심적 태도(의인법)가 아니라 자연 중심적 태도(활유법)로서의 인간의 자연화로 볼 수 있다. 인간의 감정과 무생물의 외계는 상호보존적이며 우리의 전통적인 인과율이나 정신과 물체 혹은 영혼 사이의 이원론으로 진정한 해답을 내릴 수 없는 어떤 양식으로 함께 전개된다. 그렇다면 낭만주의 시인이야말로 자연계에 대한 새로운 통찰력을 지닌 예언자인 셈[104)]이라는 화이트헤드의 낭만주의자의 자연에 대한 견해가 김우진에게도 해당된다고 볼 수 있다.

### 3) 시 장르 인식-음절, 호흡에 대한 긴장

한시나 전통적인 시가에서 사용된 개념적인 상징들은 자의식이 강해지면서 개성을 드러내고자 구체적인 의미를 지향하게 된다. 따라서 근대시 성립 조건에 은유의 성립[105)]을 들고자 하는 것은 설득력을 지닌다. 근대시 형성기에 김우진이 정서 표출을 위해 자연스럽게 자유시를 선택한 이유는, 시인 자신이 한없이 복잡한 현실과 직면하고 있다는 것을 바라볼 뿐 아니라, 자신이 사용하는 매체 자체가 문제라는 것을 인식한 데에서 변화한 것이라 할 수 있다[106)]. 이 과정에서 시의 언어는 일

---

104) 에드먼드 윌슨, 이경수 역, 『악셀의 성』, 홍성사, 1980, p.11.

105) "기독교적인 개념으로서보다는 '미'라는 개념으로 이해된 '영혼'은 독특한 울림을 얻게 된다. 이것이 바로 1920년대를 전후로 이루어지기 시작하는 근대문학의 주요한 카테고리 곧, 은유적인 말법의 탄생이다" (조영복, 앞의 책, p.27.)

106) 피터 포크너, 황동규 역, 『모던이즘』, 서울대학교 출판부, 1980, p.20 참고.

상 언어의 기호체계를 답습할 수가 없다. 시인이라면 누구든 자연스럽게 언어 표현을 창조적으로 적확하게 하고자 한다. 김우진의 문자 표기 양상을 보면 비록 관념이지만 내면을 드러내고자 할 방법을 고민했고, 시기에 따라 표기상의 변화는 시적 언어[107] 확립의 과정을 보여주는 듯하다. 김우진의 같은 제목의 시가 기록시기를 달리 하면서 다음의 <표 1>과 같은 변화 양상을 보인다. 이는 그가 조사 하나 음률 하나가 리듬과 호흡과 의미에 지대한 영향을 미친다는 시라는 장르의 언어적 특징을 인지했음을 증거한다.

金祐鎭이 시간의 차이를 두고 정리한 작품들을 보면 내용의 변화는 별반 없지만, 시간이 흐르면서 아래아(·)와 어두자음군의 사라지고 '아'가 '으'로 바뀌는 등 표기가 점차 안정적으로 바뀜을 알 수 있다. 이는 국어의 안정화 과정을 반영한 것으로 볼 수 있는데 표기의 변화에 주목하기보다 음절의 변화가 호흡의 변화와 관련되어 낭송할 때의 어감의 차이가 황석우가 말했던 '영률'[108]의 맛을 나타낸다. <애악곡>에서 '작취하난'을 '취한'으로 바꾸고, '청산과 광야'라는 개념적 공간을 '엽'이라는 구체적인 공간으로 바꾸었다.

<사랑의 가을>에서 '가을비'를 '가을비가'로 '날님니다'를 '날

---

107) 1911년에 김희상의 『조선어전』이 출판되고 난 후 김두봉, 이규용, 강매 등이 계속하여 조선어 사전을 출판하였으나 일반적으로 표준어를 상용화하기까지는 혼란을 겪었다. 김우진은 「조선말 업는 조선 문단에 고함(1922)」에서 조선어 표어 제정이 시급함을 언급할 정도로 그는 문학의 표현방식으로 말과 일치된 글을 중요하게 여겼다. 1933년에 한글 맞춤법 통일안이 발표된 것을 염두에 두어야 할 것이다.

108) 졸고, 앞의 논문, p.199.

표 1. 金祐鎭 시의 표기 변화양상

| 시 제목 | 출판년도 | |
|---|---|---|
| | 1921 | 1925 |
| 사랑의 가을 | 가을비 | 가을비가 |
| | 날님니다 | 날녀옴니다 |
| | 가시오 어서 가시오 | 가시오 어서 가시요 |
| | 드시 | 듯이 |
| | 남겨두마 | 냄겨두마 |
| 추사 | 바이옲인 | 바이올인 |
| | 울닐 ᄯᆡ | 울닐 때 |
| | 가을비난 | 가을비는 |
| | ᄂᆡ | 내 |
| | 축이고 | 츅이고 |
| | 꿈뀌고 | 꿈귀고 |
| | 깔ᄃᆡ | 깔대 |
| | 어느 ᄯᆡ나 | 어이 하면 |
| | 1922 | 1925 |
| 思想의 壽衣랄 弔喪하는 修難者의 歎息 | 마암 | 마음 |
| | 한아로되 | 하나로되 |
| | 업난 | 업는 |
| | 안인가 | 아닌가 |
| | 구룸은 | 구름은 |
| | ᄉᆡ로히 | 새로 |
| | 모ᄅᆡ | 모래 |
| | 시ᄂᆡ | 시내 |
| | 狂舞하난 | 狂舞하는 |
| | 못자리로되 | 못쟈리이되 |
| | 붓터 | 붓허 |
| | ᄯᆡ | 때 |
| | 업난 | 업는 |
| | 안난 | 안는 |
| | 島랄 | 島를 |
| | 딸아 | 딸어 |

| 시 제목 | 출판년도 | |
|---|---|---|
| | 1920 | 1925 |
| 애악곡 | 삽쌘삽쌘 | 삽분삽분 |
| | 씌여 | 뛰여 |
| | 조을니도다 | 죠을닌다 |
| | 彷徨하난 | 彷徨하는 |
| | 하날 | 하눌 |
| | 소리치며 | 소리치고 |
| | 青山과 曠野랄 | 엽흘 |
| | 하나님 | 하느님 |
| | 가삼 | 가슴 |
| | 피랄 쑬이고 | 피를 뿌리고 |
| | 씻처 | 씨쳐 |
| | 술잔에 酌醉하난 | 술잔에 취한 |
| | 아포로와 다ᄒ 푸네 | 아폴오와 다뿌네 |

녀옵니다'로 바꾼 것은 각각 앞 행과 호흡을 맞추면서 연을 끝내 고자하는 의도를 반영한 것이라 할 수 있다. <추사>에서 시간을 나타내는 띠를 모두 때로 바꾸고 '어느 띠나'를 조건절 '어이하면'으로 바꾸어서 가을 오후의 퉁퉁퉁 쇠총소리를 여운으로 남겨 사냥개를 쫒는 동적 풍경을 정서화하였다.

<사상의 수의를 조상하는 수난자의 탄식>에서와 같이 '구름', '마음', '시내' 등의 구체적 사물로 집중된 꾸준한 시적 표현과 리듬, 표기 의식에 대한 긴장은 당대의 다른 시인들과 구별된다. 어법에 맞추고자 하는 것이나 외래어를 적확하게 표현하기 위해 표기를 바꾸는 것은 언어의 유동성에 기인한 어감에 대한 긴장을 드러낸다. 이러한 생각과 표현의 조화를 끝까지 의식하고 관철한 것은 김우진의 소리와 호흡이 주는 시의 특성을 지

속적으로 시에 반영한 것이라 볼 수 있다.

이와 같은 시어와 이미지와 리듬에 대한 긴장은 김우진의 '시라는 장르에 대한 의식'을 드러내는 것으로 근대시 형성기에 자유시는 이러한 과정을 거쳐 비로소 모습을 갖추었다고 볼 수 있다.

1919년 이후 金祐鎭의 시에 영혼이나 사랑 추구 인식이 자주 나타나는 것은 사랑을 순수한 영혼의 상태로, 정신적 가치인 아름다움(미)으로 인식하고 있는 1920년대 시의 모습[109]과 맥을 같이 한다. 따라서 김우진의 시가 당대 동인지 시대의 시들과도 유관함을 알 수 있다. 김우진의 시를 통해 보면 '자유시'는 정신의 내용이 문학적 형식을 찾을 수밖에 없었던 1910년대의 혼란스런 환경에서 자연스럽게 그 형식을 찾아나간 것을 알 수 있다. 또한 김우진이 자신의 시를 네 종류로 분류하여 초기 시를 '자신 있음보다 애처롭다'라고 하며 낭만주의 시대의 시[110]라고 명명한 것을 보면 그가 문학의 사조적 성격을 숙지하고 자신의 시를 객관적으로 인식하고 있음을 보여준다. 시를 통해 내면의 순수세계의 지향했던 김우진은 시의 창작자인 동시에

109) 조영복, 앞의 책, pp.22~23 참고. "사랑은 밀교적이며 정신적 고양을 의미하는 것으로 영적인 상태의 고양을 의미하는 것으로 인식되었고 그것은 '미'라는 추상적인 개념 속에서 발아하고 농익는 개념이 된다. 이 같은 개념은 '은유'의 담론으로 문학을 이해하기 시작한 1920년대 전후의 문인들에게 공통적으로 인식된다. 그들은 미를 절대적인 가치 개념으로 이해하고 '사랑' = '미' = '은유'의 문학 담론 속에서 그들의 문학 행위를 절대화 시킨다".

110) 낭만주의 시인이 몰두한 것은 개인의 의지였다. 따라서 시인은 영혼의 신비성과 갈등과 혼란을 표현하기 위해 새로운 언어를 창조하였다. 에드먼드 윌슨, 앞의 책, p.10.

자신의 시의 독자이기도 했다. 그는 시를 발표하지 않고 자신의 일기에서 반추하거나 시간이 흐른 뒤에 다시 읽고 분류하여 표기를 바꾸는 작업을 반복함으로 자신의 순수한 내밀의 세계를 즐기고 그로써 위로 받으며 현실을 견뎠다.

이와 같이 자신의 경험을 드러내는 자전적인 시를 주로 쓴 김우진은 시를 통해 과거와 글을 쓰는 현재, 그리고 욕망이 투사되어 끊임없이 변모하는 형태로 존재하는 미래가 상호작용하고 있는 시간의 차원에서 '내'가 '나'와 맺고 있는 다양한 관계들을 고찰하고 이를 토대로 하여 마치 부재의 상태로 있는 듯한 자신의 존재감을 확인[111]한 것이다. 경험은 불안정하기 때문에 인간은 언어를 통해 존재하기 시작하며 말을 함으로써 이 세계 내의 존재가 될 수 있기 때문이다. 고백하는 행위 또는 자기에 대한 글쓰기는 '가치'를 추구하는 의지와 결부[112]된 것이나. 김우신의 경험을 통한 독백적 시 쓰기는 이러한 의미에서 가치를 추구하는 의지의 실현이라고 할 수 있다.

---

111) 유호식, 「자기에 대한 글쓰기 연구(1)－고백의 전략」, 『불어 불문학 연구』 43권, 2000, pp.182~183.

112) 유호식, 앞의 글, p.184.

# 03 / 극도의 자아추구

시는 희곡이나 소설에 비해 작가의 감정 세계나 정신까지도 주관적으로 그려낼 수 있는 장르이기 때문에 작가의 정신구조와 의식세계를 파악하는데 있어 중요하다.

김우진에게 있어서 시와 삶의 밀착도는 시와 일기의 반비례 관계를 통해서도 알 수 있다. 일기가 많은 해에는 시가 몇 편 안되고 시가 많은 해에는 일기가 별로 눈에 띄지 않는 것으로 보아[113] 김우진의 시 세계의 상당 부분이 개인적인 차원에 씌어졌다. 그러므로 그의 시 세계 연구는 그의 희곡 작품에서 드러난 자전적이고 주관적인[114] 요소를 밝히는데 도움이 될 것이며 나아가 작품에 드러난 그의 정신구조까지 엿볼 수 있게 할 것이다.

김우진은, 윤심덕과 현해탄에서 정사한 사실을 상기시키듯 시 40여 편 가운데 반 이상을 사랑을 주제로 하여 노래하고 있으므로, 본 장에서는 우선 그의 사랑과 대상에 대한 태도 변화를 살펴보고자 한다. 그리고 다음으로는 그의 궁극적 여성상, 과거 패러다임에 대한 거부 등을 고찰하고, 표현주의 시와도 비교하여 희곡에서 보여준 세계를 확인해 보고자 한다. 이러한

113) 시 40여 편 가운데 1921년에 11편, 1924년에 5편, 1926년에 12편이 창작되었고 각각의 해에 기록된 일기는 한 두 편에 지나지 않는 반면 1922년, 1925년에는 시가 몇 편 없는 대신 일기가 꾸준히 기록 되어 있다.

114) 유민영, 『한국희곡사』, 홍성사, 1982, pp.147~149 참고.

연구는 시의 완성도를 논하기에 앞서 김우진의 정신구조를 파악하고 이해하는데 도움이 되리라 믿는다.

### 1) 시적 대상의 변모에 따른 욕망 이미지

김우진의 '님(그대)'을 대상으로 쓴 시는 1920년부터 그가 죽던 해인 1926년까지 지속적으로 나타난다. 만 7년 동안 동일 소재로 쓰인 시이므로 우선은 각 시작품에 드러난 '시인'의 사랑에 대한 태도와 인식이 어떻게 변화되고 있는지를 살펴보겠다. 이것은 <난파>에 등장하는 여성들의 이미지 변화 양상을 이해하는 데도 도움이 될 것이다.

#### (1) 욕망과 감각적 이미지

최초의 '님'에 대한 시는 그가 스물 셋(1920년)에 쓴 <내 어이 하랴>이다.

① 달아 네 빛 아무리 밝으나
비추일 정든 님의
자는 얼굴 흰빛 됨을 어이하랴

아 바람아 네 결 아무리 고우나
스치고 지낼 정든 님의
뺨 식어진 것을 슬어하라

아 물아, 시내에 비치는

개나리야, 사람 깨우는 꾀꼬리야,
나와 같이 속삭일
정든 님 없음을 어이하랴

내혼의 어구리 아무리 깊우나
밝힐 님의 불꽃 없음을 어이하랴
아 내 마음의 꽃 방 항구히 빛나나
들어와 앉을 정든 님의 자취 없음을 어이하랴

– <내 어이 하랴> 전문

인용시에서 님은 '자는 얼굴 흰 빛'에서 '뺨 식어진 것'으로, 다시 '정든 님 없음', '정든 님 자취 없음' 등으로 변화되어 나타난다. 시인은 이 시에서 현존에서 부재로 옮겨가는 '님'의 이미지를 점강적으로 보여주고 있는데, 처음에 보이던 님의 존재는 점점 희미해지다가 나중에는 그 흔적마저 사라져 버리고 만다. 님은 죽었기 때문에 존재할 수가 없고, 존재하지 않기 때문에 시인의 '마음의 꽃방'을 차지할 수 없다. 여기서 마음을 '꽃방'으로 표현한 것으로 보아 이 사랑에는 쾌락적 의미가 포함되어 있다고 할 수 있는데, 이는 다음에서도 확인된다.

② 누런 잎 날리고
가을 바람 불 때
뜬 기러기
내 생각 서천(西天)에 전하겠니…

그때 물결 소리 집을 흔들고

백주 찬길 바닥 구루마 내왕할 때,
침침이 어두운 외로운 포옹 속
순간의 그 두 몸 맑았다,
그때의 그 품, 이제 나의 마음을 껴안는다
(중략)
아 거기 있어라! 나의 충실한 기억,
이날 밤 이불 속의 그 얼굴의 환영
이순간 대로 사라지지 말라.

– <회상> 부분

인용시는 발표 연대가 명기되어 있지는 않으나 김우진의 작품을 그대로 옮긴 전집[115]에는 ①의 시(1920) 뒤에 놓여 있고 1921년의 시 앞에 있으므로 1920년 가을에 쓰여졌으리라 추정된다.[116] 앞의 시 ①과 마찬가지로 이 시의 대상도 '서천', '귀한 육체 썩지 않으면' 등의 표현에서 알 수 있듯이 현실에 존재하지 않는다. 따라서 같은 연도에 쓰인 것을 감안할 때 시 ①의 시적 대상과 동일인이라 하겠다. 위 시는 앞의 시와는 다르게 '외로운 포옹', '두 몸 맑았다', '내 팔로 껴안았으나', '두 마음의 진실한 접촉' 등과 같은 표현에서 보이듯이 사랑의 내용이 육체를 통해 드러나 있다. 김우진은 죽은 사람을 그리워하며 노래하고 있지만 그 내용에 있어서는 부재하는 님에 대한 추억과 그리움, 허무감 등으로 인해 통곡하는 대신에 님과 나

115) 1983년에 간행된『金祐鎭 全集 Ⅰ, Ⅱ』을 말함.(두 개의 전집 중 2000년에 출판된 책은『김우진 전집 Ⅰ, Ⅱ』로 표기하여 구별했다.)

116)『김우진 전집 Ⅰ』에 의하면, 이 시는 1920년이라는 창작시기가 부기 되어 있으나 계절은 추정할 수 없다.

누었던 사랑의 육체적인 면, 즉 쾌락적인 면을 갈구하고 있다. 시인은 다만 열정이 지나간 육체적인 사랑을 '마음의 꽃방'이나, '이불 속'을 통해 현재화시키고 있다. 이러한 에로스적 사랑은 1921년에 씌어진 '그대'를 대상으로 한 일련의 시들에서 명확히 확인된다.

③ 기이하게도
아폴로의 살빛 위에
루루의 웃음이 넘치고,

마돈나의 눈빛 속에
나나의 엽술이 붙었다.
기이한 이국의 소녀여!

– <이국의 소녀> 부분

시인은 이국 소녀의 아름다움을 그녀의 살빛과 입술, 웃음, 눈빛 등에서 찾고 있다. 이는 시인이 한 인간인 여성을 존재론적 혹은 정신적인 차원에서 다루지 않고 감각적인 아름다움의 대상으로 보고 있다는 것을 말해 준다.

한때 전통적인 도덕관념을 벗어났다고 출판조차 거부되었던 나보코프의 『로리타』는 그 문학적 가치는 그만 두고라도 이제는 성에 관한 이야기가 아니라 사랑에 관한 이야기로 평가[117] 받는데, 그 첫 장에 로리타는 다음과 같이 명명되고 있다.

117) 권택영, 「저자의 죽음」, 『포스트모더니즘이란 무엇인가』, 민음사, 1991.

> "아침의 그녀는 로(Lo)였다, …… 바지를 입으면 로라, 학교에 가면 돌리였으며 서류상의 이름은 돌로레스였다, 그러나 내품 속에서 그녀는 언제나 로리타였다."[118)]

여기서 로리타는 바로 사랑의 이름이다. 같은 인물이지만 언제나 사랑의 대상이 되는 것이 아니라 내 품 속에 있을 때 그 대상은 비로소 사랑의 이름을 받게 되고 한 인간으로서 가장 의미 있는 존재가 되는 것이다. 또한 마르틴 부버도 낱낱의 '너'를 넘어서 보다 깊이 파고 들어가 마침내 '너'이면서 결코 '그것'이 되지 않는 '영원한 너'를 만나는 것을 진정한 사랑의 의미[119)]로 보고 있다.

나보코프나 마르틴 부버와는 달리 김우진의 <이국의 소녀>에서는 사랑의 대상이 '너'가 되지 못하고 '그것(그녀)'인 '루루' '나나' '아폴로' 등 이름만 바뀌고 있어 사랑의 의미를 시녔다기보다는 쾌락을 주는 육체적 아름다움의 집합체라 할 수 있다.

이러한 감각적 사랑의 대상은 <봄의 연인>에서는 딸기, 복숭아로, <춘호행>, <춘강화월야>, <춘호> 등에서는 봄과 물의 이미지로 형상화되어 있다. 봄이 주는 생동감과 물이 갖는 반영의 이미지는 신선함[120)]이라 할 수 있는데, 김우진의 <봄의 연인>에 나타난 '촐촐 흐르는 눈빛'은 신선한 이미지를 지니고 있지만 거기에 감각적인 이미지가 결부되어 사랑보다는 육체를

118) 블라디미르 나보코프, 신동란 역, 『로리타』, 모음사, 1987, p.14.
119) 마르틴 부버, 표재명역, 『나와 너』, 문예출판사, 1977, 참고.
120) 가스똥 바슐라르, 『물과 꿈』 참고, 문예출판사, 1980, pp.46~57.

더 느끼게 한다. 그러나 김우진은 단순히 육체를 감각적으로 묘사만 한 것이 아니라 관념적이긴 해도 그의 욕망을 절실하게 표현한 것이다.

욕망이론의 대가인 프로이드[121]나 라캉[122]이 지적하고 있는 것처럼 그의 육체에 대한 관심은 욕망의 전이로 볼 수 있다. 특히 1926년 이전의 시에서는 욕망이 육체로 집중되어 나타난다.

④ 두 애인은
자리를 바꾸며
손과 빰을 마주하며
다문 입,
다문 눈,
열정의 술과
침묵의 안주로
에덴 최초의 행복을
이 세상의 잔치로 맛보려 한다.

– <이단의 처녀와 방랑자> 부분

위시에서 볼 수 있는 바와 같이 그는 육체적인 사랑을 에덴 최초의 행복이라고 말 할 정도로 에로스적 사랑을 찬양하고 있다. 이 밖에도 같은 해에 쓰인 <애악곡(1921.1.6.)>, <사랑의 가을(1921.10)>, <추사(秋思)(1921.10)> 등에서도 순간의 사랑이 열

121) 캘빈 S. 호올, 황명수 역, 『프로이드 심리학 입문』, 범우사, 1979, pp.56~64 참고. 프로이드는 리비도를 성적 욕망으로만 한정하지 않고 인간의 내적 욕망인 에네르기의 근원으로 보았다.

122) 자끄 라캉, 권택영 역, 『욕망이론』, 문예출판사, 1994, pp.18~19 참고. 라캉은 욕망이 은유와 환유로서 전이되어 나타난다고 함.

정적으로 찬미되고 있다. 이는 시인이 대상을 사랑했다라고 보다는 자신의 열정을 사랑한 단적인 예라 할 것이다. 당시 시인의 열정과 사랑의 관계는 다음 일기에서 명확하게 드러난다.

> 아아. 나는 자기 성찰, 자기 충만을 위해서만 사랑을 배분한 것인가? 그리고 위로와 자기만족의 욕구를 충족시키려고 새벽에 또 여자에게 매지 않은 편한 옷을 입혀야 한 것인가?[123]

위의 글에서 볼 수 있는 바와 같이 시인의 삶의 열정은 사랑과 일치하지 않을 뿐 아니라 사랑의 대상이 없이도 가능하며 또한 다음과 같이 그 반대 방향으로도 가능하다.

> ⑤ 아, 예술가의 위험한 모험!
> 에덴의 낙원으로 향하긴 부얼!
> 허무와 혼돈의 절벽 위로
> 맹목장(盲目杖)에 끌려 달음질하는 게지.
>
> – <사랑은 아니하였지만> 부분 (1924. 2)

1921년 당시에 보였던 에로스적 사랑은 계속해서 에덴의 낙원을 꿈꾸도록 시인을 이끌어 왔지만, 이제 그것은 허무와 혼돈으로 시인을 달음질치게 한다. 여기에서 시인은 지금까지 추구하던 사랑과는 다른, 반대 방향으로까지 달려간다. 이점은 같은 해에 쓴 다음 시에도 그대로 나타난다.

---

123) 1921년 11월 26일자 일기, 『金祐鎭 全集 Ⅱ』, p.280.

⑥ 아, 청춘은
이 홀몸의 생의 물결에
한 줌의 흙덩이!
힘있게 생의 물결 판에
던져라, 용소리치게!

— <청춘> 부분 (1924. 10)

시인은 삶의 방향과 목적을 스스로 뜨겁게 타오르는 데 두고 있다. 이 시에 나타난 '물결'이라는 이미지 역시 나르시스적인 요소와 에로스적 요소를 지니고 있으므로 시인은 끊임없이 순간의 쾌락을 갈구하면서 자신의 내면적 욕구를 열정적으로 추구하고 있다고 봐야 할 것이다. 이 열정은 자호 '초성'과도 관련이 있다.

김우진은 1921년 <所謂 近代劇에 對하여>를 발표하며 '焦星'이라는 자호를 사용하고 있는데, 이는 1920년대 폭발적 인기를 얻은 니이체의 <짜라투스트라는 이렇게 말하였다>의 머리말에 언급된 태양을 지칭하는 '불타는 별'에서 나왔다[124]고 볼 수 있다. 이에 대해 양승국은 '焦星'을 '애태우는 별'이라 주장하는데[125], 1926년의 수산의 삶의 조건을 고려한다면, '焦星'을 '애태우는 별'로 볼 수 있을지 모르겠으나, 1921년 '焦星'이라는 자호를 쓸 당시의 수산은 열정적으로 자신의 삶을 추구하고 있었으므로 애태우는 별 보다는 불타는 별로 보는 것이 더 타당하리라 생각된다. 물론 이 불꽃은 검게 다 타서 그을린 것이라

124) 이두현, 『한국연극사연구』, 학연사, 1973, p.255.
125) 양승국, 앞의 논문 참고.

고 할지라도 열정이 감추어진 불이며, 보이지 않는 불이며, 불꽃이 없는 불이다. 바슐라르 식으로 말하자면 열정은 확산된 열이며, 바로 생명[126]이라 할 수 있다. 따라서 '焦星'이라는 호는 그 당시(1921년) 그의 삶의 열정의 표상이며 그의 삶이 추구하는 비극적 열정의 은유적 표현이라 할 수 있다.

이상에서 얻어지는 결론은 첫째로 수산은 에로스적 사랑으로 욕망을 표출시키고 있다는 것과, 두 번째로 이것을 열정적으로 추구하는 시인의 모습에서 그 자신의 생명력에 대한 갈구를 볼 수 있다는 것이다.

프로이드에 의하면 리비도란 무의식의 세계(id)에서 발원하는 맹목적인 성의 본능 즉, 에로스의 에너지이며 쾌락원칙에 따라 행동하는 성적 욕망인데, 문화의 발전은 리비도의 억압과 승화에 필연적인 관련을 맺고 있다. 따라서 1920년대 문학에 나타나는 주제인 자유연애, 즉 리비도의 해방은 윤리적 차원에서 이야기 될 것이 아니라 유교 이념으로 지칭되는 구시대의 전통문화와 가치체계에 대한 정면 거부라는 시대적 차원에서 생각해야 될 것이다. 이와 같은 배경 속에서 김우진은 작품 활동을 통해 자신의 '근본적인 욕망'을 수행하고 있다고 할 수 있는데, 이 점은 1926년의 시에서도 계속 나타나고 있다.

### (2) 욕망과 자기연소

1924년 이후 김우진은 일본에서 목포로 귀향하여 신극 운동

126) 바슐라르, 『불의 정신분석』, 1992, p.100 참고.

을 하지 않고 가업을 돌본다. 이로 인해 그의 욕망은 외부로 확산되지 않고 내부로 집중된다. 당시 김우진이 겪은 정신적인 고통은 다음 일기에 잘 드러나 있다.

> "…무질서는 나에게 더 심하게 보인다. 더 마음의 허덕거림을 금치 못하겠다. 이것이 소위 '名文候族을 보전하여 가는 집안'이다. 저주!"[127)]

이와 같이 '저주'라는 말을 사용할 정도로 당시 김우진의 정신적 고통과 갈등은 극한에 다다른다. 그래서 김우진은 자신의 욕망을 더욱 더 열정적으로 몰아갔으리라 생각된다. 이 당시 생활과 정신의 부조화를 견뎌내기 위해 김우진은 1926년 6월, 출가 직전까지 왕성한 문예비평 활동을 하고 희곡창작에 몰두한다. 이러한 고통의 정점에서 쓴 1926년의 시들을 살펴보기로 한다.

⑦ 뜨겁기도 하다 이 가슴은
갑갑하기도 하다 이 가슴은
울음이 복받쳐 나오는구나
설움이 목을 메워 나오는 구나

그대의 편지를 보고
왜 이리 울어지는가
난들 어찌할 수 있으랴
나혼자 나혼자

127) 1924년 11월 29일 일기, 『金祐鎭 全集 Ⅱ』, p.300.

그대의 새 생활을 빌면서
먼저 가서 기다리겠노라

— <무제(無題) I> 전문 (1926. 5. 5)

⑧ 한 점만
이상(異常) 속 초점인
그대!
볓이 나는 것도 같구려,
커졌다가
또 꺼지는
반딧불 모양으로
그대의 진실이
어지럽지 말기만 비오이다.
당신이 원하든
지옥 속에서 내가
낭신을 만나면
무엇이라고 당신은
대답하겠오.

— <기원> 부분 (1926. 5. 10)

⑦의 시는 앞장에서 살펴 본 시들과는 달리 현재를 중심으로 이루어졌다. 여기서 '그대'는 쾌락을 나누는 동반자도 추억 속의 그대도 아닌, 지금 시인이 '설움이 목을 메워' 부르는 대상이며, 현재는 물론 미래에까지 애달파 하며 열정을 다해 갈구하는 절실한 그대이다. 여기에서 그대는 영원한 '나와 너'의 관계인 '너'로서, '나'(시인)의 삶의 의미가 되고 있다.

⑧의 시에서 드러난 그대는 ⑦의 대상과는 달리 이상(異常)

한 그대이다. '볓'이 나다가 꺼져버리기도 하는 변덕스런 존재이며, 자신이 원하는 바가 무엇인지를 알고 있는 한 개체로서의 성격을 지닌 존재이다. 또한 '그대'는 현실을 거부하고 지옥을 원하는 존재이기도 하다. 이러한 다양한 속성을 지닌 '그대'로 인해 시인의 모습은 앞의 시들에서 보였던 생명의 열과 에로스적 물의 이미지가 변형되어 나타난다. 그러나 빛 없는 열은 나르시스적이고, 원초적인 것을 추구하는 물을 뒤덮을 정도로 그 양이 많아 시인을 점점 뜨겁게 가열시키고 있다. 또한 빛이 나다가 꺼지는 모습으로 등장한 '그대'는 그 빛으로 시인을 희롱하고[128] 그 빛, 그 열은 시인에게 침투하여 더욱 시인을 가열시킨다. 이러한 모습은 다음 시에서도 볼 수 있다.

⑨ 필림처럼 눈 앞에 아릿아릿 하던
당신의 그림자는
지나가는 가을 자취 모양으로
사라지는가 보이다마는
아 내 가슴의 아픔은
칼로 에이는 자욱이외다

– <보배로운 상처> 부분 (1926. 5. 12)

⑩ 갈수록 갈수록
고치지 못할 상처에
눈물이 나오는 구려
견디다 못해 울어보오만

128) '빛은 사물의 표면에서 희롱하고 웃는다. 다만 열만이 침투한다.', 바슐라르, 앞의 책, 1992, p.67.

이건 또 왜 이리 속속까지
불덩이 든 것처럼 뜨겁습니까

– <어린애만 되엇드면> 부분 (1926. 5. 14)

인용된 ⑨에서는 빛처럼 보이다 말다하는 '그대'로 인해 시인은 가슴의 상처가 점점 깊어지고 ⑩에서는 그 상처를 치유하지 못해 불덩이 같은 뜨거운 눈물을 흘린다. 이제 시인에게는 '눈물'도 더 이상 물의 속성이 아니라 '불'의 속성으로 변해 시인을 태우게 된다.

### 2) 욕망의 변주와 대상의 관념화

시 작법에서 주지(tenor)가 매체(vehic1e)로 표현될 때 형상화 또는 구체화 되있다고 하는데 매체 없이 주지 그 자체를 드러내는 것을 관념이라 말한다.[129] 주지란 관념이며 축어적 진술이고 매체란 그것을 표현하는 사물이다. 따라서 관념이 인간 각자에 의해 다른 사물(매체)을 통해 명명될 때 축어적(글자 그대로의 뜻) 진술보다 풍요롭고 더 많은 말을 할 수 있다.

또한 현실에 실제로 존재하지 않는 대상이나 개념을 형상화하여 움직여나가는 경우, 또는 자극이 사라진 뒤에도 의식 속에 남은 이미지 따위를 표현[130]한 것을 관념이라 한다면 김우진의 시는 많은 부분에서 그 관념성이 두드러지게 나타난다고 할 수 있는데, 특히 1926년 이전의 시에서 이러한 모습이 자주

129) C. 카아터, 코딜러, 『문학개론』, 을유문화사, 1973, p.70 참고.
130) 『동아 새국어사전』 참고.

엿보인다.

① 정든 님 없음을 어이하랴

– <내 어이 하랴> 부분

② 아 거기 있어라! 나의 충실한 기억

– <희상> 부분

③ 그 이의 기억은 아직도…

– <사랑은 아니 하였지만> 부분

이상의 시는 앞에서 살펴 본 바와 같이 현재 일어나고 있는 사랑을 노래하는 것도 아니고 님의 부재를 고통스럽게 그리워하는 것도 아니다. 다만 과거에 님과 사랑을 나누었던 분위기를 떠올리며 그 순간을 열렬히 그리워하고 있을 뿐이다. 시인은 사랑을 소재로 시를 쓰고 있지만 사랑하는 대상에 대한 애정보다는 '기억' 속의 한 부분을 뜨겁게 현재화시키며 지나간 사랑을 노래하고 있는 것이다. 그런데 일반적으로 지나간 사랑은 현재에 진행되고 있는 사랑보다는 절실하지 않다. 그런데도 김우진의 시작품 속에서는 그 절실하지 않은 사랑이 끊임없이 갈구되어진다. 이러한 관념적 사랑의 변형인 과거의 사랑 추구는 시인을 긴장시키고 억압하는 삶의 고통을 풀어 주고 있다. 여기서 시인은 과거에 집중하면 할수록 과거의 과거에까지 거슬러 올라가 시인의 '근본적인 욕망'에까지 이르게 된다.

김우진의 관념적 경향은 <이국의 소녀>에서도 그대로 나타나 시적 대상이 아폴로, 루루, 마돈나, 나나 등으로 비유되고 있다, 그러나 이들은 실제로 체험한 대상이 아니라 시인이 지식을 통해 알게 된 관념 속의 인물들이다. 실제로 아폴로의 살빛에 루루의 웃음과 마돈나의 눈빛과 나나의 입술이 붙은 얼굴을 상상해본다면 그 모습은 얼마나 괴기할 것인가! 관념적으로는 가능한 모습일지 모르나, 실제로 살아 있는 여성에게서 그 모습을 찾아보기란 거의 불가능하다. 그의 관념적 경향은 다음 시에서도 확인된다.

① 그때 '반역의 정령'을 위하여
우리는 소리 굴러치며
천국과 지옥의 결혼을 믿고,
(중략)
생의 향연을 맞으리라

– <이단의 처녀와 방랑자> 끝부분 (1921. 8)

② 길 잘못 든 이 딸을
불쌍히 여겨주소서

– <빈양같은 창부의 기도> 부분 (1921. 12)

③ 호소할 하나님은 없으나
가슴의 푸른 피를 뿌리고
별의 눈빛으로 씻어

애악(哀樂)의 술잔에 작취(酌醉)하는
아폴루의 다프네를 가졌도다

– <애악곡> 부분 (1921. 1. 6)

인용시 ①에 나타난 '반역의 정령'이란 시인 자신의 구질서와 구윤리의 틀을 거부하는 정신에 이름을 붙인 것이라 할 수 있는데, 시에서 보면 그는 웃음과 울음, 명과 암, 천사와 요정 등으로 이루어졌고, 천국과 지옥의 결혼을 믿는 존재로 등장한다. 즉 여기서 보이는 이미지는 대립을 통해 긴장의 힘을 갖고, 나아가 화해와 균형을 지양한다. 그러나 시인은 전통적 윤리를 거부하며 '생의 향연'이라는 쾌락적 의미에 집중해서 '반역의 정령'을 내세우고 있다. 이 시는 언어의 쓰임 자체도 관념적인데 그 표현까지 어긋나 있기 때문에 시인의 절실한 체험을 통한 정신의 육화라기 보기는 어려울 것이다. 이 시 제목에서 보이는 '이단의 처녀'도 애매한 개념이다. '이단의 처녀'는 종교적 의미로 쓰인 것이 아니라, 윤리적 틀을 벗어난 한 방랑자와, 저녁부터 그 다음날 저녁까지 술을 마시면서 쾌락과 환락을 즐기는 처녀를 지칭한듯하나 그 처녀의 행동이 이단인지, 그 처녀의 사고(사상)가 이단인지는 알 수가 없다. 하지만 일반적으로 '이단'이라는 용어는 정신적인 의미로 쓰이고 있으므로 김우진은 구체적인 면을 생각하지 않고 막연하게 '이단'이라는 말을 쓰고 있는 셈이다. 따라서 이 시 전체는 관념으로 이루어졌고 또 쾌락을 관념으로 맞바꾸어 표현하고 있다고 말할 수 있다.

②의 시는 창부의 심정을 노래하고 있다. 내용으로 보면 시인 자신이 직접 겪은 이야기라기보다는 시인이 창부를 가정해서 썼거나 창부의 이야기를 듣고 썼다고 할 수 있는데, 시유형[131]으로 보면 남의 체험을 듣고 쓴 것이라기보다는 창부의

131) 남의 이야기를 듣고 섰다면 어느 정도 객관적 거리가 있거나 객관성이 있어야 하는데 이 시는 일반 서정시의 틀을 그대로 이용하고 있다.

심정을 가정해서 쓴 것이라 할 수 있다. 이렇게 정신적이든, 육체적이든 시인이 직접 체험을 하지 않고 시를 썼기 때문에 김우진의 시는 대부분 관념적일 수밖에 없다. 더욱이 인용시 ①이나 ③에서는 시적 화자가 신의 구원을 거부하고 ②에서는 시적 화자가 하나님께 기도해, 한 시인의 일관되지 않은 신에 대한 태도는 표현을 넘어 관념까지도 의심스럽게 한다.

또한 ②의 제목인 <빈양같은 창부의 기도>에서 알 수 있듯이 시인은 창부를 '빈양(암양)'으로 비유함으로써 창부를 한 인간으로 보기보다는 성적 대상으로 보고 있다. 이 시에서 시적 화자는 '나'인 '창부'로 되어 있는데, 제목에는 창부를 보는 시인의 주관적인 시선이 들어 있다. 일반적으로 기도시에는 직업이나 계층을 지칭하지 않는 것이 상례이다. 따라서 시인 자신은 '창녀'에 대해 성적, 윤리적 당대의 보편적 시각을 거부하면서도 실제 정신의 운용면에서는 그 틀을 벗이나지 못하고 있음이 드러난다. 만약 시인이 한 인간으로 창부를 보았다면, 창부를 '울고 있는', '어머니를 그리워 하는' 등의 감상으로 처리하지 않고 한 인간으로서의 고통을 통해 형상화시켰을 것이다. 다시 말하면, 이 시에서 창부는 사랑을 하다가 남자의 배신에 의해 현재의 상황에 놓이게 되었다는 사실과 "이 몸이 죄를 거듭케 하는/ 세상의 붉은 정욕이외다"에서 처럼 남자들의 육욕에 의한 죄의식을 탄식하는 가장 일반적인 모습만 보이고 있다. 그 외에 창부가 한 인간으로 고통받는 모습은 달리 보이지 않는다. 이러한 부분도 김우진이 어떠한 의견이나 정신을 표현할 때에 있어서 체험보다는 관념에서 출발하고 있음을 보여주는 예이다.

③의 시에서도 '아폴로의 다프네'가 술잔에 취하며 사랑을 나누고 있다. 이렇듯 수산은 자신의 생각이나 감각을 드러내기 위해 실재하지 않는 관념의 세계에서 그 비유의 대상을 찾아내 순간의 아름다움과 에로스적 사랑을 노래하고 있다.

### 3) 어머니와 구원 이미지

앞에서 살펴본 바처럼 1926년 이전의 시에서는 시인과 사랑의 대상이 합일을 이루지 못하고 있는데 비해, 1926년 이후의 시에서는 시인이 사랑하는 대상에게로 자신의 삶의 의미를 집약시켜 그 대상과 일치하기를 갈구한다.

어린애가 어머니
그리워함을 너는 아느냐
사랑하는 이
님을 그리워함을 너는 아느냐

– <자조> 부분

시인은 어린애와 어머니와의 관계처럼 사랑하는 대상에게 절대적인 의미를 부여하여 그 대상을 갈구하고 있다. 그러나 시인이 사랑하는 대상은 어머니와 같은 위로와 무조건적인 사랑의 모습을 지녀야 하겠지만 반대로 이 사랑의 대상은 시인을 불안과 긴장 속으로 몰아넣고 있다.

오호! 봄이 좋구려
아지랭이, 삐비, 먼 곳 닭우는 소리,

봄이외다. 봄이구려 봄,
탈탈 뛰는 방한(芳漢)이
포등포등한 흰 손목을 잡을 때
졸지에 내 사지는 떨렸습니다.
이상스럽게도
생각키는 며칠 후 떼 밑.

— <무제 II> 부분 (1926. 8. 9)

봄이 갖는 생명력과 탈탈 뛰는 어린 아들에게 느끼는 부성애를 차단시키는 존재인 '그대(당신)'는 '며칠 후 떼 밑'의 계획을 알고 있고 그에 동행할 인물로 보인다. 이 인물은 <기원>에서는 '異常속 초점'이며 '진실이 어지러운' 존재이므로 시인을 탄식에 젖게 한다. 이러한 갈망에 대한 탄식이 <자조>에서는 투정으로 나타나는데, 이 투정은 "사랑하는 이/ 님을 그리워 함 너는 아느냐./ 안다고 너는 말아라, 너의 가슴은/ 덧없이 흐르는 시냇물만도 못하여라"[132] 같은 표현에서 볼 수 있는 것처럼 그대의 사랑을 간절하게 갈구하는 것으로 나타난다. <어린애만 되엿드면>(1926. 5. 19)에서도 어린아이처럼 어머니로부터 무한한 위로와 사랑을 받고 싶은 심정을 간절하게 드러낸다. 이 시와 같은 날 씌어졌으며 수산의 마지막 시가 되는 <죽음의 이름>에서는 이 부분이 좀 더 열정적으로 표현되어 있다.

에네르기의 배꼽지라고,
영광의 주류라고,
나는 네 이름만 부른다만,

132) 『金祐鎭 全集 II』, p.210, <자조> 부분.

네 아름만 부른다만
이 가슴 속을
네가 알아줄 수 있겠니.

부둥켜 쥐고서
터져라하고 울어보기도 하지만
그러나 아!
네 이름은!
네 이름은!
네 이름은!
나를 구원할 수 있을 것 같구나.

– <죽음의 이름> 전문 (1926. 5. 14)

위의 시는 앞의 시에서 불렀던 시적 대상이 확대된 듯하다. <어린애만 되엿드면>에서 어린아이가 어머니 찾듯이 그대를 애타게 찾으며 절망하고 있는데 위 시에서는 자신을 구원할 수 있을 것 같은 대상을 열렬히 부르고 있다. 그 대상은 죽음의 이름을 가졌지만 죽음 자체는 아니다. 그 대상은 시인의 울음을 받아줄 존재이기 때문에 죽음과 가까이 있는 자이며 '에네르기의 배꼽지'이기 때문에 생명력의 근원이 될 수 있다. "죽음은 동시에 모태로의 복귀와 우주 창성 이전의 상태로의 귀환이다"[133]라고 한 엘리아데의 말을 상기해 본다면 이 죽음의 이름이란 김우진의 돌아가신 어머니를 지칭한 것이 아닐까 생각된다.

수산은 1920년 3월 5일 일기에다 그 동안의 글을 정리하면서

133) M. 엘리아데, 박태규 역, 『상징·선성·예술』, 서광사, 1991, p.39.

자신의 영원한 꿈의 근원이 어머니라고 밝히고 있다.

> "… 나의 기억은 돌아가신 어머니에게 집중되었다. 한 점의 사랑을 받지 못한(그렇게 나는 생각이 든다) 나는 얼굴 기억도 없는 그에게 이같이 無極한 愛母의 정이 흐른다…"

위의 글로 보아 김우진에게 있어서 어머니는 뼛속 깊이 그리운 존재임을 알 수 있다. 지금까지 살펴 본 바와 같이 1926년에 쓰인 시에서는 시인이 시적 대상을 구원의 대상으로 간주하고 열렬히 그 대상을 희구한 것을 볼 수 있다. 그러나 그 대상과 일치할 수 없어 절망하고 또한 그 대상에게서 어머니 이미지를 찾고자 하는 기대는 계속 좌절된다. 이 좌절감이 시인으로 하여금 실제적 어머니를 강력하게 열망하게 만든다. 이러한 시인의 어머니 갈구는 앞에서 살핀 바와 같이 1926년 이전의 시 중 관능으로 표현된 물의 이미지에서도 그 흔적을 찾아 볼 수 있다. 모든 물은 젖이라고 말한 바슐라르[134]와 같이 김우진도 물에서 모성을 추구하고 있다. 따라서 김우진의 모성애의 희구는 '님'을 대상으로 한 그의 모든 시작품에 나타난다고 할 수 있다.

---

134) 바슐라르, 이가림 역, 『물과 꿈』, 문예출판사, 1980, pp.167~168 참고.

## 04 / 과거의 패러다임 거부

김우진의 시에서 과거 패러다임에 대한 거부 의식은 주로 구제도와 구질서를 비롯하여 당대 지식인의 가치관 및 윤리관에 이르기까지 폭넓게 나타나는데, 본 장에서는 그가 거부하는 패러다임의 내용보다는 그의 과거 패러다임을 거부하는 태도에 따라 네 항목으로 나누어 살펴보고자 한다. 앞장에서 밝힌 것처럼 그의 과거 패러다임의 거부의 원인은 개화와 근대라는 시대적 혼란에 있기 보다는 그가 지향하는 정신에 있다고 볼 수 있다. 그는 물질보다는 정신을 중시하는 정신주의자이므로 여기서는 그의 정신구조를 먼저 규명해보고, 다음으로 당대 의식에 대한 비판을, 나아가 그가 지닌 불안과 소멸의식, 죽음의식을 밝혀 보려 한다.

### 1) 내면세계의 추구

필사본 유집에 맨 처음 등장하는 <아버지께>는 편집 순서로 보아 수산의 아버지에 대한 애정과 바람을 강하게 드러낸다고 할 수 있는데, 시의 내용은 김우진의 시인으로서의 상상의 세계나 창조적 세계를 인정하지 않는 아버지에 대한 원망을 나타내고 있다.

어쩌면 그같이도 따뜻하게

나의 몸을 검처 안으면서도,
어쩌면 그리도
나의 가는 등불에 바람질 하십니까.
정상스럽게도 흰 이를
아물며
어찌나 외포(畏怖)의 침을
그같이 뱉어 주십니까.

모든 지혜를 학대하려는
일광의 학살이야말로
다시없이 밉지 않읍니까.

– <아버지께> 부분 (1919)

여기서 '아버지'는 아들의 육신은 사랑하지만, 시인이 추구하는 정신의 세계인 '등불'에는 바람질하고, 모든 지혜인 '일광'을 학살하려는 존재이다. 그래서 시인은 '마른 가슴 밑에 물결'이 까닭 없이 흐르고 '상념의 물결'이 뛰노는 갈등을 느낄 수밖에 없다. 여기서 보이는 물결은 앞 장에서 살펴본 바와 같아 시인의 감춰진 욕망을 드러내는 것으로써 어머니에 대한 그리움으로 볼 수 있으며 현실적으로는 좌절된 '빛' 대신 추구하는 세계이며, 시인이 궁극적으로 추구하려는 예술 세계의 숨겨진 표상인 셈이다. 밖으로 드러난, 시인이 추구하는 세계는 '맹갱이의 눈빛', '등불', '일광' 등으로 빛의 세계인데, 이 세계는 모든 지상적인 것을 초월한 가치와 관계한다고 할 수 있다. 빛의 세계의 구체적인 모습을 살펴보기 위해 당시 일기에 언급된 시한 구절을 보도록 한다.

용해할 것 같은 琥珀빛!
나는 全靈을 그 광막 속에 집어넣으려
용해하는 듯한 호박 빛 속에
아! 평화--
온갖 평화와 榮光을 가진 호박 빛 속에--
나는 나의 靈을 넣으려 하였다.
나의 영의 琥珀 빛을
나는 멀검히 응시하였다.135)

위의 시는 호박색 해질녁의 노을을 바라보며 그 빛의 찬란함에 감동 받은 김우진이 순간적 아름다움의 세계에서 영혼을 느끼며 그 세계에 몰입하기를 원하고 있음을 보여주고 있다. 김우진이 의미하는 빛의 세계는 영혼의 세계이며, 절대적이고 순결한 아름다움의 세계와도 상통한다. 이러한 면은 앞에서 계속적으로 언급한 1916년에 쓰여진 <첫날밤>에서도 그 흔적이 나타난다.

아 지난 날에
나는
'犧牲'의 쥬리아나로
너를 몇번이나
그려보았든고.
그러나 이날밤

같은 자리에 누워서

135) 1919년 6월 23일 월요일 일기 중에 기록된 '琥珀色'이라는 시의 일부. (『金祐鎭 全集 Ⅱ』, pp.269~270.)

한 마음으로
천년 만년 축수하며
뜨겁게 입 맞추나
너와 나의 앉은 자리[136)]
앉은 자리
만리 억리
떨어져 있어라.

— <첫날밤> 부분 (1916)

첫날밤을 시로 형상화 한 것이다. 시인은 자신의 신부를 '희생의 쥬리아나'를 꿈꾸어 왔나고 한다. 쥬리아나는 일본으로 건너가 순교한 한국의 성녀의 이름인데, 특별히 수산이 천주교 신자도 아니면서 쥬리아나를 고집한 것은 그녀가 지니는 정신의 절대적 순결을 의미하는 것이다. 또한 전통적 조혼 제도에 대해 소극적으로 거부하고 있는 이 시에서 김우진은 '등불이 아무리 있을지나/ 이내 마음의 눈/ 밤같이 어둡다'라고 함으로써 거부할 현실을 '빛'을 상실한 상태로, 영혼의 세계와는 거리

136) 5연 12행과 13행에 '너와 나의 앉은 자리/ 앉은 자리'로 두 번 앉은 자리가 반복되어 있으나 위 12행의 앉은 자리는 어색하다. 왜냐하면 이 시는 각행이 한 호흡으로 이루어져 있으며, 이 시 어디에도 같은 말을 반복해서 쓴 곳이 없기 때문에 앉은 자리만을 특별히 반복해서 쓸 이유가 없기 때문이다. 이렇게 이 시의 전체적 형태를 보면, '너와 나의 앉은 자리'에서 '앉은 자리'는 생략해도 무방하다. 이외에도, 마지막 연의 4행인, '이내 내 마음의 눈'에서도 '내'가 잘못 첨가된 듯하다. 왜냐하면 '이내'를 시간적 의미인 '곧'이나 '즉시'로 보면 '내'는 개별 의미를 가질 수 있지만 3행에 쓰인 '아무리 있을지나'는 상황적 의미로 쓰였기 때문에 '이내'는 나의 강조어로 보는 것이 타당할 것이다. 따라서 이 구절은 '이 내 마음의 눈'으로 읽는 것이 타당할 것이다. (2000년에 간행된 김우진 전집에는 이와 같이 되어 있다.)

가 있는 세계로 보고 있으므로, 그에게 있어 빛은 자신이 추구하는 세계를 의미한다고 볼 수 있다. 따라서 김우진이 거부하려는 세계는 현실적 가치의 세계이며 현실의 제도가 만들어 놓은 세계이다. 그러므로 현실적으로 성공한 아버지[137]의 세계관이 강요하는 세계까지도 거부할 수밖에 없을 것이다. 이전까지의 연구에서는 수산 부자의 갈등을 막연하게 신구문화의 갈등으로 바라보았지만, 근본적으로 이들의 갈등은 물질의 세계와 정신의 세계의 갈등이며 닫힌 세계와 열린 세계의 갈등이라 할 수 있다. 왜냐하면 김우진이 추구하는 정신의 세계는, 개화기 지식인이면 누구나 원했던 동서양의 문화상의 갈등과 구질서에 대한 거부감의 극복으로 형성 될 수 있는 세계가 아닌, 그 이상 형상의 순결을 지향하는 세계이다.

김우진의 아버지와의 세계관의 차이는, 아버지 김성규가 당부한 여러가지의 권고 중에, "잡지나 소설책 따위는 책상 위에 올려놓지 말라"[138]는 것을 보아서도 단적으로 알 수 있다. 김우진의 정신은 근본적으로 인간성의 자유와 개성의 실현을 목표로 하기 때문에 모든 물질적인 것, 억압된 것, 부패한 것, 형식

137) "옛날의 천재는 사적 상상력과 타협적 정신을 결합한 용감한 군주. 지금의 천재는 -특히 근대의 이것은 산문적 관찰과 반항적 비타협성의 유순한 민주주의자."(1924년 6월 19일 일기)로 수산 나름의 천재에 대한 견해를 피력하면서 천재가 되는 두 가지의 길을 다짐하듯이 부기하고 있다. 그러나 수산은 <난파>에서 '父'를 "남보다 더한 정력 재능 천재 통찰력을 가지고 사나운 風雨 속을 걸어온 旅客과 같이 험상스러운 꼴 무서운 꼴 흉악한 꼴을 지내어온 成功事"라고 지칭함으로써 아버지를 옛날의 천재로 보고, 자신이 추구하는 세계와는 정반대의 세계에 있다고 여기고 있다.

138) 유민영, 『한국근대 연극사』, 단국대학교 출판부, 1996, p.678.

적인 것 등을 혐오했다.

......너무나 취해 무지 완미하고 곤궁과 압박에 시달린 사람들의 얼굴! 어지러이 취해서 보기 흉한 손발을 놀리며, 굶주린 개 같은 눈을 하고 말할 수 없이 더러운 거품을 떠고 누워있는 사람들! 어떤 양반들은 교활, 편협, 모순, 탐닉을 나타내고 날뛰고 뒹군다. 바닥까지 내다보인 맑은 물에 씻으려고도 않고 ○○ 같은 과거의 오물과 배설물로 상처딱지를 거듭 만들며 여전히 한가닥의 맹목적인 생의 집착에만 질질 끌려가는 것이다!

어디에 인생의 희망과 영광과 의미가 있나. 어디에 행복한 인간의 순간이 엿보이는가. 어디에 과거 운명의 여정이 있는가. 이러한 인생은 돼지에게라도 던져주는 것이 낫다.(중략)

부모가 무엇이냐! 효가 무엇인가! 하물며 척기제가 무엇이냐! (중략)

속박에서 벗어난 생물처럼 좌우로 부딪히면서 즐거운 듯이 흘러갔다.[139]

인용된 글에서 보여진 것처럼 오직 맹목적인 생의 집착을 위에 일신이 편안과 안녕을 위해 애쓰는 인간군상을 혐오하는 김우진은 당대의 일반적인 현실과는 어울릴 수 없는 정신구조를 지녔다. 따라서 그는 일체의 현세적 물질적 공간에서의 일탈을 행복으로 바라보고 있다. 이러한 김우진의 사고가 서양사상에 경도되었기 때문이라고도 하지만 그는 각 종교의 취지와 각 나라의 문화가 다름을 아는[140] 사람이었음으로 균형감각을 잃고

139) 『김우진 전집 Ⅱ』, pp.493~494 (1922년 9월 24일 일기).

140) (...) 三教立言元異趣/ 伍洲別族下同風/ 鴻毛泰嶽分輕重/ 眞正英雄在執中

맹목적으로 경도하지는 않았을 것을 보여준다. 또한 그는 '歐洲文明 - 백인의 문명이 탕진된 것임'을 알아 새로운 인류의 사명을 인도인 간디가 이룩한 것을 축원[141]하기도 했으며, <춘향전>에 많은 의욕을 지니기도 했으며[142], 여러 수필과 평문에서 조선의 언어와 문화를 자랑스럽게 여겨, 발굴 정리 할 것을 기대하기도 했으므로 김우진의 사고의 일정부분은 동양, 조선의 정신을 바탕으로 이루어진 것이라 할 수 있다. 그렇기 때문에 김우진이 거부했던 것은 생에 대한 어떠한 긴장감도 가지지 않고 자신의 이익만을 위한 삶을 사는 일반적이며 극히 개인적인 인간과 그렇게 살도록 유도하는 당대의 패러다임이었다고 볼 수 있다. 다시 말해 그는 당대의 닫힌 세계를 거부하고 새로운 가치관과 열린 정신을 지닐 세계를 지향했으므로 누구보다 자신의 세대를 강렬하게 거부했다. 이러한 그의 정신구조는 아버지의 죽음을 눈앞에 두고 가졌던 여러 생각과도 관련을 맺는다.

---

(『草亭集』, 券之二, 七 부분, 양승국, 『김우진 그의 삶과 문학』, 태학사, 1998, p.106 재인용)을 통해, 수산은 3교의 취지가 근본적으로 다르듯이 각 민족의 풍습이 다르며, 세상에는 가벼움과 무거움이 분명히 있으므로 진정한 영웅은 이러한 것을 알고 '執中'하는데 있다고 했다. '執中'을 일반적으로 '중용을 지키는 것'으로 보고 있지만 앞의 1장에서 살폈듯이 '執中'은 마음(중심), 내면의 힘에 의지하는 것으로 읽으면 김우진의 당시 시에 나타난 상상력과 관련하여 유연하게 읽을 수 있다.

141) 『金祐鎭全集 Ⅱ』, p.285 (1922년 6월 19일 일기).

142) "나는 <춘향전>에 큰 야망을 가지고 있다. 그것은 새로운 극적 무대 속에 고대 우리 선조의 존귀함과 그리고 □□□적 꽃을 또다시 맺게 하는 것이다." (1922년 3월 10일 일기).

지금 나는 이 작은 양팔을 누르는 고통에 - 힘없이 고통에 숨죽이면서 혼수상태에서 방황하는 아버지를 바라보고서는 나의 생명을 생각하고 타인의 생명을 생각했다. 거기에는 커다란 차이가 있었다. 이런 차이가 있는 까닭에 現實界가 있는 까닭이고 신의 아들로서 사명이나 운명을 고루 젊어진 까닭이었던 것이다. 반백의 수염과 주름살이 헝클어진 갈색의 넓은 이마, 움푹 들어간 두 눈, 쓸쓸하게 패어진 입, 이것은 홀연히 임종하는 사람이외의 아무것도 아니다. 그 혈액은 만신에 통하고 그 영혼까지도 신의 발아래 모든 사람들과 함께 통하고 있다. 그런데도 죽음에 임해서는 이 노인은 나도 아니고 타인도 아니다. 무어라고 할 신비일까?[143)]

며칠째 혼수상태에 있는 아버지를 바라보면서 이렇게 냉정하고 객관적으로 죽음에 대해 생각하고 있는 김우진의 모습은, 아버지에 대한 애정이 없다는 것을 드러내는 것이 아니라 인간의 죽음을 현실계에 존재했다가 사라지는 것으로, 또 그 영혼은 다시 신에게로 복귀되어 모든 인간과 공유하는 것으로 여기는 김우진의 사고체계를 드러낸다. 이러한 죽음에 대한 인식은 그의 진보적 인간관에 기인된 것으로 그의 희곡 작품에도 보이고 있으므로 그의 정신에 깊이 각인된 것이라 할 수 있다.

김우진은 철저히 이성적이며 생명력을 추구하였기 때문에 전시대의 패러다임에 놓여있는 아버지와 갈등을 느낄 수밖에 없다. 그러나 그의 근본적인 갈등의 원인은 자신이 추구하고자 하는 세계에 대한 능력의 한계와 그 한계의 극복에 관련된 것

143) 『金祐鎭 全集 Ⅱ』, p.291 (1923년 5월 19일 일기).

이다. 그의 일기 전편에 흐르는 내용을 보면, 자신의 능력의 한계를 극복하고자 하는 욕망과 자신이 설정한 위대한 인물들처럼 당대의 모순을 극복하여 열린 세계를 불러낼 정신과 능력을 갈망하는 모습이 절절히 나타난다.

ㄱ) 아! 나는 슬프다. 나의 경험의 빈약하고 적음! 아! 나의 경험의 적음이여! 나의 詩興과 영감이여! 너는 나의 소유가 과연 아닐까. 나는 너를 희구하며 추구한다. 아! 나의 경험의 빈약함이여! (1919년 2월 6일 목)

ㄴ) Inspiration의 온갖 포함은 萬象의 해석자 이 아닌가. 나는 생각한다. 직관-銳烈한 직관과 환멸하는 상상. ……사랑한 나의 직관과 상상이여. 영구히 나와 함께 있으면 나의 황금의 實을 期待하는 마음이다. (1919년 4월 29일 화)

ㄷ) Romanticism이든지 Naturalism이든지 모두 나의 요구한 바가 아니다. 몽중의 vision을 보는 것, 俗惡한 泉中에서 吸呼하는 바가 아닌가. 실제 醒覺하여서 精微巧密한 현실을 詩化, 醇化-진실한 시화, 순화는 모순이 없다-코저 노력한 것이 新途程이다. (1919년 5월 2일 금)

ㄹ) ……그렇지만 나는 천재 아님. 왜 그런 □□로서 꽃피울 것인가, 와일드의 耽樂은 나에게 없음. 그런 때문이라면 그는 나보다도 훨씬 나은 종교가였을 것이기 때문이다. 아 나는 종교가는 아니다. 천재가 아니고 종교가가 아닌가! 어째서 이상적 전형을 나의 leader로서 선정할 수가 없는가. (1920년 6월 14일 밤)

ㅁ) 무릇 전통의 자물쇠에서 나는 나왔다. 그리고 지금도 傳習的 偶像 속에 있고, 그러나 부단히 광명의 새로운 세계를 갈망한다. 이 육체의 유령과 주위의 회색으로 시들어가는 위협에 대하여 그들의 운명의 신에 대하여 -아아

나는 이대로 굴복해야 하는가? 굴복하지 않는다고 약속할 수 없는가. 矛盾, 愛憎, 自恃, 自己欺瞞- 모든 인간의 약점을 나는 갖고 있다- 더욱 나는 나무상자 안에서 屠夫가 휘두른 칼의 위세 아래서 고생을 한다. 풀먹는 양처럼 나는 돌아다니기를 즐김, 그러나 自由意志의 악마에 의해서 생겨나는 열망이라는 저주는 여하한 이유도 없다. 아아, 이 저주는 과연 禍인가? ……아아, 나는 힘이 필요하다, 힘이 필요해, 눈물의 참상, 살과 피의 넘치는 비장한 힘이 바람직하다. (1921년 11월 26일)

ㅂ) 나에게는 나를 찾으려는 약하지만 유일한 생명의 힘이 있다. 나는 이 힘을 눈앞에 나타난 영원한 삶의 여로의 집에서 살지 않으면 안된다. 그것은 영원한 삶의 진실한 모습이다. 그리고 그 모습은 나의 신으로부터 표현 그것이지 않으면 안 되는 것이다…… 오오, 그러나 나는 눈물을 흘린다. 이 참회의 눈물을. 무슨 害物에게 감화시킬까. 이 눈물은 나의 새로운 고난과 수련을 어떻게 받아주실까. 그것은 다만 신만이 부여한다. 신만이 안다. (1922년 6월 2일)

ㅅ) 개인적 운명과 다투어 승리를 얻었으나 이 時運의 不利로 신의 협위를 받는 父主! 이 전통에 저항할 그 힘과 무기를 내가 아니 가진 것은 아니다. 그러나 父主라는 情愛, 비극의 hero에 대한 相精을 克勝할 힘이 내게 있나! ……오! 힘이여, 힘이여. 내게 힘을 주소서. 신이여. 이 외에 이 힘 외에, 다시 무슨 것을 바라나이까, 신이여! 오. (1922년 12월 3일)

ㅈ) 나에게는 모든 것을 타파하고 나의 자아의 발전을 시킬 수 있는 힘이 필요한 거야. 특히 필요한 것은 父子間, 親子間의 정에, 일종의 시멘트의 장벽을 다파할 수 있는 힘이 요구됨. (1922년 12월 4일)

ㅊ) 이것은 즉 타협을 의미치 아니하며, 파괴와 반항을 의미한다. 비사교적인 나는 이지와 의지의 힘으로 살아야만 하겠다. (1923년 7월 2일)[144)]

인용된 일기에 나타난 한 가지 공통점은 김우진이 자신의 힘(능력)을 확인하고 싶어 하고 현실을 극복할 수 있는 강한 힘을 소유하기를 원한다는 것이다. 현실에 맞서 무엇을 창조하고자 하는 갈망과 이를 수행할 능력을 갖고자 하는 열망이 그를 끝없는 갈등으로 몰아넣었는데, 특히 아버지와의 가치관의 차이가 이 갈등을 더욱 첨예하게 만들었다.

### 2) 파괴와 절망

<아버지께(1919)>와 <첫날밤(1916)>은 김우진이 와세다 대학을 들어가기 전의 현실적 상황을 심정적으로 거부하고 있음을 보여준다면 <사상(思想)의 수의(壽衣)를 조상(弔喪)하는 수난자의 탄식(1922)>과 <고(古)의 파괴(1923)>는 그가 영문학과에 들어간 후에 지적으로 성장하면서 현실을 거부하고 파괴하고자 하는 모습을 직접적으로 보여준다.

옛날의 흰 구름은
새로이 봄을 맞아 원야(原野) 위에
한가히 떠 있으되,
지나간 날 산천을 굴리던 바람은

---

144) 『金祐鎭 全集 Ⅰ』에서.

흰 모래 맑은 시대 위에
물결의 미소와 농의(弄戲)하고 있으되,
광무(狂舞)하는 촉루(髑髏) 위에
사라지지 않고 걸린 것
다만 사람의 사상의 수의로다.
(중략)
끝없고 가없는 탄식의
망양(茫洋) 위에 뜬 인생의 고선(孤船)은
비록 보이지 않는 허무의 도(島)를 향하나,
하나님의 창조를 따라
다시 청춘의 왕국을 세우려는
수난자의 비애는 크도다.

– <사상(思想)의 수의(壽衣)를 조상(弔喪)하는 수난자의 탄식> 부분

자연은 계절이 바뀌면 새롭게 다가오지만 수의로 표현된 구사상은 이를 조상하는 수난자를 위협하며 새로운 질서에 의해 청춘의 왕국을 건설하려는 것을 저해하고, 그 영혼까지 탄식에 떨게 한다. 삶 자체를 고독과 허무로 받아들이고 있는 시적 화자의 창조의 뜻에 따라 청춘의 왕국을 세우려고 하지만 사상의 수의에 협위 되어 비애에 젖어 있음을 보여준다. 여기서 '청춘의 왕국'은 '창조의 뜻'이며, "다시없는 인간의 깊은 속/ 유동하는 청춘은/ 하나님의 뜻"이므로 맹목적으로 살려는 의지인, 생명의 힘(Life force)을 의미한다. 그러나 이 시는 정신적으로 현실을 대응하지 못하고 '비애'와 '탄식'이라는 감정으로 대응하고 있어 뒤에 언급할 시들에 비해 정신적인 힘이 부족하다. 김우진 스스로도 이 시를 로맨티시즘의 시라고 부기하고 있

다.[145] 이와 비교하여 다음은 정신의 힘으로 현실을 거부하는 시를 보기로 한다.

모든 것은 파괴된다.
자기 속에 장치하였던
다이나마이트는
자기 자신을
서서히 유력하게, 또 확실히
파괴시킨 후, 쉼 없이
또다시 건설한다.
오 자연의 힘이여!
모든 헌(古) 것은 파괴된다.

– <고(古)의 파괴> 부분

위 시는 자연이 스스로 건설했다가 파괴하여 새로운 건설을 이룩하는 것처럼 인간도 이러한 자연의 질서를 받아들여 진보의 길을 가야함을 주장하고 있다. 현실을 거부하는 진보론자의 면모가 강력한 정신의 힘으로 현실을 파괴하고자한다. 비록 파괴되어야 할 현실의 구체적 모습은 언급하지 않았으나 김우진은 새로운 건설을 위해 현실이 파괴되어야 함을 확실히 인식하고 있다. 다음 시는 이렇게 파괴되어야 할 현실 모습을 집약적으로 보여준다.

---

145) "□ 필자의 언(言) : 이상은 나의 Romanticism의 시대의 시이다. 자신이 있음보다도 정신적 편로가 한없이 애처로움을 준다.(1925. 6)" (『金祐鎭全集 I』, p.183.)를 보면 수산이 이후에 쓴 시와 구별한 기준을 정신적 편로라는 말을 쓰고 있어 정신에 둔 것 같으나 '애처로움'을 통해 드러낸 감정에 두었다고 볼 수 있다.

내가 짐승이었다면
너희들은 보다 더
훌륭한 사람이 될 줄 알았드냐.

그다지도 악착스럽게
악착스럽게
너의 어머니 자궁을
잡아뜯으면
무슨 귀중한 보배가 나올 줄 알았드냐.

보라,
한가지 허공에 달려매인
거미새끼 모양으로
너의 영혼은
애닯게 굴어라.

— <사람들> 전문 (1925. 3)

인용 시에서는 현실의 모습이 구체적으로 나타난 것은 아니지만 김우진이 거부하는 현실을 이루고 있는 인간 군상들의 모습이 보인다. 그들은 시적 화자와는 대립된 모습을 지니고 있다. 1연은 조건절과 결합하여 설의법을 이용했기 때문에 사실과는 다른 것을 가정하며 자신이 묻고 있는 사실을 부정하는 것인데, 즉 시적 화자가 짐승이라면 사람들은 더 훌륭한 사람이라 할 수 있겠는가를 묻고 있지만 대답은 이미 부정적으로 주어져 있다. 사람들은 시적 화자에게 인간적인 면모를 들어 공격을 가하지만 실질적으로 그들이 더 인간적이지도 않으며, 시적 화자의 눈에는 영혼도 없는 인간으로 비춰졌을 것이다.

더욱이 그들은 악착스럽게 '어머니의 자궁'을 잡아뜯는 자들로 현실적이며 본능적이며 속물적인 인간들이다. 바로 시적 화자가 화해하지 못하는 현실이란 이러한 인간 군상의 가치가 기준이 되어 이루어 놓은 사회인 것이다. 그렇기 때문에 시적 화자는 열정적으로 현실 파괴를 서두르고 있는 것이다. 다음 시에서 시적 화자가 지향하는 세계를 살펴보도록 한다.

> 보고 듣기만 하라.
> 그대들의 예지의 바다,
> 상상의 나라, 환상의 입김 아니라도
> 그대들의 가슴 깊은 속
> 붉은 피 고요한 소 안에
> 현실의 돌을
> 힘있게 던져만 보라.
>
> – <몽상가여!> 부분 (1924)

시적 화자는 이상을 실현시킬 깨끗한 거울을 찾는 몽상가들에게 '예지의 바다'와 '상상의 나라', '환상의 입김' 등으로 이루어진 비현실적인 나라를 꿈꾸는 것보다, 현실에 강한 반역의 돌을 던지는 것이야말로 그들의 꿈을 실현시키는 것이라고 충고하고 있다. 여기서 '몽상가'란 이상을 실현시키는 자들로 예술가나 문학가 전체를 말하는 것이지 김우진 자신이나 시인을 말하는 것이 아니다.[146] 왜냐하면 이 시에 지칭된 '몽상가'는

---

146) 손화숙은 김우진의 시 연구」(『어문논집』 33, 1994, p.427)에서 <몽상가여!>라는 시를 바탕으로 "김우진에 의하면 시인이란 본질적으로 몽상가이다."라고 밝히고 있으나, 이는 1924년 당시 예술가들의 태도에 대

'그대들'이라는 표현을 고려해 볼 때 비현실적인 당대 예술가들을 상징하는 것이다. 어쨌든 이를 통해 보면 김우진이 촉구하는 세계는 현실과 분리되어진 세계가 아니라 현실이 안고 있는 문제를 철저하게 직시하고, 그것을 반역, 파괴하는 세계이다.

> "가정이나, 사교나, 계급이나, 물론 誰何하고 타협이 아니면 평화와 미소를 얻지 못하는 이 현존제도는 나에게 반항과 혁명을 요구한다……"147)
>
> (1923년 7월 2일)

위의 일기를 보면 김우진이 파괴하고자 하는 현실의 내용을 잘 알 수 있다. 김우진은 당대의 문화계 전반에 걸쳐 일체의 현존 제도에의 혁명을 요구하고 있는데, 이렇게 반항과 혁명만을 주장하는 모습은 표현주의자의 면모이기도 하나.

### 3) 불안과 소멸의식

김우진의 시에 나타난 현실거부와 파괴의 모습은 당시 독일에서 유행했던 표현주의의 영향이라는 가능성을 생각하게 하며, 본 절에서 살펴볼 그의 시에 나타난 불안과 소멸의식은 표현파 시인들의 주요 주제였으므로, 이에 연유하여 그의 시에 나타난 표현주의자적인 면모를 보고자 한다.

---

한 김우진의 불만에서 연유한 시이므로 '몽상가'는 그가 시에서 추구하는 세계와는 정반대에 놓여있는 사람들을 의미한다.

147) 『金祐鎭 全集 Ⅱ』, p.293.

1911년 4월에 회화에 처음 사용된 이래, 동년 7월에 문학에 사용된 표현주의라는 용어는 20세기의 시대정신과 관련지어 생각할 수밖에 없다. 이전까지의 실증적이고 이성적인 사고를 바탕으로 이해되어 왔던 현실이 니체의 신의 사망 선언 이후 송두리째 뒤흔들리고 붕괴되었다는 것은 잘 알려진 사실이다. 이러한 시대의 변화에 따른 유클리드 기하학 대신 상대성 원리, 자연주의 대신 표현주의 등장 등은 과학과 예술상의 사조 변화 이상의 의미를 갖는다고 볼 수 있다.

> […] 표현주의는 예술형식이 아니라 한 신념의 이름이다. 예술욕구의 대상이라기보다는 세계관의 의미를 가지고 있었다. […] 그것은 요구요 고발이요 서약이요 황홀한 기쁨이요 투쟁이었다. 인간이 외친다. 우리는 존재한다. […] 누가 거기 없었던가? 모두 다 그곳에 있었다. […] 반전 아닌 사람이 없었고 형제애와 공동체를 믿지 않는 사람이 없었다. […] 표현주의는 아름답고도 좋은 위대한 사건이었다. 정신적인 사람들의 결속체이었다. 성실한 사람들의 행군이었다. 그러나 그 결과는 […] 1920년의 독일공화국이었다.[148]

이처럼 표현주의는 시대에 대한 위기의식에서 연유한 절망감을 순수한 정신의 힘으로 극복하고 세계를 개혁하려는 욕망과 의지이며, 당대의 체험형식이라 할 수 있다. 표현주의자들이 내놓은 강령이나 선언문을 통해 규명된 표현주의가 해결하고자 하는 문제는, ① 변화된 세계와 위기의식: 소외 방향감각 상실,

148) 김숙희, 「표현주의의 현대적 시각」, 『표현주의 문학론』, 박찬기 편저, 민음사, 1990, p.53 재인용.

② 새로운 인간: 공동체의 삶, ③ 세대간의 갈등: 시민, ④ 정신의 세계, ⑤ 사회적 소외감과 공동체, ⑥ 작가의 정체성[149] 등이다. 이중 소외감이나 불안의식 그리고 새로운 인간형의 요구와 세대 갈등은 자주 접했던 내용들이지만, 생을 정신의 세계로 파악하고 정신을 지향하는 모습은 새로운 부분이다. 이는 독일 관념론의 전통에서 표현주의 문학지식인들이 그들의 자아를 방해하며 소외시키는 자연과 사회현실에 직면하여, 자아실현을 위한 자유공간으로서의, 유토피아 정신을 주장하려는 것이므로 표현주의의 근간을 드러낸 것이라고도 할 수 있다.

> ㉮ 교양이 문제가 아니라 정신이 문제다. 인간의 정신을 부채질해야 한다. 정신은 오직 반항이다. [⋯] 정신은 불꽃이요 의식이요 충동이며 의지이다. 교양은 지금까지 특별계층의 특권이었다. 그러나 정신은 애초부터 모든 인간에게 주어져 있다.[150]
>
> ㉯ 고전적인 초기 표현주의 詩는 그대로 머물러 있기 바라는 욕망과 혼돈 속에서 자신을 잃어버리려는 갈망 사이에서 분열적 상태를 보이고 있으며, 엄밀한 시 형식(vers form) 및 시적 이미지의 엄밀성과 이러한 형식과 이미지를 부수어 버리려 위협하는 생명력 사이의 분열 상태로 당대의 시는 특징지워진다. 결과적으로 표현주의 기치 아래 모인 사람들은 그들 자신도 어찌할 수 없는 충동, 불안, 질병으로 피폐해진 유령같은 사람들로 모습을 나타내게 되었다.[151]

149) 김숙희, 앞의 글, pp.54~66 참고.
150) 김숙희, 앞의 글, p.61 재인용.
151) 김윤식, 『문학 비평 용어 사전』, 일지사, 1976, p.228.

인용된 글에서 ㉮는 교양보다는 정신을, ㉯는 그 정신의 상황을 보여준다. 표현파 시인들은 20세기를 시작하면서 느끼는 내면의 불안과 긴장을 가시화하기 위해 자신의 정신 상태를 있는 그대로 표현한다. 그들은 시대를 극복할 만한 어떠한 대안도 찾지 못한 상태에서 내면의 절규를 노래했다고 볼 수 있다.

김우진도 사물이나 사고를 접근함에 있어 인식적이었다는 사실은 앞의 시 연구에서 그의 시의 강한 관념적인 면모를 통해 살펴보았다. 이제 그의 표현주의 시의 가능성을 구체적으로 규명하기 위해서 현실을 정신적으로 대응한 모습을 찾아보기로 한다.

> 천정(天井), 철비(鐵扉), 창 유리의 냉조(冷潮).
> 혼자 봄빛에 잠자는 외경(外境).
> 온갖 중력으로 누르는 외위(外圍),
> 그리고 기대어 앉은 신경을
> 마비시키는 피로.
>
> 육체는 잠자고
> 영은 방황할 때
> 겹겹의 벽으로 둘러싸는 외위(外圍)!
> 소우주(小宇宙)의 이 안
> 내 존재까지 부정하려는 피로!
> 다만 뒤돌아보며
> 급히 부르는 서가(書架)
>
> 나는 걷고자 한다,
> 월야(月夜) 도사의 고난으로

그러나
무섭고 큰 외위(外圍)여!

– <피로> 전문 (1922. 2)

인용 시에서는 거부하고자 하는 불안한 현실과 추구하고자 하는 인식의 세계를 대비적으로 보여준다. 현실의 온갖 현상들이 커다란 압력으로 다가올 때, 육체는 어떠한 반응도 하지 못하고 영(靈)은 방황하며 불안해한다. 자신의 존재까지 부정하려는 피로 속에서도 시적 화자는 끊임없는 지적 인식의 세계를 열망한다.

같은 해에 기록된 일문시 <절망(1922년 5월)>도 절망의 원인이나 사물의 절대적 본질을 알지 못하나 자신이 고뇌의 아이라는 사실만은 알고 있는 시적 화자가 등장한다. 그는 우주의 고뇌과 번뇌가 자신에게 내려져 고뇌와 몰락의 오수로 썩어 구더기에 빨리기를 갈망한다. 이 시는 시인이 추구하는 지적 능력의 한계를 더욱 극단적으로 몰아, 육체의 소멸 뒤에 얻을 수 있는 정신에 대한 갈망을 나타낸다. 김우진의 시 중 <사랑의 가을>, <방랑자의 묘명>, <자유와 자연의 독자> 등은 소멸의식을 드러낸다. 이러한 시세계는 표현주의 시인 트라클의 시[152]에서도 볼 수 있다.

152) 트라클, 손재준 역주, 『귀향자의 노래』, 민음사, p.14. “트라클은 <모든 것에는 원초의 상태로 돌아가려는 消滅의 의지가 있다.>고 생각한다. 그에게 있어서의 소멸은 보이지 않게 사라져가는 것이 아니라 하나의 주락하는 상태를 의미한다. 따라서 죽음은 종말이 아니라 원초로의 환원을 말하며 또 하나의 새로운 시작을 위한 죽음과 출생의 결합이다.”

㉮ '가시오 어서 가시오,
가서 관 묻을 무덤이나 파라'듯이
마른 잎 같은 메추리가
비웃고 날아갑니다.
그래서 나도-
'오냐, 오냐, 그러나
가기 전에 한마디 말하겠다.
네게는 가을이 아니올 줄 아느냐,
그때의 너를 위해
내 관 옆에 자리를 남겨두마'하고
나는 달음질해 돌아왔습니다.

– <사랑의 가을> 부분 (1921. 10)

㉯ 조석으로
춘하추동으로
날과 달의
내왕을 맞았으며,
비와 바람의
혜택을 탐냈으나,

때 와서
큰 수확자의 낫(鎌)은
인생의 광야로부터
이 적은 생명을 베어 드렸되[153]다.

농자(聾者)의 귀,
맹자(盲者)의 눈,
튜마티스[154]의 손,

153) '도다'의 오기인 듯하다.

이 관 속에서, 인제,
무슨 소용이 있으랴.

그 이는 꿈에도
가을날을 생각 못하였으나,
때 와서
가을은 그 이를 수확하였도다.
아, 때 와서.

– <방랑자의 묘명(墓銘)> 전문 (1922. 10. 20)

㉰ 망망한 대해에 흰 새 한 마리,
벗 없음보다는 자유로운 그 새,
고적함보다는 자연의 품 속 그 생활,
아, 끝없는 창천의 끝과
가없는 대해의 가아에는,
어떠한 자연이 또 있으랴,
어떠한 자유가 또 있으랴,

한없이 날개치던 힘이 끝나면
그이는 자연의 품 속에 돌아가리라,
날던 깃을 잊고 일 때가 없어도
대답의 기대보다도 환희의 기쁨을 가졌으리라.

자연의 품 속에서 그이는 왕이며 성자며
민중이며 또 사랑이 아닌가,
자유의 환희 속에서 죽는 그 이 외에
또 어떠한 신의 독자가 있으랴.

– <자유와 자연의 독자(獨子)> 전문 (1924. 4)

154) '류마티스'의 오기인 듯하다.

인용시 ㉮, ㉯, ㉰는 시인의 소멸의식, 특히 죽음에 대한 의식을 공통적으로 보여준다. 그런데 ㉮, ㉯, ㉰ 모두 죽음을 운명으로, 그것도 긍정적으로 받아들이고 있지만, ㉮, ㉯, ㉰에 나타난 시인의 죽음에 대한 정신적인 태도는 다르다. ㉮에서 시적 화자는 가을이라는 시간 속에서 사랑을 나누었던 강변 위의 잔디밭을 죽음과 소멸의 공간으로 인식한다. 모든 생명체의 소멸을 생명의 이치로 받아들이고 있는 시인은 가을이라는 현상을 사랑과 소멸의 대비로 정신의 상태로 바꾸어 놓았으며 거기서 생명의 변화를 보고 있다. ㉯에서는 인간(방랑자)도 가을에는 자연의 법칙에 의해 지상에서 사라지는 존재로 보고 있다. 김우진은 이러한 모습을 생명의 법칙으로 여겨, 죽음을 고통으로 인식하지 않고 유기체의 종말로 받아들이고 있다. 이것은 더 큰 우주의 법칙에 의해 인간과 지상의 모든 생명체가 지배받는다는 인식에서 연유한 것이라고 볼 수 있다. 수확물의 좋고 나쁨을 떠나서 가을이 되면 섭리자가 모두 거두어들인다는 사고는 허무주의 이상의 죽음에 대한 인식인 것이다. 니체의 사상에 충실히 동조한 표현파 시인인 벤도 초기 연작시 중 <작은 아스터 꽃>이나 <아름다운 청춘>에서 위의 시처럼 인격의 통일을 잃고 분해되어 가는 인간의 몰락과, 의식의 소멸을 드러낸다. "인간이 다만 몸뚱이에 지나지 않고 고통이나 행복이니 하는 것들은 대수롭지 않은 것일 뿐만 아니라, 인간에게는 운명이라는 것도 없고, 또 설사 있다고 하더라도 그것을 알지 못할 것이다. 벤의 경우 <운명>이란 말은 초월성과 자유의 개념과 연결되는 <섭리>인 것이다."[155]라는 평가는 김우진의 시에도 그대로 적용될 수 있다. ㉰에서는 자유로운 생명체의 죽음을 자연으로 돌아가는 환희와 기쁨으로 보고 있다. 여기서 시인은 자유와 죽음을 동일한 세계로 보며 소멸을 통해 자아가 진정한 조화의 상태에 다다른다고 인식한다. 김우진은 벤[156]처럼 죽음을 새로운 세계를 향한 긍정적인 것으로 받아들였다. 김우진에게 있어서 진정으로 삶을 이해하고 죽음을 극복하는 방법은, 생명을 흘러가는 것으로 파악하여 죽음을 변화하는 순간으로 인식하는 것이며, 육체가 유한할 동안 생명력을 강력하게 추구하는 것이다.

이러한 면모가 가장 잘 드러난 것은, 김우진이 W. 휘트먼의 <I saw in Lowisiana a Live-oak growing>를 보고 이와 패러디하여 시화한 <가을 강가에 사라져 가는 당버들을 보았노라>이다. 두 시를 구체적으로 비교하면 김우진 정신의 방향을 알 수 있을 것이다.

시들어 가는 당버들 한 주(株)를
흰 물의 고요한 강가에서 보았노라.
동무도 없이 동료도 없이
망막한 이 강가 언덕 위에
혼자 커 온 지난날의
전반생(前半生)을 내가 모르거든,
하물며 어떤 이의 손으로
혹은 어떠한 인연의 힘으로

155) 김주연, 『고트프리 벤 연구』, p.36.

156) 김인주, 『독일 니힐리즘 문학』, 강원대학교 출판부, 1996, pp.354~355.
"獨文學史에서 地上의 삶을 知性으로 영원불멸에까지 이끌어 올린 시인은 20세기 와서야 비로소 나타난다. : 고트프리트 벤(Gottfried Benn, 1886~1956)이."

이 강가 위에 생명을 받게 된지
뉘라서 어찌 말할 수 있겠느냐

또 뉘라서
이 적막한 흰 물의 강 위에
연할 살 흰 피부를 가진
이 고독한 당버들에게도
가을이 오게 된 지 말할 수 있겠느냐.
나는 눈물에 젖은 연약한 두 손으로 누른 잎 시들어가는 적
은 가지 하나를 꺾어 와서
내방 책상 위에 꽂아 놓았노라.

그는 내게 내 동무로 생각되면서도
기이하게도 내게는
어떤 생명의 무리를 가르쳐 주었어라.
그러나 고요한 강가 언덕 위에
시드러져 가는 당버들 나무를 생각할 때
나는 내 의무를 다하려고
누른 잎 시드러져 가는
이 적은 당버들 가지에게 펜을 들었노라.

– <가을 강가에 사라져 가는 당버들을 보았노라> 전문

어떤 인연의 힘으로 또는 생명의 힘에 의해 이곳 강가에 살다가 이제 그 힘에 의해 시들게 된 당버들을 시적 화자는 자신과 동일시하며 생명의 무리를 인식하게 된다. 소멸을 소재로 하고 있으므로 감상적인 면이 없지는 않으나 시들어 가는 혹은 사라져 가는 생명체를 단순히 소멸로 받아들이지 않고 생명의 무리를 깨우쳐주는 것으로 인식한 시적 화자는 생명이 변화되

는 순간을 기록함으로써 살아있는 생명체의 의무를 다하고 있는 셈이다. 시적 화자의 영혼의 순수성을 느끼게 하는 이 시는, 처음에 이 시를 촉발시켰던 휘트먼의 시와는 상당한 거리를 갖는다.

> 루이지애나에서 나는 한 그루의 참나무가 자라는 것을 보았다.
> 나무는 홀로 서 있었고 가지에서는 이끼가 드리우고 있었다.
> 동무도 없이 그것은 기쁨의 말 지껄이듯 짙푸른 잎새를 수런거리며 자라고 있었고 그 거칠고 밋밋하고 튼튼한 모습은 내게 내 자신을 상기시켜 주었다.
> 그러나 나는 동무도 없이 홀로 서서 어떻게 기쁨의 말처럼 수런거리게 하는지 궁금하였다. 나로서는 할 수 없는 일이기에, 나는 잎새가 달리고 이끼가 감긴 잔가지를 꺾어 가지고 와서 내 방 잘 보이는 곳에 두었다.
> 내 절친한 친구들을 상기하기 위해 그것이 필요한 건 아니나(요즈음 나는 친구 생각만을 하니까)
> 그 가지는 그래도 한 불가사의한 표지, 내게 사나이 사랑을 생각게 한다.
> 그럼에도, 그 한 그루의 참나무가 루이지애나의 널찍한 평지에서 홀로 햇빛에 번뜩이고 있지만 평생 친구나 애인도 없이 기쁨의 말처럼 잎새를 수런거리지만 아무래도 난 그렇게 못한다는 것을 알고 있다.
>
> – <한 그루의 참나무가>[157] 전문

봄을 배경으로 하여 자라나는 한 그루의 참나무가 고독함을

---

157) 휘트먼, 유종호 옮김, 『풀잎』, 민음사, 1991, p.54.

극복하고 거칠고 밋밋하고 튼튼한 모습으로 이끼까지 낀 채 기쁘게 지내는 것과는 반대로 시적 화자는 고독감과 그리움을 느끼고 있다. 유종호는 이 시를 휘트먼의 동성애를 표현한 시로 보고 있지만[158], 김우진은 이 시의 구성을 그대로 패러디해서 자연에 대한 정서적 대응보다는 자연을 통한 철학적 인식의 세계로 나가고 있다. 이 당시의 김우진의 정신은 생명의 본질을 향해 움직였으므로 다른 사람의 시를 읽을 때에도 김우진 자신의 정신구조로 읽으려 했던 것이다.

죽음을 전제로 하기 때문에 삶에 대한 태도를 열정적으로 드러낸, 같은 시기에 쓰인 <청춘(1924. 10)>에서도 김우진이 휘트먼의 시를 자신의 시로 패러디해서 쓸 때의 시적 자세가 그대로 유지된다.

> 아 청춘은 머물지 안아라,
> 흐르는 물 같이도
> 서늘하게
> 지는 꽂같이도
> 애닯게
> 사람의 청춘은 간다
>
> 아, 청춘은 이 홀몸의 생의 물결에
> 한줌의 흙덩이!
> 힘있게 생의 물결 판에
> 던져라, 용소리치게!
>
> – <청춘> 전문 (1924. 10)

158) 휘트먼, 앞의 시집, p.124.

시적 화자는 서늘하게 지는 꽃같이 사람의 청춘도 흘러가는 것을 알고 결국은 한 줌의 흙덩이지만 그 순간순간마다, 대지 위에 발을 딛고 생명체로서 열정적으로 생명의 힘을 발휘하기를 바라고 있다. 이 시에 소멸이 전제되지 않았다면 '한줌의 흙덩이'는 뜨거운 에너지를 가질 수 없었을 것이다.

김우진의 현실거부 태도와 죽음을 전제로 한 열정적 자아 추구의 면모, 또 유기체의 죽음을 생명체의 변화의 순간으로 인식한 면모는 니체의 영향 아래 사고를 개진시킨 표현주의 시인들의 일면이기도 하다. 이렇게 김우진이 자신이 사숙한 철학자들처럼 죽음을 한 유기체의 사멸로 바라보는 태도는 일기에서도 발견된다.

> (…) 외조모의 서거. 숙면에 들어가듯이 눈감은 그 사체를 볼 때 약간 sentimentalism의 눈물이 나왔다 그러나 흥, 一有機體의 기능이 끝났을 뿐이다. 「83上의 有機體의 기능의 休止」 이것뿐이다.
>
> (1924년 11월 29일, '遣安堂入宅')

죽음에 대한 김우진의 시에 있어서 정신적 인식적 태도는 1922년[159]부터 1924년 사이에 쓰여진 시에서 강하게 드러난다. 이 시기의 죽음을 소재로 한 시와 1926년에 죽음을 소재로 한

159) 1921년 10월에 쓰여진 두 편 <사랑의 가을>, <추사(秋思)>도 이 부류에 속한다. 같은 해의 시 중 가을 이전의 시는 감정적인 면이 강하지만, 이 두 편의 시는 정신이 강한 시이다. 김우진 정신의 변모가 나타나기 시작한 시기가 이때부터인 것 같으나, 김우진 자신은 1922년 1월 詩부터 다른 세계를 갖기 시작했다고 보아 편의상 김우진 정신의 변화 시기를 1922년으로 언급한다.

시는 그 태도가 다르게 나타나므로 다음에서 1926년에 죽음을 다룬 시를 살펴보기로 한다.

김우진의 앞의 시들이 쓰인 시기와 비슷한 시기인 1922년 10월에는 『개벽』에 '표현파의 시'라는 제목 아래 '프란쓰 헵펠'의 <웃음>[160]과 '헤르만 가작크'의 <悲劇的 運命>[161]이 김명순에 의해 번역, 소개되기도 했으나 <웃음>에서는 표현주의 시인들이 주창한 내면의 불안과 소멸의식이 가시화되었다기보다는 웃음을 죽어가는 기운도 살려내는 '빛'으로 바라보고 있고, 이와 반대로 <비극적 운명>은 제목이 암시하는 바와 같이 '설움'을 주던 사람들이 하나 둘 죽음으로써 시적화자가 본래의 진실한 인간적 모습을 회복하는 내용을 담고 있지만 정신의 변화가 오

---

160) 創成하라, 運搬하라, 持續하라/ 웃음의 一千貯水池를 네손가운대!/ 웃음은, 天福의 濕潤 모든 사람 사람의 얼굴에 그뜩 펴잇다./ 웃음은 주름살이 아니라,/ 웃음은 빗(光)의 本質이라./ 빗은 空間을 통하여 빗 날리나,/ 그러나 그는 아즉 그르다./ 太陽일지라도 빗이 아니다./ 사람의 얼굴 우에 비롯오,/ 빗은 웃음이 되어서 생겨나올 것이라./ 눈 깜박거리는, 가비 여운, 죽는 일 업는 문으로/ 눈과 눈의 문(門)으로 巡遊해 나온,/ 最初의 春, 天體의 酵母/ 웃음, 類업시 타는 燒灼./ 결렬하게 쏘다지는 웃음으로 늙어 빠진 손을 씻으라,/ 創成하라! 運搬하라! 持續하라!
프란쓰 헵펠 作, <웃음>(김명순 역, <표현파의 시>, 『개벽』, 1922년 10월)

161) 나는 다름질하다 저녁 海岸을 쌀아서, 天上의 風光이 무럭무럭 지나간다. 彷徨하고 있는 動物도-나는 다름질 하다-사람은 차레차레 죽어가서, 나를 에워싸든 설음은 다 떨처버렷다, 眞實한 人間의 모양이 드듸어 뵈이다, 오오 참으로 틀림 업는 이 慰勞의 喜悅-오오 그는 그는 音樂이냐, 오오 이는 사랑이냐, 이 快想 가운데 나를 머물게 하라.
나는 다름질하다-疾風과 가티 뛰어오르다. 盲目盲目 나는 뒷걸음질하다 가튼 곳을 빙빙 돌았다. 나는 本心대로 뛰어올랐다 上方에 !向해 뛰어올라다. 그리고 나는 매어달리다! 막다랏슬가-그 나다르면 어대에 自己를 踏止케하는 것인가? 아아 나는 다름질하다!
헤루만 가작크, <悲劇的 運命>(김명순 역, <표현파의 시>, 『개벽』, 1922년 10월)

기 전에 감정의 폭발에 그치고 있다. <웃음>의 '激烈하게 쏘다지는 웃음', <비극적 운명>의 '오오 참으로 틀림업는 이 慰勞의 喜悅' 등과 같은 표현은 이 시들을 감정의 차원에 머무르게 한다. 김명순은 표현파 시의 초점을 격렬한 감정의 표출에 둔 듯하다.

김우진은 당대의 여타 시인들과는 다르게 죽음을 인식의 차원에서 접근했으며, 당시 독일 표현파 시인처럼 소멸의식을 바탕으로 詩作을 했다. 그러나 김우진이 표현주의에 경도되어 극작품을 통해 의도적으로 표현주의 정신을 형상화시킨 것에 비해, 그에게 있어서 시가 지니는 의미를 염두에 둘 때- 시에서는 그의 의도가 약하게 작용하였기 때문에 그의 시에 나타난 표현주의적인 면모는 죽음에 대한 인식이나 소멸의식 이외에는 뚜렷하지 않다.

### 4) 죽음에의 갈망

앞 절에 다룬 시작품에서는 김우진이 죽음을 인식적 차원, 즉 소멸의식을 통해 드러냈다면, 1926년 이후에 죽음을 소재로 한 <한 가지의 기쁨>, <죽음>, <사(死)와 생(生)의 이론>, <죽음의 이름> 등에서는 죽음이 시적 화자의 현실적 고통을 해결해 줄 절망의 도피처로나 또는 현실의 대안으로 드러난다. 즉 죽음을 대하는 시적 화자의 태도가 객관적이지 않고 현실적 고통 때문에 상당히 밀착되어 나타난다. 물론 김우진이 죽음을 인식하는 틀은 같지만 그 태도가 직접적이고 적극적이다. 쇼펜하우어는 일반적으로 삶에 대한 공포가 죽음에 대한 공포보다 커졌을 때 사람들은 자신의 생명을 끊으려고 하고, 극심한 정신의 고통은 육체적 고통을 무감각하게 만들며 육체적 고통을 경멸하게 만든다[162]고 하는데, 김우진의 경우도 이에 해당된다고 볼 수 있다.

너에게는
약하고 불행하고 서럽고
쓰라린 네에게는
이것만이 목마름을 적셔줄
영광이러라, 기쁨이러라, 안심이러라!

— <한 가지의 기쁨> 부분 (1926년 5월 3일)

이지(理智)의 승리라[163]고?
무슨 수작이야!
지금까지 속아온 것도
분한데, 지금 또
홀려 넘어간담?

오 죽음의 나라!
죽음의 나라!
그 뒤엔
참으로 영원한
안식의 나라가 있을 것 같구나.
(이하 생략>)

— <죽음> 부분 (1926년 5월 6일)

---

162) 쇼펜하우어, 김재혁 옮김, 『쇼펜하우어 인생록』, 육문사, 1995, p.98 참고.
163) '승리하고?'로 전집에는 표기되어 있으나 의미가 맞지 않는다. 따라서 의문형을 취하고 있으므로 '승리라고?'로 추정하였다.

위의 두 시에서 시적 화자는 현실에 대한 고통과 상처를 스스로 치유하기 위해 죽음을 갈구하고 있다. 또한 이전에 시인을 지탱했던 '이지(理智)'는 더 이상 시인을 이끌 수 없다. 이제 그는 절망하며 자기 자신에 대해 의혹을 가진다. 생명력의 차원에서 인식의 세계를 믿어왔던 모습은 희미해져 김우진은 자신을 지탱했던 정신의 끈을 놓아버리고 있다. 그리고는 자신이 믿어 온 세계가 추구한 결과만을 받아들이고 있다. 죽음을 육체의 소멸로 바라본 김우진은 물질의 세계를 벗어난 정신이나 영혼의 세계를 믿고 있으므로 이제 죽음 후의 세계를 갈구한다.

죽음을 생의 또 다른 연장으로 보는 태도는 "삶이나 죽음이나 도리가 아니오. 둘이 다 실상은 생의 양면에 불과하오. 그러니까 도리를 넘어 생의 핵심을 잡으려는 이에게는, 삶이나 죽음이나 문제가 되지 않소."라는 구절을 문답식으로 담은 시, <사와 생의 이론(1926)>에서도 잘 나타난다. 이것은 죽음이 개체의 종말을 나타내지만 이 개체의 죽음에는 새로운 존재의 씨앗이 들어있다고 말한 쇼펜하우어의 견해와 같다. 그러나 1926년의 일련의 시에서 시적 화자가 원했던 죽음은 진화를 수행하기 위한 자살이나 죽음의 선택이 아니라, 현실의 고통을 덜어내려는 방법으로 선택된 것이라는 점에서 차이를 보인다. 다시 말하면 이 당시 김우진이 느끼는 고통은, 직접적으로 진화에서 온 고통, 즉 인식의 발달이나 이지의 발달에서 연유한 것은 아니라, 그가 견딜 수 없어 했던 현실에서 연유한 것이다. 따라서 1926년 당시 시에 나타난 김우진의 죽음은 감정적인 것이지 인식의 끝에서 도달한 것이 아니다.

에네르기의 배꼽지라고,
(중략)
부둥켜 쥐고서
터져라하고 울어버리기도 하지만
그러나 아!
네 이름은!
네 이름은!
네 이름은!
나를 구원할 수 있을 것 같구나.

– <죽음의 이름> 부분 (1926년 5월 14일)

인용 시처럼 '에네르기의 배꼽지', 죽음은 시인을 현실의 고통에서 구원할 수 있는 유일한 세계이다. 그런데 이 죽음의 세계는 앞에서 밝힌 바와 같이 물을 통한 어머니 이미지이다. 다시 말하면 소생의 이미지이다. 철학적 사유로, 죽음을 종말로 인식하지 않고 새로운 생명의 기운의 출발로 바라본 것은 시에서 뿐만 아니라 희곡에서도 나타난다. <난파>와 <산돼지>의 결말부분이 그 좋은 예이다.

# 05 / 낭만주의 시[164]에 나타난 희곡성

1913년부터 소설을 썼던 김우진에게 渡日은 근대문화와 문학을 능동적으로 흡수할 수 있는 기회였다. 그의 시 <아버지께>(1919)는 영문과로의 진학열망의 표출이며 '아버지'로 대별되는 세계[165]와의 결별을 선언하는 순간을 드러낸 것으로 이는 1919년에 쓴 한시 <學窓音>에서 이미 확인한 바 있다. 따라서 1920년대부터 그의 자유시는 근대의식을 흡수한 지이의 노래이며 세계관의 변화가 불러낸 이미지의 집합체이다.

김우진이 동우회순회극단을 주도적으로 이끌었던 1921년에 창작한 시작품은 희곡작품과의 관계를 밝힐 연결지점이다. 김우진이 낭만주의 시라고 명명한 시들은 <아비지께>(1919)와 <사상의 수의를 조상하는 수난자의 탄식>(1922)을 제외하고는 모두 1921년에 쓰여졌다. 1920년 4월에 와세다 대학 예과를 마친 김우진은 문학부 문학과에 영문학 전공으로 진학[166]한 뒤에 극예술협회를 발족[167]해 극작품을 읽고 분석하는 가운데 1921

---

164) 김우진 스스로 명명한 '낭만주의 시'와 낭만주의 시가 창작된 '1921년 시'를 총칭하여 명명했다.

165) 프로이드. 지그문트, 김종엽 옮김, 『토템과 타부』, 문예마당, 1995, pp.205~209 참고.

166) 정대성, 「새로운 자료로 살펴 본 와세다 대학 시절의 김우진」, 『한국극예술연구』 제25집, 2005, p.436 참고.

167) "1920년 봄 동경 유학생들이 조직한 연극연구단체로 극예술협회가 발족하였다. 이때의 주요 맴버는 김우진, 조명희, 유춘섭, 진장섭, 홍해성, 고한승, 조춘광, 손봉원, 김영팔, 최승일 등 20여명이라고 하며, 이

년에 고학생과 노동자들의 단체인 동우회의 회관 건립기금을 마련하기 위해 번역[168]과 연출을 맡으면서 순회공연을 주도했다. 또한 같은 해에 『학지광』에 <所謂 近代劇에 對하여>[169]를 발표했으며 40여 편의 시 중 삼분의 일 가까이에 해당하는 12편의 시를 창작했다. 이렇게 1921년은 김우진의 정신적, 사회적 활동이 가장 적극적인 시기로, 이때의 작품들은 문학적 상상력과 조우한 김우진 인식의 열정적 表出이라 볼 수 있다. 한국문학사에서 시인이 희곡을 쓴 경우는 더러 있지만 극작가가 시인인 경우는 드물다.

김우진은 스스로 1921년까지의 시세계 일부를 낭만주의[170]로, 그 후에 희곡을 표현주의로, 마지막 작품 <산돼지>를 사실주의 상징주의 표현주의[171]등으로 명명함으로 자신의 사고체계(에피스테메[172])와 작품의 표현방식을 밝혔다. 이러한 양식들은 작가의 주관적인 세계와 내면세계의 가시화가 주된 내용이고 이를 드러내기 위한 필연적인 형식을 갖는다. 시와 희곡의 연

---

들은 매 토요일마다 모여 외국의 고전 및 근대 작품들을-쉑스피어, 궤테, 하우프트만, 고골리, 체홉, 그리고 고리끼에 이르기까지 그 연구대상에 올렸다."(이두현, 『한국신극사 연구』, 서울대학교 출판부, 1986, p.104)

168) "「燦爛한 門」은 愛蘭의 젊은 詩人 『던세니』卿의 作으로 金焦星 飜譯한 一幕劇이다…"(『동아일보』, 1921.7.27). 焦星은 김우진의 자호, 水山으로 쓰기도 했음.

169) <所謂 近代劇에 對하여>, 『김우진 전집 Ⅱ』, pp.29~37.

170) 『김우진 전집 Ⅰ』, p.183.

171) 조명희에게 쓴 편지, 『김우진 전집 Ⅱ』, p.519.

172) 명확하게 단언할 수는 없으나 대체적으로 사실주의 세계관과는 구별되는 체계를 보이고 있고 그가 스스로 밝히고 있으므로 연관성을 갖는다고 본다.

결지점을 찾기 위해서 시와 희곡이라는 장르가 작가의식의 구체화에 따른 필연성에 기인된 것인지 알기 위해 먼저 작가의 세계인식과 표현 방식을 밝혀보기로 한다.

### 1) 구성을 통한 순환성과 시적 순간, 수직의 시간

영문학을 전공한 김우진은 블레이크, 워어즈 워드, 셸리, 키이츠 등을 최고의 낭만주의 시인으로 꼽았을 것이다. 이들은 시와 시극을 동시에 썼고, 개인을 모든 인생과 모든 경험의 중심에 있나[173]고 보았나. 시극 <프로메테우스>를 쓴 낭만주의자 셸리(Selley)는 플라톤(Plato)과 아리스토텔레스(Aristotle) 사이에서 "이성은 사물의 차이를 존중하며, 상상력은 유사성을 존중한다"라면서 "시는 상상력의 표현이라"고 정의하고 시가 언어의 기원과 유관함을 수장한다[174]. 사물의 본질(형상)에 대한 고민과 은유나 상징적 표현은 셸리 시의 출발점일 것이다. 결국 낭만주의자들에게 시는 세계에 대한 시인 인식의 표현일 것이다.

김우진은 자신의 1921년의 시 중 일부를 낭만주의 시라고 스스로 명명할 때 "정신의 편로가 한없이 애처롭다"[175]고 평했다. '정신의 편로'는 인식의 고통을 드러낸다. 에드먼드 윌슨의 "낭만주의는 개인의 반항이다. 예술가가 자기의 주인공과 자신을 동일시한다든가, 개인적인 정서를 노출하면서 작가는 자신의

173) 이재호 편 역, 『낭만주의 영시』, 탐구신서 156, 1983, p.13.

174) 테렌스 하웍스, 심명호 옮김, 『은유』, 서울대학교 출판부, 1983, p.53.

175) 『김우진 전집 Ⅰ』, p.183.

개성에 관심을 가지되 개인의 본질적 가치의 힘에 의해 사회 전반의 주장에 맞서서 개인의 권리를 옹호하고 나선다"[176]라는 지적처럼 김우진은 시에서 시적화자와 자신을 분리하지 않거나, 자전적인 희곡을 통해 자신과 주인공을 분리하지 않고 자신의 개성과 관심을 표출했다. 나아가 낭만주의자들이 항상 몰두한 개인의 의지와 개인의 영혼[177]은 김우진 시와 희곡의 주제이기도 하다.

김우진의 1921년 이전의 시는 경험이나 체험에 의존한 것이라고 앞에서 밝힌바 있다. 이에 비해 1921년 전후의 시는 관념적이면서 환상적이다. 같은 1921년에 창작된 시 가운데도 김우진이 스스로 낭만주의 시라고 명명한 시와 그렇지 않은 시편 사이에는 차이점이 존재하지만 정서를 직접적으로 표출하지 않고 특별한 구성과 다양한 인물을 통해 비가시적 세계를 형상화한 것은 공통적인 특징으로 볼 수 있다.

김우진이 낭만주의 시로 분류한 <哀樂曲>은 4개의 장으로 구성된 가운데 13개의 연으로 되어있다. 각 장은 시간이 흐름에 따라 시적 화자의 등장 정도가 다르며 시적 대상[178]도 바뀌어 나타난다. 3장에서는 시적 화자가 희곡의 작가처럼 직접 등장하지 않고 시적 대상의 태도에만 반응한다. 1장 말미에 등장

176) 에드먼드 윌슨, 이경수 옮김, 『액셀의 성』, 홍성사, 1980, p.8.

177) 에드먼드 윌슨, 위의 책, p.10.

178) '화자'는 서술되어진 것(대상) 사이에 거리를 말할 때 쓴다. 서사적인 작품에는 거리가 있고 서정적 화자는 거리가 없어 내적 세계와 외적 세계가 분리되지 않는다. 희곡에서는 화자가 존재하지 않고 전적으로 각기 인물이 스스로 움직여 나간다(우도 뮐러, 봉원웅 옮김, 『희곡과 시 입문』, 도서출판 반, 1999, p.3 참고).

한 '아폴로와 다프네'가 사랑을 나누면서 전개된 2장, 3장은 관념적 환상의 세계인데 4개의 장을 관통하는 것은 비극적 사랑의 이미지이다.

三

엇더한/ 여름 밤/ 달빛
山腹의/ 亭閣을/ 빗최일 ㅅ대
그 압/ 시내에/ 沐浴하러 온
處女 세 사람의/ 우슴 소리/ 朗朗하엿다
亭閣 안/ 玉几 우에/ 기다리든
『젊은 가삼』의/ 피 한덩이
女神 /다이아나의 치마 ㄱ슷을/ 물드리고
맑은/ 空中/ 훨훨 날어

『나닌 百合의 精-/
玉의 힘을/ 가젓나이다』
『나난 薔薇의 精-/
血의 붉음을 /가젓나이다』
『나난-』/ 셋째 處女의 얼골/
가삼에 숨기여/ 말 못하엿다.
아아/ 可憐한『젊은 가삼』은/
두 處女의 求媚랄/ 물니치고
한 處女의 가삼/ 베-루(面紗)로/ 덥혓도다.
(중략)

四

그대의 남겨준/ 한 권의/ 이 글

新生의/ 歎歌/ 써 잇스며
行路의/ 甘泉 /잇도다
아아 /世上은 가고 /사람은 지났대
永遠한/ 蒼空에/ 비최여 걸닌
愛의 彩色/ 무지개/ 한 결이
그대와 /나랄 /爲하야
永遠한 存在/ 되어/ 잇도다.

– <哀樂曲> 부분 (1921.1.6)[179](음절 나눔 부호 '/ ' 필자)

<애악곡>은 '슬픈 곡조의 노래'라는 제목처럼 느린 리듬의 3음보로 변주되는 이미지와 복잡하게 등장하는 '인물'들에 따라 공간과 시간이 변한다. 일반적으로 서정시에서는 시인과 분리되지 않은 시적 화자의 목소리와 그 감정의 대상(시적 대상)의 목소리가 시인의 정서를 대변한다. 1장에 '시적 화자'가 등장하여 관념적인 '시적 대상'을 언급한다. 2장에서는 '시적 대상'이 사랑의 약한 혼으로 바뀐다. 3장에는 시적 화자와 분리된 '시적 주체'가 새롭게 등장하여 사건을 보여준다. 4장에는 앞의 사건을 감정적으로 정리하며 시적 화자가 등장하여 시를 끝맺는다.

인용된 3장의 시적 주체는 山腹의 亭閣 안의 세 처녀 중 이름도 없는 셋째 처녀인데 2장에 나타난 시적 대상과는 다른 이름을 지녔으나 동일한 사랑의 슬픔을 지닌 추상화 된 인물(셋째 처녀)이다. 서정시인의 형상들은 자신에 지나지 않고 자기 자신의 다채로운 객관화 이외 아무것도 아니다[180]라는 니이체의 주장처럼 시적화자 이외에 시의 대상으로 여러 인물이 등장

179) 『김우진 전집 Ⅰ』, pp.302~386.
180) 프리드리히 니이체, 김대경 옮김, 『비극의 탄생』, 청하, 1991, p.54.

하여 변형되었으나 시적화자의 감정을 공간에 따라 입체화하여 보여주고 있을 뿐이다.

이 시에서는 시적화자의 목소리에 맞춰 시적 대상이 주관적으로 그려지다가 감정의 정점(크라이막스)을 보여주기 위해 시인(시적화자)과 분리된 시적 주체가 등장한다. 시적 주체의 목소리는 작중 행위를 이끌어 가나 희곡의 등장인물과 달리 시적 독백이 끝나면 시적화자와 시적 대상의 목소리인 것을 알 수 있다. 결국 이 시는 '시적 대상'인 그대와, '시적 화자'의 사랑을 드러내기 위해 등장한 사건의 '주인공'인 '시적 주체'가 느끼는 사랑의 고통과 기쁨이라는 상반적인 감정의 극치를 보여준 것이다. 시적 주체의 목소리 또한 시인의 목소리인 것이다.

표면상으로 장소와 시간이 바뀌나 갈등이 밖으로 드러나지 않고 비극적 사랑의 갈등과 슬픔이라는 정서(감정)가 공간에 따라 은유적으로 나타난다. 먼저 시간을 비유하는 '시냇물'로 드러나다가 시적 주체를 등장시켜 감정의 급상승을 위해 '산위'로, 3장에서는 극적 하강을 의식한 '절벽'으로 형상화된다. 마지막 4장에서 시적 화자를 통해 '창공의 무지개'로 걸려 영원성을 갖는다. 감정이 흐르는 '강물'에서 창공에 걸리는 '무지개'로, 수평적 이미지에서 수직적 이미지로 바뀌었다.

시인은 시를 쓰는 순간을 통해 일상의 시간에서 영원의 시간으로 정서를 이동시킨다. 바슐라르는 촛불이 충만하게 타는 시간은 공동생활의 범속한 수평적인 생활상의 여러 가지 의무에 의해 죽어 있는 본능의 해방을 위한 수직의 시간[181]이라고 한

181) 가스통 바슐라르, 이가림 옮김, 『촛불의 미학』, 문예출판사, 1982, pp.100~102 참고.

다. 다시 말해 시 쓰는 순간은 일상세계와는 달리 형이상학적 반대 감정의 양립이 의식적으로 가능하다. 삶의 형식을 이루는 힘과 형식을 파괴하는 두 힘 사이의 긴장 관계가 시적화자의 적극적인 행위를 통하여 구성될 때 시간은 비로소 인간의 살아 있는 시간이 되고 현재와 과거와 더 과거의 시간으로 영원한 순간이 된다. 시의 순간은 현실세계와 단절된 순간이 아니라, 수평적인 현실세계 그 자체가 수직화 되는 순간이라고 할 수 있다. 시적 순간은 달리 말하면 시간과 순간이 일치되는 극적 순간이 된다.

누른 가지 회색가지
(중략)
갈 수 업난 길을 가려
깐닥 깐닥 애를 쓰되
어이하나 細枝頭上
홀로부터 애초롭게
삐시삐시 올라오난
草綠빗의 코 눈 이삭(豆芽)

– <細枝上의 生光>, 부분 (1921. 3)[182]

가냘픈 새싹에서 생명의 躍動을 바라보는 시선은 이상이나 결과를 좇아 움직이는 일상적인 시선에 비해 미세하고 섬세하다. 갈 수 없는 길을 가려는 작은 싹의 의지와 바람으로 흔들리고 있는 환경이 대립적으로 보이지만 시인은 조그맣게 올라

182) 『김우진 전집 Ⅰ』, 390쪽.

오는 이삭(豆芽)에서 생명의 빛(生光)을 본다. 나무속의 생명의 즙을 불과 불꽃의 물질로의 변형자로 보고 물질적인 것을 상상력으로 변형한다. 싹이 올라오는 시간은 불꽃의 시간으로 수직의 시간이 되어 시인이 일상을 벗어날 수 있는 살아있는 현재이고 시인이 시를 쓰는 순간이다.

미래, 과거 및 현재는 동일한 시간의 연속이 아니고 한데 뭉쳐서 현재의 순간을 구성하는 세 가지 방향이다[183]. <哀樂曲>에서 사랑이라는 반복적이고 '아름다운 슬픔'이라는 감정의 대립을 노래함으로써 시적 화자는 스스로를 위로하고 矛盾的 사랑의 영원성을 순간적으로 현재화하고 있다.

김우진은 영문과 1학년 때(1920년) 일문으로 쓴 <藝術의 宗敎 - 브레이크에 대한 고찰>[184]에서 블레이크를 "직관의 시인이다"라고 소개 한다. 기독교 문화를 배경으로 쓰인 블레이크의 시와 그의 직관을 1920년대 당시 유교 문화권에서 이해하려면 力動的인 상상력이 필요했을 것이다. 브레이크의 시를 억압과 권위를 행사해온 기독교와 예술적 상상의 神力을 지닌 시인 예수의 충돌로 이해한 김우진은 "마왕과 천사, 지옥과 천국이 결혼해야 한다."라면서 모순의 공존을 긍정적으로 인식하여 시를 통해 사랑의 고통과 기쁨을 극대화하여 표출한다. "사람들이 자기의 운명을 다하기 위해 자유의지를 행사하는 것은 죄가 아니다"라며 상반된 순간에 자유의지의 실현이야말로 개인의 운명에 최선을 다하는 것이라고 주장한다. 김우진은 이 논문을 끝내면서 브레이크의 <The Mental Traveller>[185]를 '魂の旅人'으

183) O.F. 볼노프, 최동희 옮김, 『실존철학이란 무엇인가』, 서문당, 1973, p.130.
184) 『김우진 전집 Ⅱ』, pp.258~273.

로 <The Gate of Paradise>[186]를 '天國の 門'으로 <The Birds>[187]를 '雌雄の 鳥'[188]로 번역하여 부가하였다. 김우진이 <The Mental Traveller>의 'mental'을 '정신'으로 번역하지 않고 '魂'으로 번역한 것은 그가 인생을 단테처럼 '영혼의 나그네'로 이해하고 있음을 시사한다. 특히 앞으로 살펴볼 <이단의 처녀와 방랑자>의 시적화자와 일치된 시적 주체인 '방랑자'는 '魂の旅人'의 다른 이름이라고 볼 수 있으며 그를 위로하는 시적 대상인 '이단의 처녀'도 이와 부합된 상징적 이름이라 할 수 있다.

狂風 모라 드러오는/ 亂離 저녁
夕暮의 희미한 墻 밋헤/ 걸터 안저
한가지의 애끗한/ 눈물로
그랄 /위로하며,
고운 말 /땃뜻한 손으로
그의 靈을 /가다듬난 者 잇도다.
(중략)
孤獨한/ 者여!

---

185) 김우진이 어떤 출판사의 텍스트를 봤는지 찾을 수 없어 각각의 원문을 찾아 번역 텍스트를 확인해 보았다(Michael Mason ed., *William Blake Selected Poetry*, Oxford university Press, 2008, pp.151~155).

186) 원시 <For the Sexes: The Gate of Paradise>를 'The Gate of Paradise'으로 제목을 바꾸었다(Stevenson, W. H. ed. *Blake: the Complete Poems*, New york: Longman, 1989, pp.842~845).

187) Michael Mason ed., op. cit, pp.145~146.

188) 원시 <The Birds>를 김우진이 암수 한 몸의 새라는 '자웅동체의 새'로 제목을 바꾼 것은 시에 대한 독창적인 해석이 있었기에 가능하며, 이 제목은 한 유기체에 안에 내재하는 대립적 속성을 강조 한다. 이후 김우진은 이러한 형식의 시와 산문을 자주 씀으로써 내면의 갈등을 드러냈다.

그대는 /내의 愛人,
고독은/ 내의 糧
또 /나의 노래는
그대의 쉬지 않고/ 呼吸하는 精氣,
그대의 보내는/ 黃金의 花環은
내의 /석관 우에
燦爛히 /빗최이며,
그 밋헤 /그대와 나
함께/ 백골로/ 끠여 /잇스리라.
그러한 天地 混沌 전의/ 우슴과 울음,
明과 暗,/ 天使와 妖精,
모든 입(葉)은 /우리를 爲하야
永遠히 贊頌을/ 띄우리라

– <이단의 처녀와 방랑자> 부분 (1921. 8)[189]
(음보 나눔 부호 '/' 필자)

김우진이 자신의 낭만주의 시에서 제외시킨 이 시는 블레이크 시처럼 성경 지식을 배경으로 하여 16연 140행으로 이루어져 있다. 이 시도 <애악곡>과 마찬가지로 각운을 통해 리듬이 조절되고 2음보로 읽을 때 자연스럽다. 왜냐하면 <애악곡>의 3음보 보다 빠르게 2음보로 낭송될 때 '이단'과 '방랑자'라는 반역의 의미와 상응한 호흡상의 힘을 느낄 수 있다. '머리노래', '夕沒', '朝晝', '끗노래'로 4개장으로 구성되어 소제목에서부터 대립적 이미지가 시간의 흐름과 같이 변형되어 나타난다.

특별한 사건이 없지만 해가 지는 저녁부터 다음날 아침과 낮

189) 『김우진 전집 Ⅰ』 pp.327~333.

을 지나 저녁까지를 시간적 배경으로 설정했다. 해가 진후의 시간은 시적화자인 시인이 바라보는 당대 시간에 대한 은유이며 시인이 느끼는 정신적 시간을 의미한다. 달리 말하면 저녁부터 다시 저녁까지라는 설정은 김우진의 세계인식의 메타포이다. “밤이다, 사랑하는 자들의 모든 노래가 이제 비로소 깨어난다. 그리고 나의 영혼 또한 사랑하는 자의 노래이다”[190]라는 니이체의 밤의 이미지가 블레이크의 상반된 이미지의 힘을 통해 관통한다.

이 시는 <애악곡>과 마찬가지로 영원성을 부여하기 위해 구조를 통해 순환적인 반복을 보여준다. 시의 처음 출발에서는 역사의 시작처럼 에덴의 잔치를 즐기려 했지만 시의 끝부분에서는 선악과만 없었더라면서 실락원을 안타까워한다. 그러나 시적 화자는 이를 자유의지의 선택으로 받아들이고 인간의 원죄를 통해 삶의 환희와 비극적 조건을 에너지로 바꾸어 생의 향연을 누리겠다고 한다. 이것을 누리는 사람이 地上의 방랑자인 것이다. 그는 에덴이라는 공간에서 시작해서 진리의 나무처럼 보이지만 진리도 아니고 자유롭게 보이지만 자유롭지 않은 선악을 알게 하는 나무를 선택해서 떠다니는 방랑자이다. ‘노을과 불안’, ‘밤의 피와 까마귀’, ‘아침의 빛에 반사되는 눈빛과 검은 머리’, ‘흰 돌담 검은 정원’등으로 변주된 상반되는 이미지는 시적화자의 인식을 드러낸다.

시적 주체자인 ‘방랑자’와 ‘이단의 처녀’가 무엇 때문에 ‘석관’ 아래 ‘백골’로 암시되는 죽음을 느끼고 있는지 구체적으로

---

190) 프리드리히 니이체, 최승자 옮김, 『짜라투스투라는 이렇게 말했다』, 청하, 1991, p.145.

드러나지 않으나 감각으로 '생의 향연'을 누리겠다는 의지를 드러내고 있다. 천지혼돈 전의 '명과 암', '우슴과 울음'이라는 상반되는 이미지로 정신과 육체적 감각을 동시에 집약하였다.

해롤드 볼롬이 "상실된 인간성 회복, 이상세계 건설, 예술적 추구, 인간 정신 인간 세계를 지배할 두 자질, 에너지와 이성, 선과 악의 대립을 인정하고 발전하는 것은 화해가 아니라 대립의 결혼이다"[191]라고 한 블레이크 시에 대한 해석은 창조적 갈등을 내재화하여 에너지로 추구한 <이단의 처녀와 방랑자>에도 적용될 수 있을 것이다. 그는 블레이크처럼 대립적 정서와 가치를 병치하려하기 때문이다. 형식과 정신은 블레이크의 영향을 받았지만 내용적인 측면은 김우진 개인의 경험[192]과 無關하지 않았을 것이다.

<애악곡>에서 장마다 바뀌는 사랑의 대상이나 시적 주체로 등장하는 다양한 관념적 여성은 희곡 <난파>에서 사랑의 대상으로 백의녀, 비의녀, 비비, 카로로메로 바뀌는 것과 유관하다. 시와 희곡이 모두 사랑을 통한 위로와 구원을 다루고 각 장마다 다른 여성이 등장한다. 정거장식 구조를 가진 표현주의 희곡 <난파>는 이름으로 구별된 유형화된 여성이 정거장처럼 바뀌면서 극을 진행하는데 <애악곡>도 같은 구조를 가졌다고 볼

---

191) Harold Bloom, *The Visionary: A Reading of Romantic Poetry, revised & enlarged*(Ithaca:Cornel University press), 1971, p.66.

192) "과거 1년의 사건들 중 나는 열렬히 자신의 운명에 대한 저주를 들었다. …이 악마의 포위 속에서 단 한번이라도 마음의 안일을 준 것은 그녀였다. …나는 그녀에게서 등을 돌렸다. …아아 나는 힘이 필요하다 힘이 필요해. 눈물이 밴 살과 피가 넘치는 비장한 힘이 필요하다" (1921년 11월 26일 일기) 『김우진 전집 Ⅱ』, p.484.

수 있다. <난파>에 등장하는 인물들을 통해 작가는 자신의 정신 자체를 가시화한 것처럼 <애악곡>의 관념적 여인들도 작가의 정신적 가치이다.

<이단의 처녀와 방랑자>의 시적 주체인 '이단의 처녀'는 일반적으로 '이단'이 정신적인 의미이므로 '反逆의 精靈'을 위해 존재한다. '반역의 정령'은 시인 자신의 구질서와 구윤리의 틀을 포함한 세속적인 가치를 거부하는 정신에 이름을 붙인 것이다. 1921년에 쓰인 두 시가 구성이나 주제적인 측면에서 유사해 보이나 굳이 김우진이 낭만주의 시로 두 시를 분리해놓은 데에는 이유가 있을 것이다. 앞의 시 <애악곡>은 낭만주의적인 요소가 강한 개인의 독백과 주장이 신화적이고 관념적인 인물을 통해서 강하게 드러난다. 뒤의 시 <이단의 처녀와 방랑자>는 시적대상과 시적화자가 시인 개인이라기보다 유형화되고 개념화된 인물로 보편적인 가치를 드러낸다. 유형화된 인물은 달리 말하면 상징적이다. 이런 상징적이고 유형화된 인물은 표현주의 희곡에서 등장하지만 낭만주의 시에서 상징주의 시로 가름하여 명명할 특징으로도 작용한다[193]. '방랑자'는 기독교에서는 천국으로 다시 돌아갈 지상의 삶을 상징하기도 하지만 당시 1920년대에는 전근대문화와의 갈등을 지닌 상징적 존재이기도 하다. 특히 시인 김우진의 목소리인 시적화자인 '방랑자'는 전근대적 일상의 시간에서 벗어나 수직의 시간을 지향하는 존재를 의미하기도 한다.

193) 에드먼드 윌슨, 이경수 옮김, 『액셀의 성』, 홍성사, 1980, pp.47~48.

### 2) 현실인식의 시적 화자, 주인공

김우진이 1921년에 쓴 시 중에 자신의 경험과 시적 열망을 드러낸 상징적인 언어로 된 시와는 다른 <牝羊 갓흔 娼婦의 祈禱>는 시적화자를 극화시켜서 시인 자신의 세계관을 드러낸다.

하느님!
멀니 멀니 故鄕에 계신
우리 어머님께
健康과 慰安을 주소서
(중략)
그리고 쓰리고 찬 것은
이 침실 안 고적뿐만 아니라,
허위와 식욕의 어금니 가즌
원 세상이 모다 그로이다
밉고 밉도 구수보다도 미운 것은
처녀의 가슴에 못 박어준
변심한 애인뿐만 아니라,
이 몸의 죄랄 거듭케하는
세상의 붉은 정욕이외다.
(후략)

– <牝羊갓흔 娼婦의 祈禱> 부분 (1921. 12)[194]

시적 화자는 한때 한 남자를 사랑하여 행복했지만 그의 변심으로 홀로 남게 되었고 지금은 娼婦가 되어 떳떳하지 못한 삶을 살고 있다고 고백한다. 사랑을 배경으로 한 것은 앞의 시편

194) 『김우진 전집 Ⅰ』, pp.345~347.

들과 같으나 시인과 분리되어 극화된 시적 화자인 여인(창부)의 현실에 대한 태도를 드러낸다는 점에서 다르다. 창부인 그녀는 허위와 탐욕으로 가득찬 세상을 거부하고 변심한 애인보다 세상의 붉은 정욕을 더 미워한다. 시적화자는 사랑의 언어인 에로스는 아름다운 것이나 에로스를 타락시킨 인간의 욕망을 악으로 보고 있다. 도덕적으로 창녀를 악의 대상으로 바라보던 당시의 일반적인 시선과는 다르게 이 시에서는 창녀가 세상을 악으로 보고 있다. 그녀를 통해 드러난 욕망과 허위로 가득 찬 세계에 대한 인식은 희곡 <이영녀>에 등장하는 賣淫女이자 노동자였던 영녀의 시선에도 연결된다. 세상의 밑바닥에 놓인 그녀가 세상을 거꾸로 밑바닥으로 내려놓은 것은 여성을 주체적인 인격으로 보고 판단하는 김우진의 시선이 당시의 일반적인 가치관과 분리되는 부분이다. 김우진 시의 창부가 된 주체적인 여인은 1920년대 고독한 남성자아의 상실 및 결핍을 보충하는 타자로 등장하는 여성성이나 사랑의 상실로 인한 구원의 여성으로 등장[195]하는 여성 이미지와는 구별된다.

소재적 차원에서 시적화자의 독백 내용과 유사한 1920년 당시에 맹렬히 활동한 여성시인 김명순[196]의 시 <긔도> (『新女性』(1923.11))를 보면 기도라는 제목에 부합된 시적 화자의 현실인식이나 시적 대상으로 부르는 어머니에 대한 걱정이나 염려보다 시인의 외로움이 강하게 호소되어 있다. 이러한 차이는

---

195) 서지영, 「근대시의 서정성과 여성성-1920년대 초기시를 중심으로」, 『한국근대문학연구』 13호, 한국근대문학회, 2006, pp.44~49 참고.

196) 1917년 '현상문예응모'에 <의심의 소녀>가 당선되어 등단한 이래 20여 년간 170여 편의 시, 소설, 번역작품을 발표한 한국문학의 선구자이다(김명순, 맹문재 엮음, 『김명순 전집』, 현대문학, 2009, 참고).

지식인 개인에 따라 다른 것을 의미하는 것이 아니라 1920년대 당시 개인의 내면에 팽배한 의식에 연유한 것이다. 김우진은 자신의 작품 곳곳에서 <이단의 처녀와 방랑자>의 시적주체인 방랑자가 되지 못한 당시 지식인의 인식을 거부하고 사회적 가치를 매도한다. 이를 그대로 반영한 듯한 김우진의 희극 <두더기 시인의 환멸>에 나타난 시인과 여성을 보자.

> 정: 훌륭한 걸, 상당한 걸, 내게 데디케-트해서 제목 부처서 발표하슈, 그러면 시인 덕에 나도 좀 세상의 이야기거리가 되게.(중략)
>
> 원: (중략) 내가 정자씨 미워할게 무엇이 있겠소. 허지만 구역질나는 신여성의 말솜씨가, 태연하게 그 붉은 입속에서 나오는 것을 참 못견디겟군.[197)]

시인인 수인공 남성이나 그의 감정의 대상으로 능장한 신여성이나 모두 모순적인 태도를 지닌 채 서로의 내적 자세를 공격하고 있는 이 희곡의 갈등은 사건보다 감정에 초점이 맞춰 있다. 신여성과 시인의 욕망이 서로를 공격하고 있다. 특히 당대의 여성의 이중성[198)]은 다름 아닌 1920년대 초반의 여성들이 스스로 주체적인 현실인식을 드러내거나 자신의 삶을 주도하지 못해 이를 안타까워하는 김우진의 시선의 근거이기도 하다.

---

197) 『김우진 전집 Ⅱ』, p.26.

198) "이 희화화와 감정적 비난의 기저에 흐르는 사고는… 단순한 허영심의 발로라는 판단이다. 그리고 이것은 여성의 본질적인 비주체성 또는 의식성의 부재에서 비롯된 것이라는 생각을 암시한다."(김수진, 「취미기사와 신여성」, 『사회와 역사』 통권 75집, 2007, p.136.)

이 미신이 모두 남성의 여성의게 대한 우월, 약자의게 대한 강자의 소유욕에서 나온 것에 불과하다는 말이다. (중략) 그러면서도 여성 그녀들까지도 처녀성의 가치 훼손을 감히 못한다. 그러면서도 처녀들은 숩밋헤 숨어 안져서 남성의 아리(我利)와 기만과 착취를 고맙다고 빠라먹고 잇다.

정신상으로 노라의 자각이 오늘 이후의 여성의게 필요하다면 육체상, 심리상으로도 이 Jus Primae Noctis를 여성 자기네들이 주재해야한다.

– <Jus Primae Noctis(初夜權)>[199]

김우진은 여성의 정조를 가치로 여기고 있는 남성중심 사회를 문제로 여겼고, 또한 여성들조차 그것을 문제로 받아들였으면서도 벗어나지 못하고 이를 고맙다고 빨아먹는 이중성을 보이고 있어 여성 스스로가 자신의 삶을 主宰하기를 촉구했다. 그의 이러한 여성 인식이 <빈양갓흔 창부의 기도>에서나 <이영녀>에서 성적 대상인 창부를 사회 상황 속에서 살아가는 한 인간으로 돌려놓았다. 앞의 시에서 창부인 그녀가 거부하는 욕망으로 가득찬 현실은 김우진이 거부하는 현실과 일치한다. 그렇기 때문에 김우진은 매음녀였다가 공장 노동자로 주체적으로 살려다 현실적으로는 패배하지만 내면으로는 생명의 빛을 발견[200]하는 <이영녀>의 영녀를 창조할 수 있었다. 그는 김동인의 <감자>를 작가의 예술욕에 의해서 쓴 스케치[201]정도라고 하며 육체 없는 정신의 고답파의 작품이기 때문에 필연성을 갖지

199)『김우진 전집 Ⅱ』, p.410.

200) 졸고, 앞의 논문, 1999, p.153.

201)『김우진 전집 Ⅱ』, p.278.

않았다고 보았고 또 독자의 현실 생활에 어떤 영향도 줄 수 없으므로 의미가 없다고 보았다. 블레이크 시를 숙독한 그는 낭만주의자답게 사회의 변화와 독자에게 미치는 삶의 영향에 의미를 두었다. “블레이크나 셸리에 있어서처럼 ‘상상력’ 그 자체는 하나의 정치적인 힘이 된다. 문학의 과업은 예술이 구현하는 에너지와 가치들의 이름하에 사회를 변혁시키는 것이다. 낭만주의 시인들은 문학 활동과 사회 활동 간의 相沖보다는 그 연관성을 인식한 정치적 행동주의자들이었다”[202]라는 테리 이글턴의 견해는 낭만주의를 문학의 근간으로 삼은 김우진이 지향한 근대극 운동[203]의 두 방향인 사회계몽과 인류영혼을 창조적으로 구제하기 위한 인식 사이에 위치한다.

일반적으로 시인이 다루고 있는 현실의 사건이나 사실이 감정에 치중해 있으면 자아를 인식하거나 정서적 공감을 일으켜 미적 차원으로 끌어올리기에는 한계를 지닌다. 그러나 김우진은 예술관에서 피력한 것과 같이 시적 화자인 창녀의 ‘상황을 인식’해 그녀가 바라보고자 하는 ‘그녀의 현실’을 인식하고 있고, 그녀가 바라보고 있는 현실인 ‘시적 대상을 인식’하고 있다. 김우진의 이러한 인식은 당대 여성에 대한 현실적 인식을 가능하게 한다. 하이데거에 의하면 인간존재는 자기의식의 관

---

202) 테리 이글턴, 김명환·정남수·정남영 공역, 『문학 이론 입문』, 창작사, 1986, p.30.

203) 김우진은 대상과 대립하여 관계의 완전함을 실현하기 위해서는 자아의 완전한 의식과 노력이 전제된 가운데 자아와 비아의 관계를 인식해야 할 것과 이상주의 경지보다 행동과 현실과 대상의 ‘인식’이 중요하다고 <我觀 ‘階級文學’과 批評家>(『김우진 전집 Ⅱ』, p.290)에서 피력하였다. 그는 인식을 통해 타자와 미지의 것을 예술적으로 알리려고 했고 그 일환으로 극예술 운동을 전개한 것이다.

념적인 인간이 아니라 세계와 역사적으로 관계하며 동시에 자기 자신과의 관계의 존재[204]이기 때문에 한 개인이 자기의 삶을 열기 위하여 세계내 존재구조를 이룩하려면 삶을 형성해나가는 과정에서 몇 겹의 긴장을 필요로 한다. 이 긴장을 풀고 당기는 힘은 자기 것이기도 하고 자기 밖의 것이기도 하다. 그러나 자기 밖을 받아들이면 그것은 기계적인 삶을 만들어 버린다. 이때 '시인'은 '형성의 순결'을 가져야 한다. 삶을 고식화하는 굴레에서 삶을 해방시켜야하기 때문이다.

김우진은 "모든 인간들의 현실에 있어서 가장 불행한 생활의 말로… 습관적인 생활에 시달려 무지 완미하여 과거의 오물과 배설물로 상처 딱지를 거듭 만들며 생의 집착에만 질질 끌려가는 인생"[205]에 대해 참으로 살아가지 못하고 오직 집착으로 살아가는 인생에 대해 고통스러워했다. 그러나 그는 목포 부두노동자 파업이 있을 때 그들의 생활을 7개월 간 돌보았고, 잡지 『조선지광』에 기금을 보탰고 여러 고학생의 학비를 돕기도(1966년 2월 23일, 김익진담)[206] 할 정도로 행동하는 인식을 보여준다.

삶을 해방시키기 위해 갖는 긴장 그 자체가 가장 진정한 인간의 시간이다. 이러한 긴장의식을 가진 시인이 언어와 언어 사이 작은 긴장을 빚고 그 긴장을 이용하여 리듬을 고려하고, 그 리듬으로 긴장의 강약을 고려하고 이런 것들로 시의 생명을 움직인다면 그 시인의 生關이 분명히 드러난다. 김우진은 동우

204) 하이데거, 이규호 역, 『존재와 시간』, 청산 문화사, 1974, p.53.
205) 『김우진 전집 Ⅱ』, p.493 (1922년 9월 24일 일기 중).
206) 이두현, 앞의 책, p.111.

회 순회공연[207]을 주도할 정도로 현실의 부당함과 빈곤의 문제를 해결하기 위해 신념을 지녔지만 동우회 건립자금을 부탁한 흑도회[208]에 가입하거나 그들과 동일한 행동을 취하지 않았다.

1920년대 당시 낭만주의 시의 특징을 "頹廢的이거나 逃避的이었다기 보다는 오히려 건강한 반응이었을 수도 있다고 보며 이러한 감상적인 세계는 지식인들이 공통적으로 설정하고 있었던 이상향에 가까웠다".[209]라며 도피성 대신 '이상향'으로 보는 시선도 동시대에 활동한 김우진의 시적 인식과의 차별된다. 김우진의 경우는 지향하는 세계가 아니라 지금 이곳의 영원성과 결부된다. 또한 낭만주의 시는 시인의 세계에 대한 주관적 반응이지만 낭만주의자들의 자연과 사물에 내재하는 힘에 의한 충동은 1920년대 한국의 예술지상주의자들이 말하는 예술가의 내적 충동과는 다르다. 김우진은 예술가가 자신의 예술욕망에만 의지해서 창작한다는 것은 生理的 宿命으로 난세포인 아메바가 막지 못할 생식욕의 표현을 희망하는 것과 다르지 않다고 보면서 예술가는 본능적으로 보다 높고 보다 옳은 생활을 창조하려는 의지를 가져야 한다[210]고 주장한다. 이는 19세기 말, 20세기 초에 구주를 지배했던 에른스트 벤츠가 주장[211]하는 진

---

207) "<동우회>는 처음부터 사상 단체적 성격을 띠었고, 그것을 강화해갔다고 할 수 있다. 그런 만큼 <동우회> 순회공연도 회관 건립기금 마련을 위한 것이긴 했으나, 아울러 조직의 입장과 취지를 알리려는 목적도 있었던 것으로 보인다."(김흥식, 「조명희 문학과 성공회 체험」, 『한국문학과 계몽 담론』, 문학사와 비평 연구회, 새미, 1999, p.241.)

208) 이호룡, 『한국의 아나키즘-사상편』, 지식산업사, 2002, pp.126~127 참고.

209) 권유성, 「1920년대 초기시의 미학성과 사상성」, 『국어국문학』 172, 국어국문학회, 2015.09, p.318.

210) <我觀 '階級文學'과 批評家>, 『김우진 전집 Ⅱ』, p.277.

보, 더 높은 존재의 창조와 동일한 주장이다.

### 3) 정서적 경험으로서의 시와 희곡

김우진의 이상적인 시관은 철학과 음악의 조화[212]이다. 낭만주의자는 자연과의 대면을 통하여 구원과 화해를 얻는 것이 아니라 강력하고 무한한 자연을 통해 유한한 인간의 한계를 확인하기도 한다. 시적대상을 자연으로 한 시적화자의 독백에 가까운 1921년의 김우진의 시에는 일련의 공통점이 발견된다. <사랑의 가을>에서 강둑 잔디밭에 앉은 시적 화자는 누런 잎이 날리고 가을비가 내리는 동안 메추라기가 날아가는 것을 보고 삶의 유한성을 느낀다.

"가시오 어서 가시오,
가서 棺 무들 무덤이나 파라"드시
마른 납 갓흔 맷초리가
비웃고 나라감니다.

— <사랑의 가을> 부분 (1921. 10)[213]

---

211) "우리는 현상보다 더 높은 존재를 창조하는 것이 우리의 본질이다. 우리 자신을 초월한 것을 창조하는 것-이것이 생식의 충동이며 사업의 충동이다. 모든 의지는 목적을 전제한다. 그와 같은 인간은 지금은 없으나 그의 존재의 목적인 어떤 존재를 전제한다. 이것이 모든 의지의 자유다."(에르스트 벤츠, 이종성 역, 『진화사상과 그리스도교의 희망』, 현대사상사, 1975, p.123.)

212) 조명희에게 보낸 1924년 5월 23일자 편지, 『김우진 전집 Ⅱ』, p.519.

213) 『김우진 전집 Ⅰ』, pp.334~335.

소멸의식에 침윤된 이 시는 감상으로 떨어지지 않고 4연에서 메추라기 역시 살아질 것을 노래하면서 모든 유기체의 유한성에 대한 인식을 드러내고 있다. 상징주의 시 중 낙엽이 구르는 느낌을 유음과 비음을 유기적으로 결합시켜 낙엽 같은 허망한 삶을 잘 살린 작품[214]으로 평가되는 베를렌느의 <가을의 노래> 처럼 김우진도 <추사>에 'for music'이라는 부제를 달아 음악적인 것을 염두에 두며 황량한 가을과 유한한 삶을 육화시키고 있다.

1. 쓸쓸ᄒᆞᆫ 기ᄋᆞᆯ 비람
   황엽을 날니고
   애린한 바이올ㄹ인
   행인을 울닐 ᄯᆡ
   (중략)

5. 아아아 어느ᄯᆡ나
   ᄂᆡ 목소리 치며
   퉁퉁퉁 獵銃 소리
   산양ᄀᆡ 좃치리

6. 그ᄃᆡ와 함께 안저
   흰 눈물 흘닐 ᄯᆡ

---

214) 김효중, 「베를렌느 시 번역과 수용에 관한 고찰」, 『한글말글학』 제16집, 1999, p.126.
1918년 11월 『태서문예신보』에 처음 번역하여 게재된 이후 1925년 8월 『조선문단』에까지 6번에 걸쳐서 새롭게 번역되거나, 첨삭될 정도로 김억이 애착을 보인 시이다.

발소리 업난 가을
우리의게 온다

— <秋思> 부분 (1921. 10)[215]

<가을의 노래>를 패러디한 듯한 '1'을 포함한 앞부분을 빼고 보면 시인의 개성이 드러난다. '5'에서는 '아아아'나 '퉁퉁퉁'을 '목소리'와 '총소리'와 대귀로 만들고 '좇으리'로 리듬을 형성했다. 마지막 '6'에서 '흰 눈물 흘릴 때', '발소리'없는 가을이 다 가올 때 아이러니하게도 시적 화자는 사라지는 듯하다. 시적 화자도 소멸의 시간으로 들어가는 것처럼 인간의 유한성이 느껴지는 시이다.

김우진이 수필 <곡선의 생활>[216]을 통해 강조한 '직관'은 낭만주의 시의 근간으로 작용한다. "우주는 시인이 그 의미를 해독해야할 신비라는 생각이 낭만주의의 기본 요소를 이루는데 시인은 직관력을 통해 물질계 안에서 미지의 영원한 영의 세계를 예감하며, 표면세계 아래 드러나는 유사성의 망을 구축하여 불가시한 세계의 계시를 圖謀한다."[217]는 의미의 직관은 김우진의 시에도 역동적으로 작용하여 자연을 바라보는 시선뿐만 아니라 1920년대 당시와는 다른 상상력의 세계를 보여준다.

---

215) 『김우진 전집 Ⅱ』, pp.336~337.

216) 『김우진 전집 Ⅱ』, pp.377~380.

217) 김정아, 「낭만주의와 관련하여 네리발의 시에 나타난 견성과 오르페우스적 환시에 대한 연구」, 『불어불문학 연구』 86집, 불어불문학회, 1999, pp.71~73 참고.

기이하게도
아폴로의 살빛 우에
루루의 우슴이 넘치고
마돈나의 눈빛 속에
나나의 입술이 붓혔다

– <이국의 소녀 부분> 부분 (1921)[218]

그리스의 상징인 아폴론의 빛[219]을 통해 시각 이미지에 집중하면서 베네킨트의 루루[220]의 웃음을 통해 팜므파탈 이미지를 보여주고, 기독교의 순종과 순결을 상징하는 마돈나(마리아)에게서 나나[221]의 육체적 매력과 파괴적 성적 유혹을 보여주는 시이다. 이 이미지는 희곡 <난파>의 쾌락과 육체적 욕망을 탐닉하는 상징적인 '비의녀(非衣女)'와 같다.

1921년의 또 다른 시편 <春湖行>, <春江花月夜>, <봄의 戀人>, <春湖>에서도 사랑의 대상을 봄이 주는 생동감과 물이 주는 반영 이미지를 결합시켜 육체에 집중된 에로스적 이미지와 리듬으로 표현하였다. 베네킨트의 <봄의 눈뜸>처럼 에로스를 통해 인간사회에 대한 허위적 억압을 전면적으로 거부하고 있

218) 『김우진 전집 Ⅰ』, p.326.

219) "니체가 아주 탁월한 메타포로 말하기를 아폴론적 빛은 잘 알려진 시각 현상을 그대로 되비춘 이미지이다. …무시무시한 밤에서 상처 입은 눈을 치유하는…"(폴드만, 이창남 역, 『독서의 알레고리』, 문학과 지성사, 2010, p.134.)

220) 프랑크 베네킨트의 <地靈>, <판도라의 상자>에 등장하는 여성.
"루루라는 인물은 매혹적이면서 반역적이다. 또한 유혹하고, 교활하고, 잔인하고, 파괴적이다. 스트린드베리와 니체가 모두 매혹되었을 법한 여자의 형상이다."(R.S. Furness, 김길중 역, 『표현주의』, 서울대학교 출판부, 1985, p.32.)

221) 에밀 졸라의 소설 <나나>의 주인공.

다. 정신도 영혼도 몸도 진정한 자유에 이르고자 하는 열망을 드러낸 김우진은 시의 내용과 형식이 일치해야 한다고 주장[222)] 하며 "가치 있는 시는 양자의 조화에서 구별"된다고 말할 정도로 내용과 시적 요소인 리듬과 호흡을 강조하고 있다. 특히 시에 음악성을 부과한 것은 상징주의 시의 영향이 크다고 볼 수 있다. 'for Music'이라는 부제를 달거나 2음보나 3음보를 통해 리듬을 형성시킨 감각과 환상세계를 염두에 둔 시는 음악과 직관을 결합시킨 김우진의 미의식의 반영이라 볼 수 있다. 그의 희곡 <난파>나 <산돼지>에 악보와 노래가사가 수록된 것도 우연이 아닐 것이다. 에드먼드 윌슨은 "음악의 애매함에 접근하는 것이 곧 상징주의의 주요 요소 중의 하나가 되었다"[223)]고 보며 낭만주의와 같은 뿌리에서 시작된 상징주의는 음악적 요소를 상징으로 집약시킨데 있다고 본다. 시를 통해 음악과 철학을 결합시키려는 김우진의 의도는 감각을 통해 새로운 정서와 인식을 표출하려는 데 있다.

시의 특성인 정서를 경험하게 하는 김우진의 희곡에서는 주인공과 독자가 현실 인식의 길을 선택하도록 결론을 열어놓았다. 김우진 희곡 <산돼지>에서 주인공 원봉은 결말의 구체적 행위 대신 조명희 <봄잔듸밧우에>를 낭송한다. 시 낭송은 겨울 끝에 환희처럼 다가오는 자연의 무한한 포용력과 에너지를 이미지로 형상화하여 정서를 직접적이고 실제적으로 경험하게 했다. 김우진이 극예술운동을 전개하는 근거가 '개인 영혼의 해방'을 위하고 '경건한 예술'을 실현할 극장을 위한 것이라고 밝

222) 조명희에게 보낸 편지, 『김우진 전집 Ⅱ』, p.519.
223) 에드먼드 윌슨, 앞의 책, p.17.

힌 것[224]은 그가 지향하는 '형성의 순결'을 찾기 위한 것이었다. 경건한 예술은 '인상을 남기는 기억의 대상'이지 현실을 나타내거나 그렇지 않거나 하여 사회적 코멘트를 하는 것이 아니다. 김우진의 희곡작품이 '정서적 경험'을 제공하는 시인 인식의 선택이었다면 그의 작품을 보는 시각이 바뀌어야 할 것이다. 피터 존티는 "시는 주체와 객체의 현실적 상호교체에도, 정적인 분리상태에도 뿌리박고 있는 것이 아니고 반대로 이 양자의 본질적이고 근원적인 일치에 뿌리박고 있기 때문이다. 시의 중심 카테고리는 정취(情趣)이다. …그 때문에 시적 드라마에서는 언어와 사건전개가 필연적으로 일치할 필요가 없다. …사건진행과 무관하게 시적 언어는 사건에서 갈라진 틈을 덮을 수 있다"[225]라고 하면서 시적 언어의 특성을 통해 자연주의 이후에 드라마의 위기에서 등장한 시적드라마의 필연성을 소개하여 이후에 등장하는 표현주의 극으로 연결되는 부분을 설명한다. 이렇게 시를 중심으로 본다면 김우진의 표현주의 극 <난파>를 비롯한 여타의 희곡들은 시적 언어를 통해 시적 주체와 객체가 같은 데에 근원을 두고 있어 시극의 가능성을 지니고 있다고 볼 수 있다.

---

224) "근대극 운동은 제일로 일반 사회의 계몽에 자(資)코저 하는 명료한 목적을 버리지 못할 것이나 동시에 인류의 영혼을 창조적으로 해방하며 구제한 예술적 지위에서 떠나지도 못할 것이다. 그러한 확실한 수용성을 사회에 침윤하기에 난, 선후적(先後的)으로 신극사상을 전파치 아니 할 수 없다. …그러므로 우리는 영혼의 정화와 경건한 정조(情調)의 예술로써, 예정(豫定)한 극장 도달점으로 신(信)하며, '극을 인생의 진(眞) 활동'이라 난 표어 하에 궤배(跪拜) 하기에 주저치 아니한다. (1921.5)"(<소위 근대극에 대하여>, 『김우진 전집 Ⅱ』, p.37.)

225) Peter Szondi, 송동준 역, 『현대드라마 이론』, 탐구당, 1983, p.78.

# II

# 희곡과 자아인식

# II 희곡과 자아인식

1920년대 소설과 희곡의 주요 주제는 민족의 수난과 경제적 결핍이다. 김우진이 당대의 문학 흐름에 동요하지 않고 표현주의 극을 창작했다는 사실은 특이하다 할 수 있다. 지금까지는 단순히 그가 <난파>에서 표현주의를 시도했다는 정도로 알려져 왔으나 실제로 그는 시, 수상, 비평, 극 등을 통해 시대인식과 사회개혁을 주장한 표현주의자이다. 그는 버나드 쇼오의 사상극을 흠모하였고 새로운 인간형을 추구하였을 뿐만 아니라, <난파> 이외의 희곡 작품에서도 표현주의 의식을 구현했다. 본장에서는 그의 희곡이 1920년대의 여타 희곡과 구별되는 점, 특히 이미지로 형상화된 정신적인 부분을 살펴보려 한다.

## 01 / 닫힌 세계에서 열린 세계로 - <산돼지>

김우진은 표현주의 희곡의 대표적 주제인 자아탐구를 즐겨 다룬다. 그는 순례구조(정거장식 구조)를 통해 새롭게 자아를 발견하는데, <산돼지>에서도 자신의 정체성을 찾기 이전의 혼동의 모습에서 작품이 시작된다.

1막은 특별한 사건 제시도 없이 주인공의 외부 세계에 대한 거부의식이 드러나 있다. 청년회의 상무간사로 있는 주인공 원봉의 불신임안이 회원들로부터 건의되면서 원봉은 자신에 대한 회의를 일으킨다. 이런 회의는 자아를 찾으려는 계기가 된다. 주인공이 자기 존재에 대한 회의는 사랑했던 여인 정숙이가 자신을 배반하고 다른 남자와 일본으로 떠난 사실과 자신의 여동생에 대한 은밀한 사랑의 감정 때문에 더욱 혼미에 빠진다. 이러한 이중의 혼란 속에서 병고를 겪으며 주인공 원봉은 자아추구의 길로 들어선다. 2막에서 원봉은 자신의 출생의 비밀을 알게 되는데, 몽환 장면을 통하여 동학당이었던 아버지 그리고 아버지의 사회를 위한 소신과 행동 때문에 모욕당하는 어머니, 태어나기도 전부터 능욕 당한 어머니 몸속에서 탄생의 저주를 받은 자신을 본다. 그리고 이와 같은 탄생의 비밀이 그를 집돼지가 아닌 산돼지로 태어나게 했다는 것을 깨달음으로써 원봉의 혼동이 내면으로부터 정리된다. 또한 윤리의식과 결부되어 그를 혼동에 빠지게 한 여동생 영순에 대한 사랑과 질투의 감정도 몽환장면을 통해 그녀가 친동생이 아니라는 사실을 알게 되어 안정감을 갖게 된다. 꿈에서 깨어난 주인공이 꿈의 사실을 영순이의 어머니인 최주사댁을 통해 확인할 때 그를 떠났던 정숙이가 돌아왔다는 소식을 듣는다. 이로써 1막에서의 혼동의 양상은 2막에서 원봉이 자신의 정체를 알게 되면서 정리되고 3막에 이르러 탐색된 자아를 가진 주인공의 성숙한 모습을 통해 새로운 가능성이 암시된다.

3막으로 이루어진 이 극은 위에서 말한 자기 확인의 시간이 꿈으로 처리되어 버나드 쇼오의 <인간과 초인>의 몽환 장면과 같은 기능을 한다. 버나드 쇼오의 작품과의 구체적인 비교는 계속적으로 살펴볼 일이나 우선 김우진이 조명희에게 보낸 편지를 보면 <산돼지>도 <인간과 초인>처럼 생명력[226)]을 추구하고 있음을 알 수 있다.

> 주인공 원봉이는 추상적인 인물이요. 조선 현대 청년 중의 어떤 성격과 생명력을 추상해 본 것이요...... 이 까닭은 철저한 자연주의 극은 우리의 오늘 내부 생명을 리듬과 같지 아니함이외다.[227)]

결국 김우진은 <산돼지>에서 주인공 원봉이의 자아탐색을 통하여 생명력을 추구한 것으로 볼 수 있다. 베르그송에 의하면 생명체는 과거, 현재를 거쳐 미래를 향하여 진화한다. 그런데 그 진화는 어떤 지정된 목표를 맹목적으로 따라가는 것도 아니고, 인과 관계에 의하여 설명할 수 있는 것도 아니라고 한다. 생명은 예견할 수조차 없는 새로운 형태의 생명을 만들어

---

226) "........당신의 말과 같이 야만인들을 속여서 문명을 받아들이게 한다든가, 문명국의 빈민들을 착취하고 노예가 되게 하는 데 소용되는 말에 불과...... 만약에 그 계급에 속하는 우리들이 하잘 것 없는 우리들 자신을 위한 권력과 사치에 더 욕심을 내지 말고, 이 세상을 위해서 보다 더 큰 생을 목적으로 살을 수 있다면 그 비밀은 우리들을 일층 더 위대하게 만들 수 있을 겁니다."(<인간과 초인> p.123)처럼 생명력을 추구하는 인간은 초인이며 버나드 쇼오는 이 작품을 통해 궁국적으로 인류의 미래를 위해 이러한 초인을 기대하고 있다. 19세기의 진보의 개념을 동시적으로 받아들인 버나드 쇼오는 인간은 진화론에 입각해 진보되어 왔다고 하며 초인이란 인간 본연의 생명력의 추구에 의해 탄생될 인물형으로 보고 있다.

227) 『金祐鎭 全集 Ⅱ』, pp.243~244.

내고 '창조적 진화'를 하는데, 이것의 원동력은 생의 비약(생명력)이다. 왜냐하면 생명이란 물질을 관류하는 정신의 흐름이고 물질은 해체되는 생명에 의해 그리고 低落되는 정신에 의해 이루어지기 때문에 물질이 생의 약동에 대하여 끊임없이 장애물을 가져다주더라도, 창조적 정신은 그 새로운 장애물을 딛고 일어서는 새로운 생명을 만들어 낸다는 것이다. 그러므로 생의 약동은 정신적이라 할 수 있다.[228]

<산돼지>에서 원봉이가 추구하는 생명력은, 생의 장애물인 모든 이데올로기로부터 벗어나 자유로운 상태를 구가하는 것으로 인간 본성의 자유를 의미한다. 개인적인 자유가 아니라 니체가 말하는 일체의 종교적 도덕적 사회적 억압에서 벗어난 자유를 의미한다. 이런 자유인은 모든 창조적 가능성을 배태한 인간으로서 궁극적으로 모든 인간이 추구해야할 미래의 인간이다. 이와 같은 결론에 도달하기 위해 주인공 원봉이 거부한 것과 추구한 것을 구체적으로 살펴보기로 한다.

㉮ 최원봉: 소인, 소인? 너희들은 얼마나 위대한 대인이니? 이 에고이즘에 철저한 놈들. (달려들 듯이) 일을 위해서는 용서해야 한다고? 그것이 너희들 주의로구나. 더러운...

㉯ 최원봉: 나는 貞女를 요구하지 않아요. 貞女아닌 여자에게 사랑을 바치는 내 가슴을 어머니가 아신다면 천지개벽이 생기지.

㉰ 최원봉: ......나는 어머니만큼이나 아버지도 원망이요, 아버지도! 자기는 동학(東學)인가 무엇에 들어가지고

228) H. 베르그송, 서정철, 『창조적 진화』 해설, 을유문화사, 1972, p.12 참고.

나라를 위해, 중생을 위해, 백성을 위해, 사회를 위해 죽었다지만 결국은 집안에다가 산돼지 한 마리 가두어 놓고 만 셈이야! ...... 아버지의 뜻을 받어 사회를 위해 민족을 위해 원수 갚고 반역하라고 가리쳐 주면서도 산돼지를 못난이만 뒤끓는 집안에다가 몰아넣고 잡아 매여 두는 구료.

㉣ 최원봉: 사랑? 사랑이란 것을 네 따위가 알기나 하고 말하니? 너는 적어도 지금 사랑이 무엇인지 조금도 모르고 앉었다. 네 생각에는 네 조석으로 爀이 그리워하는 것이 사랑인 줄 알고 있겠지? 흥, 그것은 여자된 네 본태일 뿐이야. 사랑은 무슨 사랑! 너라는 여자는 일평생 사랑이 무엇인지 모르고 지내게 될 인생이야......

㉤ 최원봉: 몸이 마음이 다 편하지 않니? 하눌가까지 뵈이지? 넓고 널따란 바다를 내려다보는 것처럼 다 뵈이지? 그것이 하늘이다. 그리고 저기 저 밑에 누른 먼지가 가득히 쌓인 세계가 뵈이지 않니?

㉥ 최원봉: (가슴을 벌려서 호흡한다.) 봄!

윗 글에서 볼 수 있는 바와 같이 원봉은 자신을 둘러싼 환경과 인물 일체를 거부하다가 그들과의 갈등을 극복하면서 자신이 지향하는 세계를 드러내고 있다. ㉮는 원봉이의 타협하지 않는 성격을 보여준다. 원봉이는 '<목적을 위해서는 무엇이든지>하는 신념'을 앞세운 친구 차혁과 쉽게 화해하지 못한다. 주인공 원봉은 철저한 개인주의에 빠진 지식인들이 자신의 일을 수행하기 위해 위선까지 서슴지 않는 데에 환멸을 느꼈기 때문에 그들을 상대로 옳고 그른 것을 따진다는 것이 불가능하다고 믿고, 나아가 자신이 속했던 단체를 적으로 보고 이들을 제거하고 싶어 한다. 이렇게 주인공은 철저히 현실에서 격리되어 소외된 상태에서 자신을 제외시킨 현실의 조건이 인간의 본성과는 어긋난 상태라고 여겨 갈등에 빠지는 것이다.

㉯와 ㉱는 원봉이의 사랑하는 여성에 대한 태도를 보여준다. ㉯에서 볼 수 있는 바와 같이 그는 여성의 정숙성이나 순결성보다는 그 사람 자체가 지니고 있는 의식과 가능성을 중히 여긴다. 이는 당시로서는 상당히 진보적인 윤리의식이며 일반적인 관념을 가진 사람으로서는 도저히 받아들일 수 없는 사고인 만큼 주인공이 다른 사람들과 갈등을 느끼는 근거가 되기도 하다. ㉱에서도 원봉의 여성관이 드러나는데, 원봉은 동생 영순을 좋아하지만 그녀를 전적으로 사랑할 수 없다. 그 이유는 윤리적인 측면에서라기보다는 전적으로 그녀가 가지고 있는 여성으로서의 힘의 부족에 있다. 그녀는 순수하기는 하지만 자신을 둘러싼 환경을 뚫고 나갈 수 있는 정숙이 같은 의지가 부족하다. 원봉이 영순을 좋아하면서도 그녀를 선택하지 않은 것은 그녀의 결핍된 사회 인식과 미숙한 정신 때문이다.

㉰는 이작품의 주요 갈등에 해당되는데, 여기서 당대 지식인의 고민이 엿보인다. 원봉은 나라와 민중을 위해 앞 세대에 이어 계속적인 자기희생을 강요하는, 식민지 현실 극복에 대한 지식인으로서의 의무를 갈등 없이 받아들이지 못하고 있다.[229]

---

229) 해방 이후에 간행된 윤동주의 유고 시집 중의 <또 다른 고향>을 보면 '백골'과 '나'와 '아름다운 혼'이 나온다. 현실적으로 안주하라고 강요하는 '백골'은 지조 높은 개가 밤을 세워 어둠을 짖어야 아침이 오는 것을 알고 '아름다운 혼'이 지조 높은 개에 쫓기우는 사람처럼 백골 몰래 고향(또 다른 고향)으로 가도 어느새 와서 옆에 누워 있다. 현실

㉮는 원봉의 생명력 추구와 당대 인간이 진보하여 당도해야 할 곳을 보여준다. 그가 추구한 세계는 먼지와 혼돈으로 가득한 이 세상보다는 확실히 우위에 있는 투명하고 가벼운 세계이며 맑고 깨끗한 세계이다. 그곳은 순수한 정신을 가진 사람만이 볼 수 있고 갈 수 있는 곳이며 현실을 움직여나가는 물질, 권력, 제도 등의 이해관계를 벗어난 욕심 없는 가벼운 사람만이 오를 수 있는 곳이다. 수직의 공간이다.

마지막으로 ㉯는 이제 까지 원봉이가 추구한 세계를 이미지로 나타낸 것이다. 봄기운은 3막 결말에서 인용된 시구와 같이 재생 또는 소생 이미지를 가시화한 것이다. 봄 잔디밭 위는 자유롭고 편안하게 뒹굴 수 있는 가장 원시적인 곳임으로 새로운 출발을 시작할 수 있는 공간으로써 가장 생명력이 충만된 상태를 드러낸 것이라 할 수 있다. 다시 말하면 봄은 이전의 원봉이가 아닌 새로운 정신을 소유한 원봉이를 의미한다. 3막에 이르러 ㉮에서 원봉이 경멸했던 차혁을 동생 영순의 신랑감으로 받아들이고, ㉯에서 최주사댁이 품행이 정숙하지 못하다고 싫어했던 정숙을 원봉을 위해 긍정적으로 받아들이게 된다. 원봉의 말대로 천지가 개벽한 셈이 된다. 사랑에 대한 갈등도 3막에서는 정숙과 다시 만나 화해의 분위기를 보여준다. 그럼으로써 두 사람은 봄기운 속에서 새로운 출발을 하게 된다. 이와 같이 3막에서는 지금까지의 갈등이 화해의 국면을 맞게 된다. 주인공 원봉이가 느꼈던 불합리한 기운과 혼란은 자신의 내부에서부터 견딜 수 없는 고통에서 시작되어 결국은 자신의 내면

---

적인 자아(백골)와 아름다운 혼과의 갈등은 살아있는 한 끊임없을 것이다.

세계에 대한 정리와 그로인해 성숙한 정신을 맞이함으로 해결 된다.

<산돼지>는 김우진이 포부를 가지고 쓴 극임에도 불구하고 그간의 평가는 부정적이었다. 그 대표적인 예로 이 작품이 발표된 직후의 김기진의 평가를 살펴보기로 한다.

> 고 김수산씨의 작년부터 연속되어 오는 희곡 '산돼지'가 이번으로써 끝을 맺었다. 나는 주인공 원봉이의 사상을 모르며 아무 것도 해결되지 아니하였을 뿐 아니라 잡다하게 내 놓은 문제의 불통일 만을 감득하였을 뿐이다[230].

프로 문학에 경도 된 김기진의 시각 자체가 수산의 의식과는 차이를 보일 수밖에 없지만, 수다한 연구[231]역시 이와 다를 바가 없다. 이러한 결과는 주인공의 내면의 변화를 보려 하지 않고 행동적인 측면에서의 변화만을 보려 했기 때문이라고 할 수 있다. 극이 진행되는 가운데 주인공 원봉은 자신의 본연의 생명력을 추구하면서 자아를 확인하고 내면의 갈등을 정리하여 성숙하게 된다. 즉 그는 이전의 인간 원봉이가 아닌 자신이 원하는 인간 원봉이가 됨으로써 갈등을 하기 이전보다는 진보한

---

230) 김기진, 「프로문학 대 민족주의 문학의 쟁점」, 『조선지광』 제64호, 1927년 2월.

231) 이은경, 「수산 김우진 연구」, 숙명여자 대학교 박사학위 논문, 1994년 12월, p.78, 이 논문에서는 <산돼지>를 '구원상실과 목적의식 혼란으로 현실도피한 지식인의 비애'라는 항목으로 다루고 있다.
배봉기, 「김우진의 희곡 '산돼지' 인물연구」, 『드라마 논총』 8호, 한국드라마학회 편, 1996년, p.80. 이외에도 다수의 논문에서 언급되고 있다.

셈이다. 그는 정신적으로 이전의 인간을 초월한 것이다. 초인이란 어느 날 하늘에서 뚝 떨어진 보통 이상의 능력을 가진 인간을 말하는 것이 아니라 자신의 생의 의지를 통하여 자신 속에 내재하거나, 자신을 둘러싼 불합리한 기운을 반역한 인간이다. 에른스트 벤츠가 말하는 진보를 살펴보면 19세기 말, 20세기 초에 구주를 지배했던 사고의 일면을 짐작해 볼 수 있다.

> 우리는 현상보다 더 높은 존재를 창조하는 것이 우리의 본성이다. 우리 자신을 초월한 것을 창조하는 것 - 이것이 생식의 충동이며 행동과 사업의 충동이다 모든 의지는 목적을 전제한다. 그와 같이 인간은 지금은 없으나 그의 존재의 목적인 어떤 존재를 전제한다.
>
> 이것이 모든 의지의 자유다! 사랑과 존숭(尊崇)과 완전에 대한 동경은 모두 이 목적 안에 있다.(중략) 자기 이상의 무엇을 창소하며 더 높은 형태에서 자기를 실현하려는 충동 - 니이체가 이 충동을 인간의 본성에서 보았다는 것은 참으로 예언자적이라고 하겠다. 그는 인류의 진화를 자연과학의 영역으로부터 정신과 자유의 영역으로 높였다.[232)]

앞에서 언급한 '종의 기원' 이후 진화의 개념은 베르그송의 사유처럼 정신의 영역으로 확대되어 니체의 초인의식과 버나드 쇼오의 초인의식을 낳았으며, 김우진의 자기를 극복한 인물도 이러한 유형에서 생각해 볼 수 있다. 그러면 구체적으로 정신적 성숙을 맞은 원봉의 모습을 살펴보기로 한다.

---

232) 에른스터 벤츠, 이종성 역, 『진화사상과 그리스도의 희망』, 현대사상사, 1975, pp.123~124.

최영순: 그러면 오빠의 본 길은 무엇이예요.
최원봉: (웃으며) 무엇이 될까. 네가 알아맞춰 보렴.
최영순: 정치가?
최원봉: 내게 타협이 있니? 수완이 있니?
최영순: 예술가?
최원봉: 기교 없는 예술가는 없다. 네가 어느 틈에 기교를 배와 놨겠니?
최영순: 상업가?
최원봉: 내게 겸손이라곤 이요(利慾)이라곤 그림자도 없다.
최영순: 비평가?
최원봉: 그것은 될 듯 싶다. 현실의 가치와 새 의식을 찾으려고 애쓰는 점에 서는.
최영순: 의심 중이오 그려.
최원봉: 의심 중은 아니 여도 내 본 길은 전부는 아니다.
최영순: 그러면?
최원봉: 네 생각에 나 같은 산돼지에게 무엇이 제일 능하겠니?
최영순: 에그, 또 그런 소리만.
최원봉: 왜 너는 이따금 내 말을 농담으로만 알아듣니?
최영순: 왜 걸핏하면 산돼지래요. 나는 그 소리만 들으면 가슴이 아퍼요.
최원봉: 그것이 사실일지도 모르지. 하지만 나는 이 현실 속에 떨어지면서부터 이 탈을 쓰고 나왔다. 이것을 벗으려고 하는 것도 헛 애쓰는 것이지만 동시에 그것을 안 보려고 피하는 것도 거짓뿌렁이다.

윗 글에서 볼 수 있는 바와 같이 몽환 장면 이후 오누이의 모습에는 앞장의 갈등이 모두 해소 된 뒤의 평화만 보인다. 이제 원봉은 현실의 가치와 새 의식을 찾으려는 비평가의 가능성을 안고 있다. 원봉이가 고통 속에서 찾으려 했던 '본길'이 바로 이러한 비평가의 정신이다. 김우진이 의미하는 비평가는 소크라테스, 루터, 예수, 공자, 볼테르 등 시대의 비평가이며 '과거의 계급과 사회에 대하여 전투 할 뿐 아니라 일반 민중의 이해와 복리를 위하여 선도자가 되며 프롬프터'233)로 역사를 이끌어 온 실체인데 달리 말하면 그들은 인류의 역사에 새로운 정신의 장을 연 철학자들이다. 이와 같은 사고는 베르그송이 주장한 닫힌 도덕(geschlössene Moral)을 벗어나 열린 도덕(öffene Moral)을 향하려는 정신과도 같은 것이다.

> 닫힌 도덕(geschlössene Moral)은 생의 가장 일반적인 제 현상에서 유래한다.
>
> 그것은 사회로부터 과해진 압박이요, 거기에 대응하는 행동은 자동석 본실석으로 수행된다. 예외적인 경우에만 개인적 자아와 사회적 자아 사이에 싸움이 생긴다.
>
> 닫힌 도덕은 비인격적이며, 다음의 세가지 모양으로 닫혀 있다. 즉, 그것은 첫째로 사회적 관습의 유지를 목적으로 한다. 다음에 그것은 개인적인 것과 사회적인 것을 거의 완전히 하나로 만들어 버린다. 그 결과 마음은 언제나 동일한 범위 안에서 돌게 된다. 결코 전 인류에 타당한 것이 되지 못한다. 왜냐하면, 닫힌 도덕을 기능으로 하는 사회관계는 대부분이 자기방위의 필요에 근거를 두고 있기 때문이다......
>
> 열린 도덕(öffene Moral)은 뛰어난 인격, 聖者 및 영웅 등에 구체화 되어 있으며, 사회에 근거를 두는 것이 아니라, 순전히 인간적 개인적인 일이다. 그것은 압박에서가 아니라 부름(呼)에서 성립하며, 固定的이 아니라 본질에 있어서 前進的이며 창조적이다.

---

233) 『김우진 전집 Ⅱ』, p.292.

> 그것이 열려 있다 함은 사랑으로 生 전체를 에워싸며, 더 나아가서 자유의 느낌을 주며, 또 生의 원리 자체와 일치한다는 의미에서이다. 그것은 마치 음악으로 불러 일으켜진 느낌과도 같이 對策을 갖지 않은 깊은 감동에서 나온다. 실제에 있어서는 그러나 닫힌 도덕이나 열린 도덕은 결코 순수한 형식으로 나타나는 일은 없다. 다만 노력이 의무로 고정화되려고 하며, 또 이 의무가 저 노력을 붙잡으려고 할 따름이다. ......
>
> 그러나 닫힌 도덕과 열린 도덕은 근본에 있어서 둘 다 동일한 생의 비약이 相互補完的으로 드러나는 것이다.[234)]

위 글을 보면, 김우진의 수상과 비평의 세계에 나타난 베르그송의 영향이 희곡 작품에도 나타나 있음을 알 수 있다. 주인공 원봉이 되고자 하는 비평가란 시대와 역사를 이끌어온 성자이며 철학자이며 인류의 스승인 고행자들이다. 이들은 베르그송식으로 말하면 닫힌도덕을 거부하며 열린도덕을 추구해온 사람들이다. 따라서 원봉은 열린도덕을 불러낼 장본인이 되기 위해 닫힌 세계가 강요한 사회적 의무를 거부한 것이다.

극중의 원봉은 자신의 역할을 깨닫기 위해 갈등을 벌였고 그로써 자신이 원하는 자신의 '본 길'을 알게 된다. 더 이상 산돼지 탈을 벗으려고 하지도 피하지도 않게 된 것이다. 즉 타의에 의한 역사적 사명으로 중압감에 시달리지도 그것을 회피하지도 않고 역사적 사명을 자신의 본성처럼 자연스럽게 받아들여 비평가로서 역사의식과 시대인식을 새롭게 하게 된 것이다. 김우진이 조명희에게 보낸 편지에서 '생명력을 추상해 본 것'이라

234) I. M. 보헨스키, 한규숙역, 『현대철학』, 정음사, 1978, p121.

고 언급하고 있는 것은 단순히 그의 창작 의도만을 의미하는 것이 아니라 변화된 인간으로서의 생관을 나타내는 것이다. 그러므로 <산돼지>에서 추구된 생명력은 역사의식과 시대인식을 깨닫기 위한 에너지로써 좀 더 자신이 원하는 인간이 되기 위한 과정에서만 이루어진다. 식민지 현실[235]에서 지식인 원봉의 내면적 성숙은 개인적 의미로만 끝날 수 없다. 성숙한 인간을 요구했던 사회의 구조도 함께 변해야 할 것이다.

베르그송에 의하면 생명력을 추구하는 과정에서 인간은 홀로 존재할 수 없어 사회구성원으로써 사회에 순응하려고 사회의 찬동을 받으려는 본능을 보인다고 하는데, 원봉의 변화가 사회와 관련을 맺을 수밖에 없음은 다음을 보면 명확해 진다.

> 사회집단이 요구하는 사회적 본능이 구성원으로 하여금 그 사회를 위해서 헌신 하도록 강요하면 그 사회는 '폐쇄적인 사회'가 된다. 그 폐쇄적인 사회는 폐쇄적인 도덕원리와 정태적 종교를 가지고 있고, 그 사회는 발전하지 않고 정지하여 있다. 그러한 폐쇄성을 탈피하여 보다 바람직한 '개방적인 사회'로 이월하는 데에는 극적인 비약이 필요하다.
>
> 다행히 인류는 그와 같은 노력을 아끼지 않으려 하는, 도덕적으로 위대한 인물들을 언제나 볼 수 있었다. 인류전체를 포용할 수 있는 개방적인 도덕은 그 구성원에게 어떤 목표를 강요하지 않으며 그 구성원은 단지 도덕적인 모범 인물의 뒤를 따라서 자연히 행동하게 된다...... 베르그송은 이기주의를

235) <산돼지> 작품 내에서는 식민지 현실을 특별히 밝히고 있지는 않으나, 극의 내용은 동학혁명부터 약 40년 뒤인 1925년경으로 수산이 작품을 집필하는 당대를 배경으로 하고 있다.

바탕으로 하는 물질문명 시대에, 정신적으로 창조적인 가치관에 입각한 개방적인 도덕과 다이내믹한 종교에 의하여 인류가 정신문명으로 귀환해야 할 필요성을 역설하고 있다.236)

베르그송의 말처럼 생명력을 추구하는 개인은 사회의 일원으로서 사회의 인정을 얻기 위해 노력을 아끼지 않으나 사회가 어떤 목표를 강요하여 그 사회가 지닌 도덕원리에 따라 헌신을 요구하면 그 개인은 발전할 수 없다. 그러나 개인이 그 사회의 원리를 뛰어넘는 극적인 비약을 할 때 사회도 진보된 사회를 맞게 된다. <산돼지>에서 원봉은 자신을 혼동에 몰아넣은 아버지로부터의 강요된 '폐쇄적인 사회'에서 생명력 추구로 극적 비약을 통해 자신에게 부여된 의무를 성숙하게 받아들일 수 있는 '개방적인 사회'를 이끌어 낸다. 또한 폐쇄된 사회에서 혼동 속에 있던 원봉이는, 자신만 고통에 빠진 것이 아니라 사랑하는 애인 정숙이까지 혼동에 빠지게 한다. 정숙은 보통 여자와는 다른 성격과 이성과 의지력을 소유했지만 원봉으로 인해 다음과 같이 자신의 의지와는 전혀 다른 상황에 들어간다.

정숙: 그리고 또 光殷이가 날 데리고 일본으로 가기 전에 나를 거짓과 참되는 것도 몰라보게 만든 것도 당신이오...... 사실로 이지(理智)라든지 의지(意志)라든지가 간섭 못할 구렁창 속에다가 당신이 일부러 집어넣고 움직이지도 못하게 두 발등에다가 못질을 해 놨구려. 이런 결박한 몸으로서 어찌 光殷이의 그 손에 안 끌려가겠수. 만일 내가 당신 말 모양으로 다만 여성 본능으

236) 서경철, 앞의 글, p.13.

로만 저급한 동물만 되었어도 이렇게 당신 앞에 얼굴을 들고 다시 안 나타나겠소. ...... 나는 아무 힘도 없이 당신 명령대로만 구렁창에 슬슬 빠져갔구려. 내 일후 생활이 어떻게 당신 말 모양으로 방향전환을 해 갈지 모르겠지만 이것만은 당신에게 책임을 묻겠소. 저주하겠소, 규탄하겠소.(침묵)

최원봉: ......그러니까 네가 책임을 내게 다 질려고 하면 나는 애써서 그리 피할 것도 없지만 동시에 나도 네게다 그 책임을 지이겠다. 사실대로 말하면 너와 나와 둘이 사이의 이 더러운 책임은 우리들 소위가 아니다. 저기 저- 보이지 않는 늙은이! 알겠니? 그렇다고 그 이에게다가 책임을 질려고 애쓸 필요는 없어. ......

위와 같이 정숙은 자신의 혼란의 책임을 원봉에게 돌리지만, 원봉은 근본적인 원인을 '저기 저- 보이지 않는 늙은이'라 하고 자신의 혼동의 원인이었던 의무와 약속을 자신들의 혼동의 원인이라고 말한다. 여기서 '늙은이'는 동학의 위업을 이루지 못한 원봉이 아버지인 박정식과 현실적으로 원봉이를 맡아서 길러 아버지 대에 했던 약속을 지키려는 최주사댁을 의미한다고 할 수 있다. 원봉과 정숙의 생명력 추구는, 이 두 사람이 폐쇄적인 사회에서 생긴 혼동을 극복하여 자기를 인식하고 종전보다 고양된 정신을 형성하여 개방적인 세계로 나갈 수 있게 한 것이다. 나아가 이 둘의 화해는 잠정적으로 이들의 결합까지 상정해 볼 수 있게 하는데, 성숙한 원봉과 강한 성격을 가진 정숙의 결합은 그들 보다 나은 인간(초인)의 탄생을 예견하게 한다. 이것은 <인간과 초인>에서 이성과 지성을 지닌 테너와 강한 의지를 지닌 앤과의 결합이 낳을 초인과 유사하다고 하겠다.

> Life force란 남자에게 있어서는 지성(intelligence)와 이성(reason)이오 여자에게 있어서는 합목적적인 종(species)의 진화를 말하는 것인데, 전자는 후자를 촉진 시켜 삶에 새로운 차원을 더하게 된다. 이성은 여자 속에 깃든 Life Force를 다스리고 그것과 더불어 Superman을 창조해 낸다. 여자 속에 깃든 Life Force는 생식(Procreation)의 목적만을 위해 남자를 이용한다.[237)]
>
> Life Force라는 강력한 힘에 의해 행동하는 Shaw의 女子는 옛날의 약하고 낭만의 대상이 되었던 美女 善女와는 다르다. 뚜렷한 意力과 知力이 있다......보다 나은 種을 위해 보다 나은 남자를 捕捉하기를 맹목적으로 원하는 여성들의 노력에 결국 굴복하는 것이 남자.[238)]
>
> Shaw는 Schopenhauer에게서 인간은 경제적 동물이기도 하지만 종교적 동물이기도 하다라는 사실을 배웠다. 그래서 그는 그 시대 사회의 물질적 진보 속에서 우둔해지는 인간 정신과 의지에 불만을 갖고서 창조적 진화사상이라는 현대의 종교를 낼 수 있었던 것이다.[239)]

위에서 보여준 <인간과 초인>을 <산돼지>와 비교해 볼 때, 두 작품은 창조적 진화 사상에 기초한 것이므로 상당히 유사하

---

237) 김우탁, 『영미희곡개론』, 성균관대 출판부, 1983, p135.

238) 이근삼, 「근대 영미 극 개론」, 『영미 희곡 수필 평론, 영미 어학 문학 총서』, 1964, pp.139~140.

239) 강희경, 「Man and Superman」, 『현대 영미 희곡 작품론』, 한신문화사, 1987, pp.4~5.

다고 할 수 있다. 다만 차이가 있다면 버나드 쇼오의 작품이 더 구체적이고 체계적이라는 점이고 아직 立志의 나이가 되기 전의 수산의 작품은 그의 정신적 의욕만큼 형상화되지 못했다는 점이다. 또한 두 작품의 공통점인 생명력의 추구는 근본적으로 쇼펜하우어의 주장에 의거하지만 추구하는 방향은 근본적으로 차이가 있다. 버나드 쇼오와는 달리 수산은 쇼펜하우어 이후 베르그송이 주창한 시간과 생명의 지속의 개념까지 받아들여 생명력의 미래에까지 관심을 보인다. 즉 육체와 정신으로 이루어진 인간은 육체적 형태가 사라져도 정신은 에너지 형태로 지구 위에 살아남아 어떤 변화를 초래한다[240]는 베르그송의 사변은 죽음에 대한 과거의 관념에 변화를 가져온다. 이와 같은 정신은 김우진의 작품에 영향을 끼쳐 육체적 죽음이 유기체의 종말이 아니고, 유기체는 어떤 기운으로 남아 인간의 삶에 변화를 초래하여 앞으로 나아간다는 결말을 노출할 수 있게 한다. 그러므로 김우진이 <난파>와 <이영녀>에서 주인공의 육체적 죽음으로 결말을 이끌어 낼 수 있었고, 그로써 새로운 출발을 예정할 수 있었을 것이다. 아울러 현해탄에 몸을 던진 그 자신의 행위도 이와 관련지어 생각해 볼 수 있다. 김우진의 이

240) "그러면 정신과 육체의 관계는 어떠한가? 양자 사이에는 대응에 의한 병행관계도 아니고 동일관계는 더욱 아니다. 양자는 불가분의 유대관계를 맺고 있어서, 이원적이지만, 숙고해 보면 차라리 정신이 신체를 이용하여 움직이게 한다는 사실을 깨닫게 되고 한걸음 나아가 통화자의 정신이 전화국과 별도라는 점을 상기하면서, 정신=영혼은 육체에 예속된 것이 아니므로 육체의 사후 이후에도 독자적으로 남아 있게 된다는 결론에 이르렀다...... 생명도 의식과 마찬가지로 지속이다. 개별적으로도 그러하고 전체적으로도 그러하다. 생명도 과거 현재를 통하여 미래를 향하여 진화한다는 말이다." 서정철, 앞의 글, p.11.

와 같은 생명력에 대한 사고를 염두에 두면서 계속해서 <난파>를 살펴보기로 한다.

## 02 / 내면의 절규와 생명력 추구 - <난파>

### 1) 주관적 등장인물

'3막으로 된 표현주의 극'이라는 부제를 붙인 <난파>에서 김우진은 자신의 내면의 세계를 그대로 가시화 하여 보여 준다. 그 동안 이 작품은 주로 사조적 측면에서 연구되어 왔지만 작가의 구체적인 특징이 결여된 채 진행되어 왔다. 이러한 연구는 한 시대의 여러 작가들이 갖고 있는 의식과 양식의 공통성을 그 나름대로 추출해 보고자 하는 방법적 노력에 지나지 않으므로 사조 그 자체가 문학의 목적은 될 수 없다. 따라서 이 극이 표현주의 이념과 문제에 얼마나 충실히 따르고 있는가 하는 유파의 문제보다, 표현주의적 특징을 얼마나 포함하고 있는가 하는, 개성의 문제로 다가가는 것이 타당할 듯하다. 우선 일반적인 표현주의 극의 특징을 살펴보기로 한다.

> 표현주의 극은 대체로 두 가지 유형이다. 많은 작품들은 그릇된 사상들로 인해서 인간의 정신이 분열되어 급기야 기계보다 나을 게 없는 상태로까지 전락한 인간의 모습을 보여주기 위해 현재의 부정적인 측면들에 관심을 집중했다. 기타 작품들은 사회를 개혁하고 인간의 환경과 그의 정신 사이에 조화를 이루게 하는 것을 앙망했다.
>
> 작품이 매세지 중심이기 때문에 삽화적이다. 그 중에서 다수가 수색 또는 순례의 형식을 취한다. 진실이 내면적 환영

> 속에 자리하고 있다하여 사물의 外樣이 자주 왜곡된다. 모양은 과장되거나 변경되고, 색깔이 비정상으로 바뀌며, 동작은 기계화되면 대사는 짧은 句나 하나의 단어이기 일쑤다.241)

위에 간단히 언급된 표현주의의 특징 중 주목되는 것은 작품이 지 중심이기 때문에 삽화적이라는 것이다. <난파>도 내용이 메시지 중심이기 때문에 삽화적이며, 수색이나 순례의 형식을 취하고 있다는 점에서 표현주의 극이라고 불 수 있는데 이렇게 김우진이 표현주의 극 형식을 통해서 드러내고자 하는 메시지는 내적 진실의 고백이다. 김우진은 극을 통해 자신이 전달하려는 의미에 중심을 두었기 때문에 순례의 구조를 취할 수밖에 없었던 것이다. 그래서 김우진의 작품에는 그의 내면의 정황이 여과 없이 그대로 드러나 그의 자전적인 요소를 알 수 있다. 우선 작품 속에 드러난 인물의 성격을 명확히 알기 위해 성격의 실재와 허구를 규명해 보기로 한다.

흐린 달빛 속, 커다란 조선 식 집 마당에서 진행되는 1막에서는, '母'와 '詩人'의 성격이 대사와 극의 톤으로 표현될 뿐만 아니라 작품의 주제를 암시하기도 한다. 母의 성격과 詩人의 성격은 시인의 탄생에서부터 정해지는데 예를 들면 '母'는 '시인'을 낳기 전에 두 아들을 배속에서 잃고 시인을 낳는다. 따라서 '母'는 두 생명을 희생하고 낳은 대가인 시인에게 지상의 약속을 이행하라고 강요한다. 이러한 母의 성격은 다음을 보면 그 근간을 알 수 있다.

241) Oscar G. Brockett, 김윤철 역, 『연극 개론』, 한신문화사, 1989, p.454.

母: 쇼뿐인가. 나는 인생의 本相, 부단한 생명력과 부단한 進化에 대한 신념이 있으면 누구든지 내 情人으로 삼는다……

母: 우는 것도 못 우는 것보다는 똑똑하다만 저 바깥으로 나가서 현실을 보려므나. 그리고 나와 같이 불완전한 더러운 다른 인간들과도 싸워 보려므나.

母: 안 된다. 마지막 네 兄이 죽어 나온 뒤 여섯 달만에 내가 너를 낳았구나. 그때 내 몸이 두 번이나 낙태한 뒤였지만 어떻게 너를 낳고 싶었겠니? 그러나 나는 악착스러운 너의 현실을 만들어 낼 충동이 벌써부터 있었구나. 했더니 마침 된 것은 너 아버지가 <神主> 즉 너 할머니 山所緬禮 때문에 근 이년 동안을 당초에 여자와 가깝게 하지 않았던 것이었다. 그러니 너를 배었을 때 나는 몸이 두 번 낙태 뒤에 억지로 너 아버지 정기를 받았구나. 幼時로 유명하던 너 아버지의 정신력과 시적 통찰력을 받아 놓았으니 고맙지 않니?

母: (벙글벙글 웃으면서 둘을 보고 있다가) 그렇지, 이게 내 책무야. 이걸 보려구, 이걸 보려구! 잘들 싸운다. 잘들 싸운다.

母: 에구 시어머니두! 아냐요. 詩人이 먼저 문제가 되어야 합니다. 그 애 아버지는 당신 아들은 단지 남보다 더한 정력 재능 천재통찰력을 가지고 사나운 風雨 속을 걸어온 旅客과 같이 험상스러운 꼴 무서운 꼴 흉악한 꼴을 지내어온 成功事에 불과하지 않소? 管寬의 才操와 奈巴倫의 힘과 伯奏淑聲의 淸嚴을 가진 選手에 불과하지 않소? 그러나 모든 약속 밑에서 나온 저 애야 말로 이 鬪爭의 장본인이외다.

母는 예정된 시인의 탄생을 위해, 뛰어난 정신력과 시적 통찰력을 지닌 '父'를 시인의 아버지로 받아들인 존재이다. 母는 '부단한 생명력과 부단한 진화에 대한 신념'을 믿기 때문에 버나드 쇼오의 관념의 일부분이기도 하고, 김우진이 지향 하고자 하는 정신의 실체이기도하다. 이러한 '母'는 시인에게 불완전하고 더러운 인간들과 싸우라고 하면서 시인의 의무를 계속해서 환기시킨다. 그리고 진화에 대해 신념을 가진 '母'로부터 태어난 2세인 '시인'은 그 부모보다 분명히 진화되어야 하며 성숙해야 한다. 그러나 이와 같은 배경을 가지고 태어난 '시인'은 현실을 성공적으로 잘 살아온 '父'와는 근본적으로 다른 길을 위해 탄생 되었으므로 가족의 안일과 가풍을 지키는데 의미를 두고, '가풍'만을 강요하는 '父'의 뜻과 대치될 때 '父'까지 투쟁의 대상으로 삼는다. 이러한 상황에 놓인 시인은 강력한 힘을 지향 할 수밖에 없다.

> 詩人: 난 싫어요. 무서워요. 곳 무서워 못 견디겠어요. 왜 싸우라면서, 현실을 보라면서 이렇게 불완전하게 날 만들어 줬소!
>
> 詩人: 그러기에 말예요. 왜 그러면서도 나를 이렇게 未成業으로 그 것도 흠집만 있게 만들어 냈난 말예요.
>
> 詩人: 그러니 말이지요. 왜 구태여 내게 이런 因果律의 줄을 얽어 놓았느냐 말예요.
>
> 詩人: 나는 이 건망증을 영광으로 생각하오. 그러나 매는 잊었어도 눈물은 잊을 수가 없어요. 날 때려 달라는 말은 당신의 그 <양반가정> <新羅 聖族의 후예>라는 자만을 내게서 빼아 달라는 말예요.

그러나 '시인'은 자신의 불완전함과 미숙함을 견디지 못하는 연약한 존재이며, 투쟁을 위해 태어났음에도 불구하고 강인한 정신과 의지를 갖지 못해 끊임없이 회의하는 존재이다. 근본적으로 투쟁의 운명을 갖고 태어 낳기 때문에 '시인'은 세상의 불완전한 인간들과 싸워야하므로 '父'가 강요하는 집안의 가풍을 잇는 종손으로서의 역할까지 거부할 수밖에 없는 것이다. 또한 자신을 투쟁의 세계로 내모는 '母'를 극단적으로 거부하기도 하고, '母'로부터 위로 받으려고 하는 이중적인 '시인'은 자신의 이상을 추구하면서도 끊임없이 회의하고 현실적 고통 때문에 그 이상을 벗어나려고 한다.

이와 같이 1막에서 보여주는 '시인'과 '母'의 성격은 <난파> 전체를 지배하는 기운으로 개연성을 지닌, 살아 움직이는 구체적인 인물이라기보다는 '시인'의 관념 속에서 필요에 따라 선택되어진 것이다. 불완전하고 갈등으로 뭉쳐진 '시인'은 2막과 3막에서는 운명적으로 예정된 자신이 되기 위해, 세상과 싸워 나가기 위해 새로운 자아를 찾는다. '母'는 1막에서 '시인'에게 인간의 진보를 믿을 것과 시인 정신을 지향할 것을 주장하나, 정작 '시인'이 이상을 향해 나아가는 2막과 3막에서는 끊임없이 회의하는 연약한 정신으로 '시인'을 혼란에 빠뜨린다. 극 전체에 등장했다 사라지는 배경 인물들은 시인의 가족사를 둘러싼 실제적인 인물에서 연유한 것이나 유기적인 기능을 갖지 않는다. '제1 계모' 등 4인의 계모는 인형처럼 어떠한 성격도 없고 '시인'의 정신을 혼란하게 하는 비합리적인 가족 구성을 보여주기 위해 등장한다. '악귀[242]'나 '神主[243]', '同腹弟[244]'와 '異腹弟[245]'도 김우진이 기억하는 모습에서 하나의 속성으로 등장

242) "父: 너두 내 매 좀 맞아 봐라! (<惡鬼> 나타난다. 父가 詩人의 칼을 집어서 <惡鬼>에게 달려든다.) 이! 독사같구 악마같은 놈!
惡鬼: 네가 내게 아저씨뻘이 된다만 너는 應子 가 아니냐! 이놈 네 어미년 肛門에서 너 같은 놈이 나왔기로 종손 없어질 줄 아니!"
<난파>에 단 한 번 등장하는 '악귀'는 주인공의 집안에 적대적인 인물로 그려지는데, 이는 "父主부터 下書하신 중 彼 패악무도한 願鎭의 최근사가 기록하여 있다. 그의 生質, 票志는 악마의 저주이다. 日後 그 자손에게 寶勢되었던 악마의 저주가 발현 될 줄을 확인하고 信한다. 그의 모든 죄악, 불의, 잔인, 무도는 그의 저주에 환원하리라......" (1919년 1월 28일)는 것처럼 김우진이 집안의 사촌인 호진에게 느꼈던 강한 거부감을 이미지로 명명했다고 할 수 있다.

243) "神主: 오 내 아들! 내 아들! 네가 香港가 있을 때 너를 못보고 죽은 恨 만 없으면 왜 모두 잊어버리지 않겠니?......"
위의 대사에서처럼 김우진의 아버지 김성규는 1987년 9월말에 영국, 독일, 러시아, 이태리, 불란서 전권공사관의 서기관으로 발탁되어 남궁억 등과 함께 홍콩으로 출국했다. 그러나 청국의 간섭에 의해 유럽까지 못 가고 1889년 1월에 돌아온다.(『목포 향토지』, 제12호, p.59, 참고) 김우진의 입장에서 보면 그 때 아버지가 홍콩에서 유럽을 향했다면, 아버지의 운명은 물론 자신의 운명까지 달라져 부자간의 갈등이 발생하지 않았을 아쉬운 일이었다. 그러나 반대로 할머니는 아들이 집을 떠나 홍콩에 가 있어 임종시에 볼 수 없었으므로 한을 가졌을 것이다. 이와 같은 김우진의 생각이 할머니로 대표되는 가족 중심 사고 효를 강조하는 '신주'상을 그릴 수 있게 했다고 할 수 있다.

244) "母: ...... 약속 밑에서만 고통이 있지. 고통이 있어야 인생이 아니냐. 그 증거로는 네 동생 同碩弟를 보렴.
同腹弟: (교활하게) 자네가 먼저 일어서게. 남 들먹이지 말고.
同腹弟: 나는 약한 사람! 오! (排衣女에게 몸을 주고 넘어진다.)"
위에 보이는 '동복제'는 주인공 '시인'과는 다른 기질과 운명을 타고 태어났으며 현실에 대응하는 자세도 시인과는 달리 약빠르다. 실제적으로 수산의 同腹弟 김철진은 일본 동지사대 경제학과를 중퇴하고 1927년에는 목포에서 조선공산당 신간회원 등으로 활동했다. 그러나 1935년 목포부 의원에 당선됨으로서 부일 행적을 남기기도 했는데 이 때 '호남평론'이라는 잡지를 발간했다. 해방 후에는 목포일보사 사장과 목포 상과대학(현 전남대 경영대 전신) 학장을 역임했다.(『목포향토지』, 위의 호, p.68, 참고) 동생 김철진은 김우진과는 근본적으로 다른 한다. 예를 들어 '신주'는 죽은 존재임에도 불구하고 살아 있는 사람에게 절대적인 영향력을 행사하므로 유교의 절대적인 효를 의미한다. 이렇게 속성만 있고 성격이 없는 인물은 직접적이든 간접적이든 작가 자신이 체험한 인물을 유형화시킨 인물이라 명명할 수 있다. 부수적 인물 외에 자아를 탐색하려는 '시인'이 순례하는 대상들도 개념적 인물들로 김우진의 정신의 방향을 드러낸다.

2막에서 '시인'은 세상에 나아가서 첫 번째로 '白衣女'를 만난다. 그녀는 봄을 배경으로 꾀꼬리 소리와 같이 등장한다.

> 詩人: (엎드려 白衣女의 半송장 위에 얼굴을 대고 운다.) 이 흰 옷을 벗어요. 꾀꼬리가 다 뭣이오. 붉은 피를 빨게 해 줘요. 시커멓게 탄 가슴 선지피 속으로 날 집어 넣어주.(母에게 손가락질하며) 저 여편네가 미워! 저년 얼굴을 안 보게 해 줘요. 영구히 안 보게.
>
> 白衣女: (간신히) 에잇! 고약한! 나는 3년 전에 죽은 내 동생

---

기질을 소유하고 있으며 그가 추구하는 바도 김우진과 달리 현실적인 면이 강하다는 인상을 주고 있다.

245) "異腹弟: (알아채린 듯이) 아 어머니의 사랑!
異腹弟: (따사로이) 그럴까요? (아주 조소적으로) 그러면 왜 그리 가슴이 아픕니까?"
위에서 보이는 '이복제'는 주인공을 이해하고 주인공과 대화가 통하는 인물이다. 실제로 그는 철저한 반일주의자였고 일제 때 북경대학에서 언어학을 전공했는데 그때 중국에서 사회주의 계열의 독립운동 단체인 연안파에 가담한 적도 있었다. 1930년 중반 귀국한 뒤 천주교 문필가로 활동했다. (위의 향토지 같은 면 참고) 또한 수산의 일기인 '마음의 자취'를 그와 김우진의 절친한 친구였던 조명희와 홍해성에게 남긴 것으로 보아 '이복제'는 김우진의 가족 중에서 가장 가까운 존재였을 것이다.

얼굴 보는 것이 다시없는 기쁨이지만 당신은 당신 어머니가 있지 안 허우. (절명)

위에서 알 수 있는 것처럼 '시인'이 母와 분리된 뒤 처음으로 만난 '白衣女'는 그 이름으로도 알 수 있듯이 죽음을 나타낸다. 또한 백의녀는 등장인물을 소개하는 지문에서 '신주'와 같이 '망령'으로 되어 있어, 수산이 이 작품을 쓸 당시는 이미 죽어버린 존재이기 때문에, 작품 속에서는 죽어 가는 인물이지만 극이 진행되기 전부터 죽은 존재로 죽음을 의미하기 위해 등장한 인물로 보아야 할 것이다. 봄이라는 청춘기에 경험할 수 있는 죽음에 대한 갈구와 애상적인 사랑의 경험이, 그리고 그 대상의 죽음으로 인한 체험[246]이 '백의녀'를 불러온 것이라 할 수 있다. 그러나 '백의녀'는 작품 속에서 살아 움직이는 인물이 아니기 때문에, 어떠한 역할도 하지 않고 죽음이라는 속성만 보여준다.

두 번째로 만나는 대상은 '非衣女'로 글자 그대로 읽으면 옷을 입지 않은 여인이다. 실제로 그녀는 맨몸에 흰 간호부복을 걸쳐 에로틱한 의미로 보여진다.

(...) 정면으로 침대위의 詩人. 그 옆에 非衣女 흰 간호부복을 위에다 둘렀다.(...)

246) 앞 장에서 살핀 바와 같이, 1921년(24세)에 쓰인 시, <내 어이하랴>와 그해 가을에 쓰인 것으로 추정되는 <회상>의 이미지와 동일한 것으로 보아 백의녀는 시인의 체험에 연유된 인물로 볼 수 있다.

同腹弟: (들어가 시인 얼굴에 키스하고 있는 非衣女를 잡아 떼며) 이 거머리! 고만 피빨구 그 흰 옷을 벗어버려.

非衣女: (억지로 옷을 벗는다.) 이것이 정직일까요.

(중략)

同題第: 나는 약한 사람! 오! (非衣女에게 몸을 주고 넘어진다.)

詩人 : 저게 무슨 짓이야! (일어나려 하며) 이 개들! 도야지들!

위의 장면을 '시인'이 '비의녀'와 쾌락에만 탐닉할 때, 비비가 등장하여 친구들과 '시인'의 상황을 관망하고 있는 '동복제'에게 시인을 찾아 나서자고 하여 '시인'을 만나게 되는 부분이다. 흰 간호부복을 두른 '비의녀'의 모습은 1921년의 시, <이국의 소녀>와 그해에 쓰인 일련의 시들[247]에서 보여지는 아름다운 사랑의 대상과 같은 이미지를 지녔다. 1920년 10월 5일의 일기와 1921년 11월 26일의 일기를 종합해 보면 수산은 '삭박 헤두베스'가 재발해서 안과에 다녔는데 거기서 간호원을 만나 에로스적 사랑을 나누었고 몸과 영혼의 위로를 받았다는 사실을 알 수 있다. 이처럼 과거의 에로스적 사랑의 경험이 '비의녀'라는 인물을 불러낼 수 있었을 것이다. 그러나 주인공 '시인'이 '아버지가 주던 금잔의 술'을 마시고 만난 '비의녀'도 '백의녀'처럼 어떤 성격도 없이 육체적 쾌락을 드러내기 위한 속성만 보여준다.

'시인'을 적극적으로 찾아 나선 비비는 '시인'이 '모'를 '칼로

247) <이단의 처녀와 방랑자>, <사랑의 가을>, <추사>, <애악곡>, <춘호행>, <봄의 연인> 등에서 시적 주체는 시적 대상을 통해 관능의 아름다움을 추구하고 쾌락에 몰두하고 있다.

찍으려 할' 때 말리면서 시인에게로 다가선다. 비비는 '시인'의 운명의 방향을 알고 그에게 새로운 삶의 자세까지 제시한다. 이렇게 시인이 세 번째로 만나는 대상인 '비비'의 의미를 살펴 보도록 한다.

> 비비: (뛰어 들어가며) 이건 왜 이러슈. (약빠르게 詩人을 잡아뉘며) 내 말 들어요. 착한 애! 세상이란 널판 뛰는 것에 불과해요. 오르거나 내리거나 죽거나 살거나 죽지 않고 살려면 한 번 튼튼하게 씩씩하게 日光처럼 밝게 살아보지 않으려우?
>
> 비비: 나? 당신 어머니 속에서 왔소. 또는 당신 속에서 나왔소. (詩人이 부정하려 한다.) 그것이 싫으면 어떤 늙은 愛蘭人 머리속에서 나왔다고 해 둘까. 어디서 왔기로 상관있소.
>
> 비비: (좀 냉정하게) 당신이 시인인 줄 알았더니 시인이 아니라 나운(noun, 名詞)뿐이오 그려. 나는 詩는 모르지만 이 한 말은 단언하겠소. 당신을 괴롭게 하는 것은 운명, 이상, 로맨스, 義외다.
>
> 비비: 글쎄 나 모양으로 지금이라도 離緣을 해버려요. 인연을 끊어 버려요. 그러면 날보고 달아나듯이 당신에게 어머니 권리는 못 내두를 테니까. 군두 뛰는 것으로만 알라니까 그래!

위 글에서처럼 '비비'는 어머니의 부분이기도 하고 시인 자신의 부분이기도 하며 버나드 쇼오의 부분이기도 하다. 앞에서 살펴 본 것처럼 '母'는 버나드 쇼오의 진화를 통한 초인 사상을 믿는 존재이고 또한 '母'는 주인공이 지향하는 정신이므로 결국 '비비'는 버나드 쇼오의 <워렌부인의 직업>에 등장하는 비비라고 할 수 있다. 버나드 쇼오의 '비비'라는 성격인 관념을 빌려와 <난파>에서 실제적인 인물로 움직여 나갔다는 사실은, '1890년대의 검소한 영국 중류계급의 여대학생복'을 입고 등장하는 '비비'의 모습에서도 확인된다. '비비'는 세상을 살아가는 것을 '널판 뛰는 것'에 불과한 것으로 바라보고, 오르거나 내리거나 살거나 죽거나 할 수밖에 없으므로 어차피 살려면 태양(일광)처럼 확실하게 살아야한다고 주장하고 있다. 이러한 '비비'의 모습은 강한 생명력을 추구하고자 하는 <산돼지>의 원봉의 모습과도 동일하다. '비비'는 생명력 추구를 통한 진화론을 강조하기 위해 등장해 <난파>가 의미하고자 하는 바를 직접 들어낸다. '비비'는 주인공 '시인'이 당면한 곤란-운명, 이상, 로맨스, 義-을 지적하며 진정한 시인이 되기 위해서는 중간에 머무르지 말고 널판을 굴러 뛰어 높이 오르듯이 살아야 한다고 주인공의 삶의 자세를 제시 한다. 또한 母를 비롯한 가족과의 인연까지 끊을 것을 피력한다. 이처럼 '비비'는 의지가 약한 주인공 시인의 이상적인 인간형이기도 하고 시인을 위로하는 인물이기도 하다. 그러나 비비가 등장한 후, '母'는 앞에서 살펴본 바와는 달리 그 의미가 상당히 축소된다.

> 비비: 있구 말구요. 손톱 끊는 것보다두, 더 힘없이 어머니와 離緣만해 버리면
>
> 詩人: 해보리다, 허지만 난 詩人예요. 보험통계서는 모릅니다. 양도증서 만들 줄도 모르고, 나는 과거를 꿈을 버릴 수 없습니다.

위 글에서 '비비'는 '母'와의 離緣을 주인공에게 강요하지만, '母'는 주인공 '시인'의 과거이며 꿈이다. 앞장에서 살펴본 것처럼 1920년 3월 5일의 일기를 보면, "꿈은 고향으로 달려가건만/ 꿈의 원천인 어머니를 위해선/ 어떤 꽃을 가지게 할까"라는 구절을 통해 '母'는 김우진이 추구하는 세계의 원형이다. 이 시는 원래 수산의 나이 18세 때인 1915년에 쓴 것이지만 1920년에 다시 기록한 것으로 보아 5년이라는 시간의 차이에도 불구하고 수산의 꿈의 원천은 언제나 어머니라는 것을 알 수 있다. 따라서 희곡 작품 속에서도 수산의 이러한 정신적 배경이 드러나는데, 1막의 추상적이고 이상적인 '母'가 2막, 3막에서는 개인적인 의미로 축소되어 나타난다.

母에게서 출발한 '비비'는 시인에게 母와의 결별을 강요하고 뜨겁고 강렬한 삶을 살아야 한다고 주장하지만, '시인'의 離緣 이후 '비비' 자신 역시 母와 무관하지 않아 그 실체가 사라져 버린다. 3막으로 가면 시인을 가장 잘 이해하고 위로하던 '비비'가 '카로노메'('옥색 옷으로 갈아입은 비비')로 바뀌어 등장하여 어머니와 사랑이 대상인 '카로노메'를 자연스럽게 연결시키고 있다.

> 詩人: (뜨거워지며) 비비!
>
> 詩人: 역시 내 카로노메! 카로노메!
>
> 카로노메: (폼을 수습한 후) 정신차리슈. 난 이 때문에 나온 게 아니예요. 난 습기 있는 강 위에서 다시 한 번 커지려고 나온 거예요.
>
> 詩人: 그러기에 비비랬지. 아 그러니까 한편으로는 비비두 되구. 또 한편으로는 (그녀 가까이 들여다보고는) 카로노메.

카로노메: (한심한 듯이) 당신이 없었더면 난 비비가 되지 못
했겠구료. 비비가 있었는지도 몰랐을 걸.
詩人: 또는 내가 당신이 아니었더면 카로노메를 찾고 있었던
것도 몰랐었겠지. 우리 어머니 미움을 받다 못해서.

'시인'의 주장과는 달리 '카로노메' 자신은 '비비'처럼 주인공의 어머니에게서 연유하지 않았음을 알고 있으나 주인공 '시인'에 의해 주인공이 이상적으로 생각하는 비비로 자신을 받아들이고 있다. '습기 있는 땅'에 모종된 나무처럼 튼튼하게 살기 위해 다시 이 세상에 왔다는 '가르노메'는 '이지의 환멸'을 느끼는 '시인'에게 '감추어져 있던 빛'인 생명력을 이야기하나 그 순간 '시인'은 난파하고 만다. '카로노메'는 '비비'를 통해 '시인'의 이상적인 여성이 되어 母와도 연결되지만, 母를 '개가 원숭이 미워하듯' 미워하면서 자신의 실체를 부인하기 때문에 '시인'의 본질과는 분리된 인물이다. 무엇보다도 카로노메는 '사랑의 불꽃을 준', 죽을 때도 '시인'이 이름 부를 사랑의 대상이다. '시인'이 인생의 암초를 '신'과 '사랑'이라 하면서 자신을 무신론자라고 하고 있어 주인공의 난파의 원인은 사랑에 있다고 할 수 있다. 따라서 주인공은 자신의 본질과 분리된 사랑을 의미하는 '카로노메'에 의해 생의 이지력을 추구하지 못한 채 예정된 운명을 수행한 것이다.

이렇게 본다면 작품에서의 '母'는 '시인'을 움직여 나가는 총체적인 어떤 힘이라 할 수 있으며 그 가능성도 상당히 역동적이어서 지극히 축소되면 어머니라는 실체일 수 있으나 점층적으로 생각해 보면 꿈의 원천이고 과거의 모든 힘이며 미래의

방향을 제시하는 기운이며 운명인 것이다. 이에 비해 '카로노메'는 '母'와 달리 구체적 인물로, 현재의 구원을 의미하는 가시적인 사랑의 대상이다.

> 詩人: ......당신이 처음으로 당신 어머니 생각을 한 제가 언제요.
> 카로노메: 왜?
> 詩人: 뒷담 옆 나무에 구렁이 올라가는 것을 보았을 때 아니요?
> 카로노메: 아-냐. 날 다른 이가 男服시켜서 서당에 보낼 때예요. 性을 감추려고.

위의 글로 보아 카로노메는 유교 문화를 배경으로 성장한 여성이다. 남성이 아니므로 성적 차별을 받은 적이 있거나 그로 인한 성적 억압을 받은 실제적인 인물이다. 수산이 지문에서 '카로노메'는 베르디의 오페라 '리골레또'에서 따온 것이라고 하지만, 이러한 인물은 이 오페라에 등장하는 인물이나 성격이 아니고 여주인공 질다가 부르는 사랑의 아리아에 언급된 것으로 '카로노메'는 이 곡을 불렀던 인물에 대한 사랑을 표시하기 위해, 이 곡을 부른 대상을 대유적으로 표현 한 것으로 보인다. 실제로 수산이 사랑했고 같이 현해탄에 동반 자살한 윤심덕은 소프라노 가수였으므로 그녀가 이 아리아를 열정적으로 불렀으리라는 가능성도 배제할 수 없다. 그렇다면 사랑의 이름인 카로노메는 윤심덕의 다른 이름이다.

지금까지의 사실과 허구를 종합해 보면 '시인'의 마지막 여정을 의미하는 사랑의 대상인 '카로노메'는 그 자체의 힘만으로 주인공을 사로잡은 것이 아니며, 다른 인물과 구별된 어떤 성격을 지닌 것도 아니다. '시인'이 그를 사랑하게 된 것은 이전까지의 그를 움직인 기운들의 결과이다. 또한 '카로노메'는 어떤 성격이 아닌 사랑 그 자체를 의미하는 것이고, 성격이라 할지라도 살아 움직이는 인물로 형상화 한 것이 아닌 실제 인물의 속성만 빌려와 이름 붙인 것이라 할 수 있다.

<난파>에 등장하는 인물들은 주인공을 중심으로 모두 하나의 속성으로만 나타났다가 사라져 관념적인 면모만을 지녔다. 이것은 마치 중세의 도덕극 <만인(Every man)>과 마찬가지로 '우정'이나 '명예', '자비' 등과 같이 관념적인 속성을 인물로 형상화했다고 볼 수 있다. 물론 표현주의 극에 등장하는 인물이 유형화 된 인물이 많다고 하나 여타의 표현주의 극에서의 인물은 보편적인 인물의 유형화라 한다면 <난파>에 등장하는 인물은 직접적이든 간접적이든 작가의 체험 속에서 특수하게 형성된, 유형하된 인물들뿐이다. 따라서 <난파>에 등장하는 인물들을 통해 작가는 자신의 정신 자체를 가시화한 것이라 할 수 있다.

### 2) 생명력 추구

지금까지 살펴본 것처럼 주관적인 등장인물을 통해 작가가 의도한 것은 자아의 확인인데 주인공 '시인'이 처음부터 가지고 있던 갈등은 끝내 해결되지 못한 채 작품이 끝난다. 먼저 '난파'의 의미를 살펴보면, 제목인 '난파'는 배가 폭풍우나 암초에 의해 뒤집히거나 좌초하는 것을 의미하지만 이 극에서는 정신적인 의미의 '난파'를 비유적으로 쓴 것임을 쉽게 알 수 있다. 그런데 '난파'한 것은 주인공 자신일 뿐, 주인공을 둘러싼 사회나 환경은 아니다. 흔히 극의 제목이 극이 이루어지고 있는 환경 혹은 소재적 측면이나 주제적 측면에서 이루어지는 것과는 달리, '난파'는 개인의 성격과 정신적 상황을 의미하기 때문에 독특하다. 주관적인 극으로 평가받는 독일 표현주의 극에서도 제목은 소재적 측면에서 다루어 상징이 되는 경우가 많은데 수산의 표현주의 극 <난파>에서는 '난파'를 통한 정신의 상황을 보여주고 있으므로 작가의 주관적인 경향을 그대로 드러낸 것이라 볼 수 있다.

주인공 '시인'의 갈등은 자신의 불안정성을 극복하려는 의지의 갈망과 그러한 의지를 추구할 수 있는 힘을 갖고자 하는 욕망에 있다. 다시 말하면 극의 도입부에서 '시인'이 "(소리를 버럭 지르며) 난 어머니를 욕하오. 저주하오. 이 인간을 왜 이 모양으로 만들어 냈소. 당초에 그만 두든지 그렇잖으면 어여쁘게 곱게 흠 없게 모든 것에 꼭 들어맞도록 만들어보지. 그러고도 어머니라 하오?"라면서 '현재에 주어진 자신'을 거부한다. 지금까지 연구에서 말해온 아버지와 신주가 강요하는 아들노릇 손자노릇은 갈등을 첨예하게 만들지만 갈등의 근본적인 요인은 아니다. 주인공이 긍정적으로 자신을 인식했다면 '효'와 '부의 뜻 계승'과 같이 갈등의 원인이 외부적 요인에 있다고 할 수 있겠으나 주인공이 스스로에게 불만을 느끼고 있기 때문에 갈등의 원인은 주인공 자신의 내면적 요인에 있을 수밖에 없다. 다른 식으로 표현하면 그것은 '시인'의 운명이기도 하다.

詩人: 그러기에 말예요. 왜 그러면서도 나를 이렇게 未成業으로 그 것도 흠점만 있게 만들어 냈냐 말예요.

母 : 그것이 世人이 부르는 운명이란다. 나로 해서는 단지 내 책무를 다 했을 뿐이지. (하략)

위에서 불완전성을 운명이라고 하고 있는 '모'가 '情人으로 삼은 버나드 쇼오'를 보는 수산의 시선을 보면 운명을 명확히 알 수 있다.

......나는 생명력이 인간의 능력을 넘어선 우주의 능력이라고 믿으며, 그것을 설명하기 어려운 초자연적인 것이라고 믿는다. 그리이스의 극작가들은 그것을 운명이라고 불렀을지도 모른다. (중략) 이러한 세상에 피할 수 없는 운명에 대한 긍정과 생명력과의 연계는 존재의 개념을 사용하는 것을 가능하게 하는 총명한 것이었다. 생명력에 의해 타고난 임무를 수행할 수 있는 철학자의 두뇌를 갖고 태어난 자는 지상에 소위 '에덴동산'이라 불리는 왕국을 건설할 수 있는 유일한 건축자이다.248)

윗 글에서 수산은 생명력을 운명에 대한 긍정과 동일하게 보고 있다. 생명력을 수행해야 할 운명으로 태어난 '시인'은 자신의 운명을 받아들일 때 세계를 위해 새로운 왕국을 불러올 수

248) "I for one belive the Life Force is the cosmic entity beyond human power, and it is mystical, in a great degree, for explanation. A Greek dramatist might have called it the Fate." (『金祐鎭 全集 Ⅱ』, p.137)
"And these affirmation of the inevitable destiny on the earth and co-operate with the Life Force is intelligent enough to get the possible use of existence. Being made philosophic brain by the Life Force to carry on its in nate work, he is the only master builder of the so-called "Garden-of-Edenism" possible on the earth. (『金祐鎭 全集 Ⅱ』, p.140)

있는 유일한 인간이다. 따라서 그는 타고난 생명력을 추구하기 위해 운명을 긍정해야 한다. 이와 같은 배경 속에서 1막 끝에 이르면 '모'는 불완전함을 극복하기 위해, 갈등을 해결하기 위해, 투쟁의 장본인인 '시인'에게 '이름 부를 사람을 구하기 위해' 나가라고 한 것이다. 즉 '시인'이 수행해야할 운명을 추구하라는 것이다. '시인'이 나가는 곳은, 막연하게는 세상이라고 할 수 있으나, 구체적으로 보면 그는 어머니에게서 분리되어 혼자서 세상과 대응해야 하는 곳으로 나가는 것이다. 하지만 이 나가는 곳은 장소적 개념도 아니고 공간으로 다다를 수 있는 곳이 아니다. 이 곳은 시인이 경험한 일상적이고 습관적인 현실의 붕괴를 의미한다고 볼 수 있다. 베르그송의 언어로 표현하면 '절대 시간'을 위한 창조적 시간 속으로 걸어가는 것이다. 따라서 2막과 3막에서 주인공은 자신을 둘러싼 현실이 붕괴된 후, 새로운 현실을 창조적으로 구축하기 위해 다양하게 모색하고 있는 것이다. 하지만 이것은 자신의 내면의 문제이기 때문에 타인을 통하거나 외부적 여건을 통해 해결할 문제가 아니라 자신의 변화를 통해 해결해야 할 문제인 것이다. 주인공이 작품 속에서 추구해 나가는 과정은 생명적 자아의 추구이므로 그는 이제 불완전에서 완전을 얻을 수 있는 진화의 길로, 정신적 미성숙에서 성숙에 닿을 수 있는 이성의 길로 향하였다고 볼 수 있다. 이러한 면모는 앞에서 언급한 표현주의 극의 특징인 순례 형식과도 맞물리는데, <난파>를 통해 나타난 순례 과정을 구체적으로 살펴보기로 한다.

'시인'은 시인으로서 일상의 시간을 떠나, 그리고 그의 과거의 모든 기억을 벗어나 처음으로 '백의녀'를 만난다. 그녀는 애상적 죽음을 의미하기 위해 등장하여 죽음을 간접으로 체험하게 하나 죽음을 소재 이상의 경험으로까지 '시인'을 이끌지는 못한다. 따라서 주인공은 또 다른 모색의 길을 떠나 '비의녀'를 만나게 된다. '비의녀'는 육체적 환락과 쾌락을 의미하며 '시인'을 더욱 혼란 속으로 몰아넣는다. 인간은 육신을 지닌 인간이므로 영원히 해결 할 수 없는 것이 성적 욕망이며, 그 욕망을 통해 최고의 환락을 얻는다면 종교적인 의미를 대신할 수도 있다. 그러나 이성적인 존재인 '비비'의 출현은 주인공을 지금까지의 세계에서 벗어나게 한다.

'비비'는 인간의 '이지력'을 강요하면서 '생은 고두 뛰는 것', '생명력'을 추구하는 것으로 생의 의미를 삼아야 한다고 주장한다. '비비'를 이성적 존재로 규정짓는 것은 수산이 버나드 쇼오의 생명력을 의지가 아닌 이성으로 보는 것에 의거한다.[249) 인간의 진보를 믿고 직관에 의해 더 나은 세계로 나아가기를 원했던 주인공은 이곳에서 탐색을 멈추어야만 한다. 그러나 김우진은 관념적 '비비'를 육체를 지닌 인간을 통해 그려보고자 했으며 버나드 쇼오의 '비비'를 자신의 '비비'로 나타내고자 함으로써 자신이 바라보는 버나드 쇼오의 <인간과 초인>의 한계를 극복하고자 한다.

> 결과적으로 쇼는 '인간과 초인'에서 논리적인 결론에 도달하지 못했을 뿐 아니라 드라마적 특성을 보여주는데도 실패했다. 우리는 그가 조금만 더 로맨스를 인내할 수 있었다면

---

249) "Even his theory of the Life Force is the Reason, not Will (which I will study fully later)." (『金祐鎭 全集 Ⅱ』, p.124.)

이 코메디가 훨씬 더 훌륭한 걸작이 되었으리라는 것을 짐작할 수 있다.(...) 로맨스의 에로틱한 영향력은 남자가(또는 여자가) 우수한 민족을 번식시키는 기능에 있어 치명적이다. 지옥의 돈 후안은 쇼가 그랬던 것처럼 사랑과 사랑의 아름다움, 신성함, 숭고함을 "단지 상상으로 꾸며낸 방탕함"이라고 비난하고 있다.(...) 그러므로 우리는 쇼가 로맨스를 인간 이성의 자연스러운 감정 중에 하나라는 사실을 저버린 이유는, 로맨스 그 자체 때문이 아니라 그것이 남자와 여자에게 미치는 영향 때문이라는 사실을 잊어서는 안 된다.(...) 그러나 우리는 또한 그가 로맨스의 좋은 정서적 영향은 고사하고 진정한 로맨스를 인식하는데 실패했음을 알아야 한다. 그것은 그의 금욕주의에 기인하는데, 현대 예술과 영국 중산층에 대한 뛰어난 비평과, 마침내는 '인간과 초인'이라는 대작을 낳는다. (중략) 캔디다, 비비, 돌리 크램튼 등 쇼의 여자들은 몇몇 비평가들이 말하듯 비현실적이다. 왜냐하면 그들은, 비록 쇼의 세계에서는 매력적일지 몰라도 현대 여성이 아닌 꼭두각시에 불과하기 때문이다.(...) 그는 아마도, 캔디다, 앤, 비비를 만들었듯이, 감성이나 느낌을 갖고 있음에도 불구하고 인류를 말벌과 꿀벌로 만들고 싶어 했던 것 같다.(...) 결혼한 사람들의 행동에 대한 그의 어두운 추측들과 더 나은 민족을 출산한다는 고귀한 목표 없이, 성 관계 자체만을 즐기는 사람들에 대한 통렬한 비판을 읽어보면 초기 기독교인 은둔자나 실용주의 유학자들을 상상할 수 있을 것이다. 그는 체질적으로 금욕주의자이며 그것은 그의 철학 속에 금욕주의적 이상으로 나타난다.[250]

---

250) Consequently not only Shaw failed in logical deduction but he weakened the dramatic characterization in Man and Superman. We can imagine that if only he could tolerate romance a whit more, this comedy would have been a more excellent masterpiece. (『金祐鎭全集Ⅱ』, pp.124~125) (...)

김우진의 버나드 쇼오에 대한 평가 중, 생명력의 추구와 같은 긍정적인 면은 김우진 자신의 작품에 그대로 반영하고 있지만 윗글에서 드러난 바와 같이 로맨스를 부정하는 면모나 금욕주의적인 면모는 김우진 작품에서는 극복의 대상이 되고 있다. 그러므로 김우진은 로맨스를 긍정하는 내용을 자신의 작품에서 형상화하려고 했다고 볼 수 있다. 즉 '비비'는 이성을 가지고 있지만 로맨스와 미의 세계를 거부하기[251] 때문에 그 자체로서

---

The erotic influence of romance on one is fatal to the function of his or her propagating the good race. Don Juan in Hell accuses love, as Shaw did, its beauty, its holiness, its spirituality as "sheer imaginative debauchery." (…) Thus we must not forget that romance which is one of the natural sentiment of human mind was discarded by Shaw not for its own sake but for its. prevailing influence over man and woman. (위의 책, p.126.) (…) But he failed, we must know, to discertain [discern] the true romance, much less its effect on good sentiment. This is originated in his Aesceticism [Asceticism], bringing forth such brilliant criticism· on modem art, English middle class life, and finally the voluminous Man and Superman. (위의 책, p.127) (중략) Candida, Vivie, Dolly Crampton, all Shavianly woman are unreal as some critics said, because they are not modern woman but the puppets, however charming, of Shavian world. (위의 책, p.146) (…) He only wanted, it seems, to reconstruct human race, even its sentiment and feeling, into the wasps and bees as he made Candida, Ann or Vivie. (...) You can imagine an early christian hermit or pragmatistic Confucian, when you read his dark surmises about the conduct of married people, and his scathing censures of the people who would enjoy intercourse for its own sake, without a high intentional purpose of propagating the superior races. He is temperamentaly an ascetic, and subsequently it came to an ascetic ideal in his philosophy. (위의 책, p.147)

251) 프렌드: 당신 말씀에 피가 서늘해집니다. 당신은 평생에 로맨스를, 美를, 안 가져볼 작정입니까.
비비: 나 죄다 싫어요, 정말.

는 매력이 있을지 모르나 김우진이 보기에는 한계가 있는 인물이었다. 따라서 김우진은 자신의 작품에서 이러한 '비비'의 한계를 극복하여 사랑의 대상을 갈구하는 방향으로 작품을 이끌었다. 그렇기 때문에 '비비'의 속성을 지녔지만 '비비'와는 구별된 이름의 '카로노메'가 등장하는데 '카로노메'는 사랑 그 자체이다.

> Ca-ro No-me! 잊지 못할 네 이름! / 내 가슴 속 깊이깊이 들어온! 네 이름 그리워라! / 가슴에 불 지르고, / 마음에 끄지 못할 / 사랑의 불꽃을 준!
> 잊혀질 새 없이 / 이내 맘 그리워라 / 아! 죽을 그때에도 / 내 이름을 부르련다!
> 살아 있을 동안도 / 이 내 맘 그리워라. / 네 이름만 부르련다. / 죽어 가는 그 때에도!

유고를 그대로 편집한 전집에는 카로노메를 부르는 노래는 <난파>의 서시처럼 제목 바로 밑에 놓여 있다. 이 노래는 각각의 막이 끝날 때나 의미심장한 등장인물의 등·퇴장 시 불리어 작품의 분위기를 이끌어 간다. 결국 사랑을 갈구하기 위한 이 노래로 <난파>의 의미는 사랑으로 모아진다고 볼 수 있다.

자신이 '비비'인 줄 모르는 주인공이 사랑하는 여인 '카로노메'는 '비비'처럼 생을 '튼튼하게 씩씩하게' 살아나갈 것을 '시인'에게 강요하나 '시인'은 '이지의 환멸'만을 느낀다. 그리고 그는 인생은 '얄궂은 것'일 뿐이라는 삶의 허위의식까지 느낀

(『金祐鎭 全集 I』, p.139. 김우진이 번역한 <워렌 부인의 직업> 중에서.)

뒤 난파한다. 주인공 '시인'에게 인생의 암초는 '신과 사랑'인데 주인공은 자신이 무신론자임을 수차 밝힘으로써 1차적 의미로는 사랑이라는 암초에 걸려 난파한 것이다. 이렇게 생명력 추구라는 관념을 개인적인 사랑으로 해결하려는 수산의 의도는, 버나드 쇼오의 생명력이 오로지 인류애적이고 공리적인 것만 의미하는 데에 반기를 들고 극복하려고 한 것이지만 자신의 의도와는 거리를 지닐 수밖에 없다. 작가의 관념과 현실의 차이는 주인공 '시인'을 감정적으로만 대응하게 하여 결국 난파하게 한 것이다. 그러나 아이러니컬하게도 '시인'은 난파 이후에 '모'에세로 귀환하여 새로운 생명력 추구의 가능성을 보여주면서 작품은 끝이 난다. 비극적으로 구성된 <난파>를 감정 대신 정신으로 마주하게 하는 이러한 면은 쇼펜하우어의 사고와 관계가 있다.

> 인간은 노력에 노력을 기울이고, 슬기를 다하여 이 바다를 헤쳐나갈 수 있다고 하더라도 한 발짝 내어 디딜 적마다 피할 길 없고 돌이킬 수 없는 난파에 직접 더 가까이 다가간다는 것을, 아니 난파 즉 죽음을 향해 항해를 계속하고 있다는 것을 알고 있다. 죽음이야말로 고난에 가득 찬 항해의 최종 목표이며, 인간으로서 피해도 모든 암초보다 더욱 악질적인 것이다.
>
> — <의지와 표상으로서의 세계>[252]

<난파>는 쇼펜하우어처럼 삶을 죽음을 향한 '난파'로 본다. 그러나 '시인'은 난파 후 모태 속에서 새로운 출발을 예비한다.

---

252) 쇼펜하우어, 김충기 역, 『의지와 표상으로서의 세계』, 집문당, 1979, p.55.

현재 안에 미래가 수용되어 있는 것은 베르그송의 시간 개념인 지속에 의거한 것이다.

지금까지의 '시인'의 순례를 보면, '감상적 죽음'의 세계에서 '육체적 쾌락'의 세계를 거쳐 '이성을 통한 생의 비약'에 이르나 '사랑'으로써 이지의 환멸을, 생명의 허구를 인식하게 된다. <난파>는 '시인'으로 등장하는 주인공의 생명력 추구 과정을 형상화시킨 것이지만 행동이 없는 추구과정만을 보여준다. 왜냐하면 이러한 각각의 세계는 다른 공간에 위치하여 이동을 통해 마주치는 곳이 아니고 '시인'의 관념 속에 자리하고 있는 곳이기 때문이다. 그러므로 각각의 세계에서 벌어지는 구체적인 사건이 없고, 관념적 생명력의 추구는 난파할 수밖에 없다. 주인공이 자신을 환멸에 떨게 했던 닫힌 세계의 질서와 윤리를 대신할 창조적인 세계를 만날 수 없었던 이유도 여기에 있다. 또한 '시인'이 마지막에 만난 사랑은 새로운 종교적 인류애의 추구가 아닌 이상 구태의연한 세계를 그대로 담을 수밖에 없을 뿐이고 자신의 본질과도 분리된 세계이다. 김우진은 버나드 쇼오의 생명력 추구가 인간 개인을 위한 것이 아니라 인간이라는 종족을 위한 것이라는데 반기를 들었지만, 결국 김우진 식의 개인을 위한 구원이라는 것은 한계를 지닐 수밖에 없음을 드러낸다. 또한 표현주의자들의 자아추구도 세계와의 관계에서 이루어지는데 김우진의 '시인'은 오로지 개인의 자아만 추구하기 때문에 표현주의 극으로서도 성공을 못한 것이다.

하지만 김우진은 난파를 역설적으로 표현함으로써 독특한 세계의식을 보여 주고 있다. 이는 생명이 육체적 소멸 이후에도 지속된다는 베르그송의 인식을 바탕으로 한 결과이기도 한다.

따라서 '난파'는 주인공이 처음에 지상에 떨어진 영혼과 육체가 분리되기 이전의 상태를 의미한다고 볼 수 있다. 어떠한 정신적 배경 없이 태초의 상태로 환원한 것이다. 이 생명의 기운은 때가 오면 처음부터 다시 생명력을 추구하여야 할 것이다. 결국 김우진은 <난파>를 통해 표현주의자로서의 면모를 보여주는 동시에 생명력을 믿는 진화론자의 면모를 보여주었다고 할 수 있다. 이는 수산이, 인간의 현재가 원시적인 상태에서 의지와 이성을 바탕으로 진화를 거듭해 왔다고 보는 버나드 쇼오나 베르그송의 견해에 철저히 동조했다는 사실을 보여준다.

## 03 / 물질의 영역에서 정신의 영역으로 - <이영녀>

그간 <이영녀>는 자연주의적[253]이거나 사실주의적[254]인 면을 규명하기 위해 연구된 바 있었지만, 김우진의 다른 작품들에 나타난 표현주의적인 면이나 생명력 추구와 관련된 연구는 거의 이루어지지 않았다. 문학 작품을 어떤 사조와 관련지어 규정짓는 일은 그 작품이 가지고 있는 많은 가능성을 사장시키는 결과를 가져온다는 것은 주지의 사실이다. 유파 자체보다 유파가 표방하는 이념이나 특징의 포함 여부를 놓고 작가 정신의 방향을 살펴본다면 각 작품에 대한 명확한 의미를 파악할 수 있으리라 본다. 다시 말하면 <이영녀>에 대한 그간의 평가가 1920년 당대 식민지 현실의 문제를 객관적으로 형상화하고 가시적 현실의 문제 극복 여하에 의미를 두었다면, 이제는 김우진이 다른 작품들에서 보여주었던 내면의식과 자아의 문제, 나아가 생명력의 문제를 <이영녀>에서도 추출해 볼 수 있을 것이다. 이러한 가능성은 김우진이 근대극을 소개하면서 근대극은 '인류의 영혼의 解放救濟를 사명'[255]으로 삼아야 할 것을 주창함으로써 19세기 서양의 근대극 운동이 자연주의 극과 사실주의 극을 전개시킨 것과 달리, 20세기에 전개되고 있는 표현주의 극을 근대극의 사명으로 내세웠다는 점에서 더욱 확고해

253) 유민영, 앞의 책, p.137.
254) 서연호, 앞의 책, p.117.
255) 『金祐鎭 全集 Ⅱ』, p.119.

진다. 또한 김우진은 1925년 8월에 발표한 <창작을 권합네다>에서도 자기 자신에게 철저하게, 인생의 전면을 '직관'하는 창작생활을 표방했고, 독일 표현주의 극과 같은 극이 우리 땅에서도 이루어지길 주장했다. 이는 그의 정신의 근본적인 방향이 직관에 의존하고 영혼의 구제를 믿는 표현주의자들과 같다고 볼 수 있다. 따라서 1925년 9월에 탈고된 <이영녀>는 당대의 현실적 사회적 문제에 대한 이야기일지라도 김우진 자신이 제시한 창작의 방향에 의해 형상화되었고, 그 문제도 객관적인 현실인식의 틀로써가 아닌 김우진이 믿는 예술로서 영혼을 구제하려는 신념과 정신에 의해 해결된다.

<이영녀>에 나타난 정신적인 면을 구체적으로 규명하기 위해 먼저 줄거리를 살펴보기로 한다. 1막에서 영녀는 남편이 있는데도 생활과 아이들의 교육을 위해 안숙이라는 포주 밑에서 밀매음을 하다가 경찰에 잡혀간다. 2막에서는 영녀가 등장하지 않은 채, 도유지인 강영원의 행랑채에서 더부살이하는 문간지기 부부, 행랑할멈, 인력거군 등이 등장하여 강영원이 영녀에게 첩이 될 것을 권하고 있다는 이야기를 주고받을 때 가난 때문에 아내를 팔아먹은 날품팔이 임도윤이 등장하여 영녀의 남편이 죽었다는 사실을 전한다. 영녀는 강영원의 주선으로 그의 행랑채에 살게 되었으며, 그의 면화공장에서 일하는 처지이므로 영녀의 갈등의 국면이 필요하나 극중에는 어떠한 갈등도 나타나지 않고, 강영원의 요구를 거절한 것이 암시되며, 대신 영녀는 공장감독의 인권침해로 인해 그와 싸웠다는 것과 해고당했다는 결과만 보고하고 있다. 3막에서는 강영원의 집에서 쫓겨난 영녀가 가난한 노동자와 재혼하여 육욕에 희생되어 죽어

가는 과정이 나타나는데, 죽어가는 순간 영녀의 '생의 리듬'을 발견한다. 그녀가 죽은 줄도 모르는 그녀의 딸 명순과 기일의 처가 자유연애와 결혼에 관한 대화를 주고받을 때 극은 끝난다.

이상의 간단한 줄거리를 통해서도 알 수 있듯이 수산은 1막에서는 매음녀의 삶을, 2막에서는 공장노동자 등 하층계층의 삶을, 3막에서는 죽어가는 영녀의 '생의 리듬' 발견과 영녀의 딸 명순을 통한 새로운 여성의 가능성을 보여주고 있다. 1막과 2막은 어느 정도 유기적 관계를 맺고 있다고 할 수 있지만 구체적인 영녀의 갈등 양상은 나타나지 않기 때문에 작가의 관념을 그대로 표출시켰다고 볼 수 있다. 3막은 이제껏 보여주었던 영녀의 삶과는 무관하게 남성의 성적횡포에 고통 받는 여성의 현실과 그에 대응하려는 신세대 여성의 모습이 그려지고 있는데, 이는 김우진이 창작의 테마로 설정한 여성의 '연애, 결혼, 모성, 경제적, 사회적 문제' 등을 <이영녀>라는 극에서 그대로 실현시킨 것으로 보아야 할 것이다. 이러한 수산 김우진의 관념지배 경향은 생생한 성격 창조를 억압해 관념 자체인 인물을 등장시켰으며 극을 유기적으로 이끌어 갈 수 없도록 작용하고 있다. 다음의 장황한 인물에 대한 설명과 묘사, 상황 제시 등에서도 작가의 관념지배는 확인된다.

28세지만 30세를 넘어 보일 만큼 얼굴이 應棒하다, 多塵과 生活難으로 살은 여위고 얼굴에는 노동계급에 항상 있는 검푸른 듯한 혈색 없는 빛을 가졌다. 그러나 커다란 두 눈에 잠긴 **정숙스러운** 광채와 전체의 조화 잡힌 체격과 얼굴을 덮어 누를 만큼 숱 많은 머리털에는 이성을 끄는 청춘의 힘이 흘러 넘친다. 머리에는 반지르하게 기름을 바르고 여러 날 입은 주름잡힌 모시 치마와 흰 적삼, 맨발에 고무신을 신었다.

**굳세면서도 남을 한 품에 끌어안아서 어루만져 위안을 줄 듯한 어떤 여성의 독특한 사랑이 넘친다. 동작과 언어에는 힘센 일종의 선율이 있다. 이것은 생활상, 경제상, 매매상, 노역상으로 받은 고난과 또는 다수한 남자와 교제한 끝에 자연히 나온 자기방위의 숙련으로 인하여 얻은 개성이 힘이다.**

위 지문은 작자의 의도가 지배적이라는 것을 암시한다. 이러한 작가의 주관적 관념(굵은 명조체 부분)의 지배는 이 작품이 자연주의 작품으로 지녀야 할 객관성이 결여되어 있음을 보여준다. 즉 영녀는 당대의 객관적·전형적 매음녀가 아니라 수산이 만들어 놓은 매음녀로서[256] 작가의 비견을 지닌 인물이다.[257] 왜냐하면 1막의 영녀는 부당한 대우[258]를 받는 저임금 노동자

---

256) "매음이란 여자의 타락과 남자의 방탕에 의한 것이 아니라, 단지 여자에게 창피할 정도로 저 임금을 지급하고, 또 무시하고 학대함으로써, 가난에 쪼들린 여인들의 육체와 영혼을 살리기 위해서 매음을 행하지 않을 수 없다는 사실에......"(Shaw, Selected Plays, v, Ⅲ, p.3, Preface to Mrs. Warren's Profession)라고 버나드 쇼오가 밝힌 <워렌 부인의 직업>의 집필 동기에서와 마찬가지로 수산도 매음녀를 단순한 가난의 해결방법으로나 성적 윤리의식으로 접근했다기보다는 부당한 저임금 노동자로 바라보았다고 볼 수 있다.

257) 수산은 「我觀 '계급문학'과 비평가」에서 김동인의 <감자>를 평하면서 '주의'와 '주장'이 부족하다고 지적했다. 따라서 <이영녀>에서 수산은 자신의 '주의'와 '주장'을 실현시킬 인물을 그려냈다고 볼 수 있다.

258) 영녀: 암만 이런 짓을 하고 지낸다 해도 오늘 저녁 같은 짓은 죽으면 죽었지 다시는 안 당할라우. (더러워 못 견디는 듯이 침을 탁 뱉는다.) 영녀: 인제 당초 그런 자식들하고는 이야기도 내놓지 마시오. (한참 있다가) 아 그놈의 자식 저는 건넛방에 앉아서 뭇놈들을 번을 세우면서 들여보내니 당초에 사람이 당할 짓이요? 이것이.

인 매음녀이지만 2막에서는 생계수단이 아닌 부도덕한 매음과 부당한 노동을 거부하는 인물로 그려지고 3막에서는 육체적으로는 소멸해가지만 '생의 리듬'을 발견하는, 발전하는 인물이다.

永女: (明順이가 문을 닫으려고 한다.) 그대로 열어둬라.

明順: 해나 뜨거든 열어 놀라요. (닫으라는 말이 나오기를 기다리는 듯이 가만히 서 있다. 그러나 아무 대답이 없다. 明順이가 그대로 열어 놓고 부엌으로 들어 갈 때까지 永女는 明順의 얼굴을 힘있게 어머니의 사랑보다도 천고의 비밀을 응시하는 듯이 바라보고 있다.)

永女: (힘없이 눈동자를 옮겨 또 한참 동안 동트는 편을 바라보고 앉았다. 얼굴에 두 눈에 점점 생기가 돌아온다. 이불을 헤쳐 걷어 놓고 문턱 앞까지 와서 앉는다. 극히 느린 동작에는 형편없는 정령의 존재만이 보이는 것 같다. 밑이 없이 뜨고 무한히 가늘게 형체가 없고 다만 면만 어렴풋이 밝아 오는 薄闇中에 하얗게 보인다. 점점 무대가 밝아 온다. 흰 얼굴빛 위에 死面 같으나 生의 리듬이 돈다. 忽地에 먼 나라의 꿈 안 동작 모양으로 힘없이 소리 없이 극히 자연스럽게 왼편으로 넘어진다. 아주 정밀한 수 분간.)

주인공 영녀가 죽어 가는 순간은 '문'을 열고 우주를 받아들이는 순간이다. 그녀는 딸의 얼굴을 어머니의 사랑으로서가 아닌 천고의 비밀을 응시하듯이 바라보며, 또 생의 리듬을 발견한다. 이것은 열린 세계를 향해 움직이던 주인공이 비로소 낡은 세계를 벗어나서 새로운 생명과 사랑을 창조하는 순간이라 할 수 있다. 그녀가 벗어나려 했던 낡은 세계는 진정한 인간에 대한 배려와 사랑이 없기에 오직 합리적인 지성에 의한 예측된 미래만이 통용되는 곳이자, 개인의 개성이 말살되는 곳이며, 모든 것이 물질로 평가되는 곳이다. 이러한 세계는 단순히 물질만 궁핍한 곳이 아니고 인격과 정신의 성숙이 멈춘 곳이다.

> 永女: (얼굴에 치마끈을 대고 운다.) 고만 두시오, 고만 둬라우. 다 듣기 싫소. 원수의 돈! 원수의 돈! (고개를 들어) 내가 그래 개만고 못하오? 나 싫다는데 왜, 왜. (턱을 떨면서 소리를 지른다.)
>
> 永女: (기일이는 못 본 체하고) 오늘 또 공장감독하고 싸우고 왔소. 어찌 사람을 개, 돼지 모양으로 부리는지 몇몇이 공론을 하고 대꾸를 해 줬다우. 사람이 참을 수가 있어야지. 괜시리 사람을 이리 오라 저리 오라 해 놓고는 조금만 말을 안 들어도 당장에 벼락이 나오구려. 죽교리에 있는 이는 고운 그 불퉁이를 발갛게 얻어맞고 쫓겨났다우.
>
> 기일: 다다다 그런 속이 있는 법이라우. (몸짓을 하면서) 다 그렇고 그렇지 않은가?.......
>
> 기일: (소리를 버럭 지르며) 무식? 여보 말 마오. 모두 요놈의 세상이 시키는 줄을 모르시오. 우선 나부터라도 제 땀 흘려가면서 제 밥구녕 제가 뚫는 것보다 돈 있는 놈에게 알짱거려서 공것 먹으면 그만 아니오. 공것! 분수없는 공것 아니면 못사는 세상이니 누가 안 바랜다우!
>
> 柳서방: .,.....글세 - 좀 염치를 차려! 나 혼자만 밤낮으로 일을 하란 말인가? 괜시리 쓸 데 없는 헛궁리만 말고. 우선 눈앞을 차려야지! 눈앞을!

위와 같이 닫힌도덕과 제도의 억압에서 벗어나 영녀는 생명의 비약으로 열린 세계를 본다. 베르그송에 의하면 열린 세계는 삶이 통합되지 않고 분절화하는 단순한 공간의 세계가 아니라 생의 리듬과 변화가 있는 약동의 세계이다. 이 약동의 세계는 삶을 지속으로 볼 때, 삶의 흐름 안에 내포되어 있는 직관으로 통찰할 수 있는데, 영녀는 죽는 순간에 마침내 약동의 세계를 본 것이다. 김우진은 영녀가 직관에 의해 진정한 변화를 얻고 진정한 자유를 얻은 것으로 극을 끝맺는다. 결국 김우진은 영녀를 통해 자신이 주창한대로 영혼의 해방을 구현한 것이다.

따라서 <이영녀>를 자연주의 극으로 또는 사실주의 극의 잣대로만 평가하여 영녀와 같은 주인공을 환경에 순응하여 그 환경에 의해 파괴된 인물이라고 보기는 어렵다. 위에서 살펴본 것처럼 영녀는 최악의 현실에서 점차 벗어나 그것을 극복하고 죽음을 통해 아이러니컬하게도 영혼의 해방을 얻고 있다고 할 수 있는데, 이는 달리 표현하면 물질의 영역에서 생명과 지속적 의식의 영역으로 나아갔다고 할 수 있다. 이것은 김우진이 자신의 수상과 비평에서 주창했던 새로운 인물의 창출과도 관련이 있으며, 작품의 완성도를 떠나 그가 '주의'나 '주장'면에서 김동인의 <감자> 이상의 작품을 쓰려고 계획했던 바를 여실히 보여주고 있는 셈이다. 마치 김우진 스스로가 <산돼지>를 자연주의, 사실주의, 상징주의, 표현주의 등이 혼합된 작품이라 규정했듯이 <이영녀>에도 같은 평가를 적용할 수 있으리라 본다.

김우진이 버나드 쇼오의 영향을 받았다는 사실은 이미 앞에서도 살펴 본 바이지만 특히 <이영녀>가 소재적 측면에서 <워렌 부인의 직업>의 영향을 받았다는 것은, 두 작품이 매춘부를 다루었다는 사실과 매춘의 이유가 자식의 학업을 위한 것이라는 공통점으로도 쉽게 확인된다. 또한 구성적인 측면에서 볼 때 극의 마지막 부분, 즉 이영녀의 생의 리듬 발견 이후, 작품의 흐름과는 무관하게 기일이네와 명순의 여성의 능동적인 삶에 대한 토론으로 극을 끝맺고 있음도 쇼오의 영향이라고 볼 수 있다. 김우진이 <이영녀>에서 영녀를 통해 여성의 사회적, 경제적, 성적 문제를 제기하기 위해 유기적으로 극을 구성하지 않은 것도 전통적인 극 구성법을 따르지 않는 버나드 쇼오와 유사하다.

> 당시 自然主義 내지는 寫實主義 作家들이 신봉한 '法'을 배격했다. 그리하여 그는 劇作에서도 클라이막스나 크라이시스 또는 大團圓이라고 하는 定石처럼 생각되었던 法을 무시하여 導入部, 狀況設定, 討論이라는 세 단계로 된 劇作術을 구사하였다."259)

위와 같은 평가에서도 알 수 있듯이 버나드 쇼오가 자연주의나 사실주의 구성원칙을 지키지 않고 문제의 도입과 상황제시, 토론이라는 구성원칙을 구현하였기 때문에, 수산도 같은 형식을 자신의 작품에 그대로 적용시켰다고 볼 수 있다. 그간 <이영녀>연구에서 구성이 서사적이라거나 전체적으로 유기성을 갖추지 못한 작품이라는 평가를 해 왔으나 쇼오의 극 구성을 고려하면 '주의'나 '주장'을 전달하려는 극에서는 그에 적당한 형식을 갖출 수밖에 없는 것이다. 당시 수산은 무엇보다도 쇼오

259) 이근삼, 『서양연극사』, 탐구당, 1985, p.240.

가 "극이란 공연 그 자체에 그쳐서는 안 되며 사회 개혁을 위한 수단이 되어야 한다고 주장한 것과 극이란 극작가의 주장과 견해를 솔직하게 표현하는데 그 생명이 있다고 주장"[260]한 것을 김우진은 자신의 작품 속에 반영할 정도로 버나드 쇼오에 밀착되어 있었다고 볼 수 있다.

260) 이근삼, 앞의 책, 같은 면.

## 04 / 아이러니적 현실 - <두더기 시인의 환멸>

단막극 <두더기 시인의 환멸>은 그 동안 자전적인 요소가 강한 작품으로 알려져 왔다. 제목과 관련해서 생각하면 주인공(두더기 시인)이외의 등장인물이 부정적으로 보인다. 그러나 작품을 다 읽고 나면 주인공이 환멸을 느끼는 모습마저 아이러니컬하게도 희화화되며 작품 내에 등장하는 모든 인물이 부정적으로 형상화된 것을 알 수 있다. 이것은 1920년대 지식인을 중심으로 한 인물군상들 모두가 모순된 가치관을 가지고 있었기에 식민지 현실이라는 민족적인 문제를 극복하기 이전에 해결해야 할 문제를 제시한 것으로 볼 수 있다.

막이 열리면 주인공 원영은 시를 쓰다가 그 시를 낭독한다. 그 시의 내용은 물결노니는 해변가에서 만난 어여쁜 님이 자신의 구질구질한 삶인 두더기[261] 냄새까지 몰아내리라는 것이다. 여기서 원영이는 님을 만나 "겨울이 못 가서 봄이 오고 가슴이 식기 前에 님이 왔어라"[262]라고 말하고 있어, 원영은 그 님을 감각적인 의미로 받아들이고 있다.

원영: 푸른 바다 백사 위에서 정자씨를 만났을 때 내 가슴은 졸지에 디어서 뛰어서 터질 뻔 했었구, 아까는 헌 누더기 널어놓은 안방 밉살스러운 아내 옆에서 이맛살을

261) 누더기(누더누덕 기운 헌 옷)의 경상, 전남 방언(표준 국어 대사전)
262) 『金祐鎮 全集 Ⅰ』, p.90.

찌푸리고 밥도 못 먹었구. 그리다가는 님을 한번 다시 생각해서 오늘 저녁 만날 일을 생각하니깐 내 靈은 뛰어서 천마가 공중을 달아나듯이 詩를 만들어 냈구려.

원영: 아 그러면 날더러 詩 쓰라고 만나 주는 게로군. 난 그러면 시 안 써도 좋으니까. (달려들어 키스를 한다.)

인용문에서 볼 수 있는 것처럼 '시인'은 한 여성을 통해서 삶의 행복을 느끼지만 행복의 원인을 육체적 쾌락에 두고 이다. 이 희곡이 희극이라는 점을 감안한다면 김우진은 '시인'의 태도를 부정적으로 그리고 있다고 볼 수 있는데, 이러한 면은 버나드 쇼오가 "사랑의 이름으로 로맨스가 가면을 쓰고 있다고 비난하면서 성 관계의 진정한 역할은 그 음탕한 감각에 있는 것이 아니라 번식에 있다"[263]고 한 것과 관련시킬 수 있다. 김우진은 학위논문에서 근본적으로 버나드 쇼오의 견해를 비판한 것이 아니라 버나드 쇼오가 진정한 로맨스를 인식하는데 실패했기 때문에 비판한 것이다. 김우진은 종족 번식만을 위해 남녀가 만나야 한다는 쇼오의 생각에는 동의하지 않지만 쇼오의 로맨스가 수반하는 육체적 감각 추구를 거부하는 태도에는 동의한다고 볼 수 있다. 왜냐하면 김우진은 육체적 쾌락을 경멸하는 버나드 쇼오의 금욕주의적 면모가 현대예술과 영국 중산층에 대해 비평을 가하는 <인간과 초인>이라는 대작을 낳았다[264]고 평가해, 버나드 쇼오가 도덕적으로 타락한 영국 당대 사회현상에 대해 비판한 것을 매우 고무적으로 인식하고 있기

263) 『金祐鎭 全集 Ⅱ』, p.126.

264) 『金祐鎭 全集 Ⅱ』, p.127.

때문이다. 단막극이기는 하나 극중 주인공 원영을 사랑 추구형으로 그리지 않고 쾌락 추구형 인물로만 그리는 것은 작가가 당대 도덕성에 대한 비판적 시각을 가졌다는 것을 말해 준다.

원영과 한 때는 사랑을 해서 결혼까지 한 그의 처도 신식교육을 받았지만, 가정을 감옥으로 여기는 원영으로 인해 자유를 박탈당한 채 지내고 있다. 더구나 원영은 정자에게 자신의 처를 소개할 때 "이것이 그때 情死라도 하자구 했을 것 같으면 나도 넉넉히 情死를 했을 터이지. 그러나 이 천지는 그것두 싫고, 꼭 가정을 만들어야만 한다지!" 하며 자신의 쾌락추구를 합리화한다. 물론 여기서 신식교육을 받아 자유연애를 했으면서도 가정이라는 틀을 고집하고, 거기에 안주하려고 한 원영의 처도 비판의 대상이다. 더구나 남편에 의해 자유까지 박탈당하고 비인간적인 대우를 받으면서도 어떠한 대응도 하지 못하며 지내는 원영의 처는, 신문학 초창기에 많은 여성 지식인들이 자신들의 지식을 사회에 환원할 수 있는 어떤 활동도 하지 않은 채 결혼하여 비합리적인 가정생활에 안주하며 사는 당대 신여성의 전형이기 때문에 비판적으로 그려졌다고 볼 수 있다. 원영의 처의 모습은 「초야권」에서 수산 김우진이 원했던 주체적 인간으로서의 여성과는 대조적으로 형상화되어 있다.

원영의 처와는 달리, 신식교육을 받은 후 사회활동을 활발하게 하고 있는 정자의 모습도 설득력이 없다. 예를 들면, 그녀가 혼자 특별한 이유 없이 유부남의 집을 밤 시간에 방문했다는 사실은 그녀가 아무리 누구의 구속도 받지 않는 자유로운 인물이라고 외쳐대도 또한 원영의 육체적 구애를 거부한다고 해도, 또 자신으로 인해 희생자를 내고 싶지 않다고 해도 그 주장은 모순적으로 보인다.

貞: (한번 흘겨 주다가 다시 어루만지는 소리로) 이것 보아요. 날 그렇게 생각하다가는 정말로 끊을 테니까 영 다시 안 만날 테니까 정신 차려요. 그 지경이 되면 詩도 못 쓰게 되지 않소?

元: 아 그러면 날더러 詩 쓰라고 만나 주는 게로군. 난 그러면 詩 안 써도 좋으니까. (달려들어 키스를 한다.)

貞: (뺨을 내부치며) 에그 망칙해라. 별꼴 다 보겠네.

(중략)

元: (독이 나서) 이 뱀파이어!

定: (물러서서 무서운 얼굴로) 무엇이냐. 날 그밖에 안 보았소 그려. 흥 詩人의 幻滅이로군.

元: 참말을 해 주. (다시 허리를 굽혀) 난 약한 사람이요. 남 불쌍히 여기는 것을 가르쳐 주기 전에 먼저 당신이 한 사람을 불쌍히 여겨주구려.

貞: (달래듯이) 글세 이리로 와 앉아요. 내 말해 드릴 터이니.

元: (끌어당기는 여자의 손을 꼭 쥐면서 따라 앉는다.) 병든 자에게는 약을 주고 주리는 자에게 밥을 주어요. (꼬집어 준다.)

이와 같이 정자는 순전히 시를 위해 성을 떠난 교제를 원하지만 원영과의 대화를 보면 철저히 한 여자로서 반응을 보이기도 하며, 담배를 권하는 원영에게 예의를 갖추기를 원하는 이율배반적인 모습을 지니고 있다. 이렇게 서로를 '뱀파이어' 또는 '시인의 환멸'로 바라보는 원영과 정자는 특별한 사건 없이 서로에 대한 감정 다툼으로 극을 이끌고 있다. 감정 다툼은 <인간과 초인>에서도 나타난다.[265)]

元: (다시 지상으로 돌아와서) 무어라고 했지? 詩人? 자살! 처자! 불행! 오십보백보?

貞: 낙원? 저주? 아담? 이부? 배암? 독사? 멍텅구리? 詩人? 나는 詩人이 아냐요. 朴定子예요. 당신 시 모양으로 생식기같구 좀 떨어진 두뇌같구 그리구 시인이 안 갖는 양심을 좀 등진 한 개 여성예요.

元: 나를 미워하거나, 발 아래에 짓밟아 둥뎅이를 치거나, 黃가 아니라 더한 남자 몇 백 명 구렁에 쳐넣기로 내가 貞子씨를 미워할 것이 무엇이 있겠소. 허지만 구역질 나는 <신여성>의 말솜씨가 태연하게 그 붉은 입 속에서 나오는 것은 참 못 견디겠군. (중략)

定: (안긴대로 가만히 서서 말소리만 높여서) 이건 왜 이래요! 정신 좀 차려요. 그런 법이 어디 있담. 체면 있구 낫살 먹은 어른이 이게 무슨 짓이란 말유. 거기 앉아요. 글세 내 말 좀 들어보아요.

인용 부분처럼 자신의 성적 매력을 이용해 남성을 자신의 포로로 삼아 괴롭히는 정자는 '앤'처럼 초인을 위한, 즉 더 나은 종족의 탄생을 위한 위대한 목적에 사로잡힌 여성이 아니라 극히 개인적이고 현실적이며 상식적인 여성이다. 정자는 원영이 공격하고 있는 바대로 '낡은 탈을 쓴 신여성'이라는 칭호에 걸맞게 새로운 정신과 이성을 지니지 못하고 있다.

---

265) 테너: 거짓말, 이 악귀, 거짓말.
앤: 이거봐요, 잭! 점잖게 구세요.
테너: 파렴치한 못된 년! 악마!
앤: 구렁이, 코끼리!
테너: 위선자!
버나드 쇼오, 이종수역, 『인간과 초인』, 정음사, 1971, pp.155~156.

지금까지 살펴본 대로 등장인물 네 사람 중, 아이를 재우기 위해 등장했다 사라진 어머니를 제외하고 모두 지식인으로 이루어진 이 작품에서 지식인 모두가 부정적으로 그려지고 있다는 사실과 원영의 처가 울면서 퇴장하는 결말 부분에서 작가가 정자의 입을 통해 이 작품을 희극이라고 밝힌 사실은 버나드 쇼오가 <인간과 초인>에 희극이라도 부제를 단 것과 관련지어 생각할 수 있을 것이다. 이에 대해 수산의 평가를 보기로 한다.

> <인간과 초인>은 그 부제로 보아 희극이자 철학극이다. 그러나, 비록 신랄한 풍자와 반짝이는 유머로 그가 속이려 한들 그의 사고 구조가 너무나 솔직하고 분명하게 표현되어있기 때문에, 아무 생각 없이 극장을 찾은 관객들은 물론이고 독자들에게조차 거의 지루하게 느껴지고 심지어는 당황스럽게 까지 하다.[266]

김우진은 작가의 사고 체계를 솔직하고 분명하게 들어 낸 극을 '희극'이라고 본다. 단막극이라 덜 지루한 것을 제외하면 이 희극에 대한 개념은 그의 작품 <두더기 시인의 환멸>에도 그대로 적용시킬 수 있다. 이러한 공통성은 <인간과 초인>이 당대 영국의 중산층에 대한 풍자와 비판에서 연유된 것이라는 사실과 <두더기 시인의 환멸>이 김우진이 살았던 당대의 지식인에 대한 비판의 결과라는 사실까지도 관련짓게 한다.

김우진은 1920년 당대의 지식 청년들이 서구적 자유연애를 내세워 윤리적으로는 파행적인 행위를 일삼고, 음탕하고 감각

266) 『金祐鎭 全集 Ⅱ』, p.120.

적인 사랑에 머물러 있으면서도, 겉으로는 새로운 정신을 담을 신문화를 추구하며 식민치하의 조국을 위한 투쟁을 선언하는 모습에 강한 거부감을 느꼈기 때문에 새로운 변혁을 위해 <두더기 시인의 환멸>과 같은 작품을 형상화시켰다고 볼 수 있다. 베르그송의 지적처럼 닫힌 사회에 속한 사람들이 닫힌 정신구조를 지닌 채 아무리 자신들의 문제를 해결하려고 해도 새로운 사회를 불러들일 수는 없는 것이다. 열린 사회를 향해서는 열린 정신 구조가 필요한데, 김우진이 자신의 수상과 비평문에서 강조한 열린 세계를 위해 <산돼지>, <난파>, <이영녀>에서는 철저한 자기 투쟁의 정신과 탁월한 인격의 소유자를 원하지만, 닫힌 세계인 당대의 현실을 그린 <두더기 시인의 환멸>에서는 환멸만을 그리고 있다. 작가는 닫힌 세계에는 동조할 수 없어[267] 환멸의 세계를 풍자로 나타냈다고 볼 수 있다. 따라서 버나드 쇼오의 영향을 받은 김우진은 당대의 현실을 <두더기 시인의 환멸>을 통해 구현하려 한 것이다.

267) "......즉 圓滿具足이라는, 실상은 타협에 불과한 聚愚가 가득한 이 사회생활에 불과 하다. 가정이나, 사교나, 계급이나, 물론 維何하고 타협이 아니면 평화와 미소를 얻지 못하는 이 현존 제도는 나에게 반항과 혁명을 요구한다. ....." (1923년 7월 2일 일기), 『金祐鎭 全集 Ⅱ』, p.293.

## 05 / 갇힌 상황 속에서의 행동 없는 갈등-<정오>

발표 연대가 명확하지 않은 <정오>는 한낮 공원에서 더위를 피하려는 일본인 상인과 그와 거래하며 살아가는 조선인 그리고 학생들, 일본인 아이 봐주는 여자, 인력거군 등이 등장하는데 일인과 순사가 조선인들을 더위로 점점 내몰아 학생들이 더욱 숨막혀 하는 상황을 보여준다. 한여름의 펄펄 끓는 대낮의 '정오'라는 상황을 출구 없는 식민지 현실로 비유하고 있다. 염상섭은 <만세전>에서 삼일운동 직전의 식민지 현실을 음습하고 썩어 가는 묘지로 보고 있지만 김우진은 작열하는 태양과 그 속에서 타 들어가는 인간 군상을 보여주는 것으로 식민지 현실을 이야기한다고 볼 수 있다.

> 하오리: (소용없다는 듯이 돌아앉으며) 오호 아쯔이, 아쯔이, 이렇게 더워 살 수가 있나.
> 구　레: 우리 시원한 이야기나 합시다. 내 좀 부처 드릴테니까. 넹가미상 (부채질을 해준다.)
> 하오리: 고맙소.
> 구　레: 아이 더워!
> 學生 -: (슬쩍 돌아다보고는) 아 안 더워. 안 더워!
> 學生 =: (픽 웃으며) 얘가 미쳤나 왜 이래. 춥거들랑 남양으로나 가 있으렴.

돈 때문에 궁지에 몰린 구레가 덥다고 하면서도 일인을 위해

부채질을 해주는 모습은 식민지 당대의 조선인의 가장 전형적인 모습이며, 그러한 현실을 목도하며 강한 거부감을 느끼는 학생들의 모습도 전형적인 모습이다. 그런데 학생들은 정오의 현실에 강렬히 대항 할 수 있는 내면을 가지고 있다.

學生三: (일어서며, 알레그로로)

아 뜨거운 김 속
용광로 그 무서운 속
청춘은 팔뚝을 걷고
뉘라서 대항을 하리,
뉘라서 대항을 하리.

아 열대 밑에선
청춘 앞에 비람이 분디.
선선한 바람이 분다.
선선한 이 바람결은!

현실적으로는 학생들은 뜨거운 용광로 속에서 어떠한 대항도 할 수 없지만, 이 시에서는 팔뚝을 걷기도 하고 신선한 바람도 느낀다. 다시 말하면 학생들이 느끼는 현실적 고통이 내면에서는 자신들이 원하는 모습으로 바뀌어 내면세계가 가시화 된 것이다. 이러한 면은 김우진의 다른 작품에서도 나타났던 표현주의적 요소라 할 수 있다. 이렇게 <정오>에서 학생들이 현실을 강렬하게 거부하나 그 갈등을 해소할 현실적인 행동 양식은 하지 않는 가운데, 불합리한 현실이 하층 계층에게는 더욱 가열되어 나타나는 것을 본다.

巡　査: 너 애 보러 왔으면 애나 보지 이런데 앉아서 졸고 있어.

고모리: 제가 히로(弘)짱 하고 논다니까 그랬지요. 땡볕에서 서 있을 수가 있어야지요.

巡　査: 땡볕이 더우면 이 애에게도 더울 게 아냐! 쇼오가 나이!

(중략)

巡　査: 덥긴 누가 안 덥대니? 나가서 구루마라도 끌었으면 몇 십전이라도 벌지! 판판이 놀고만 자빠졌어.

모군軍: 나리 이 더위에! 날더러 놀고만 있다구요. (다시 수구러지며) 헤, 다시는 안 그러겠읍니다, 다시는.

巡　査: (등을 밀어 쫓아내며) 어서 나가! 어서 나가 일 벌이해! 공연히 이런데 와서 자빠져서 놀기만 하고. 그러고도 네 입에 무엇이 들어갈 줄 아니? (모군軍 한번 눈을 흘기고 나서는 다시 순하게 머리를 슬슬 긁으며 부끄러운 듯이 내려간다.) 쇼오가 나이! (점잖이 한번 쑥 둘러보고는 서서히 내려간다.)

하오리: (구레수염에게 말하듯) 저런 사람들 놀고만 하고 돈이 없어 했소. 놀고 먹는 것 아주 나쁜 일이오. 우리 돈 좀 있어도 놀고 있으면 굶었소. 저런 자식이 돈 없애고 노라리했는데 어떻게 먹을 수 있소?

구　레: 저런 하등 노동자란 할 수 없읍니다. 그러고는 못된 생각이나 하잖으면 기껏해야 돈 있는 이 辱이지요.

하오리: 굶는 것 그것 되려 좋소. 놀고먹는 것 큰 죄요.

구　레: 무식한 자식이 그러고 나서는 사회주의니 무슨 주의니 하고 떠들고만 다니는 구려

하오리: 그것 배고픈 사람에게 단 꿀 한가지 말이오. 게으르

고 노는 사람에게 사탕 한가지지요. 요새 젊은 사람 아주 나쁜 사람 많이 있소. 일본 사람도 있고 조선 사람도 있고. (두 학생을 흘끗 옆눈질하고) 노동자는 공장에다가 말 한가지로 꼭 매어 놓는 것이 좋소. 일 아니 했으면 막 때려주었소.

위의 인용문은 정오의 열기를 피해 쉬고 있는 고모리(아이 봐주는 여자)와 모군군(구루마군)에 대한 일본인 상인과 순사, 또 일인에게 아부하는 구레라는 조선인의 태도를 보여준다. 일인, 순사 등의 모습은 식민치하의 일본의 수탈과 억압이 물질뿐만 아니라 인간의 기본적인 권리까지 침해하여 조선인 노동자들을 생명 없는 기계로 대하고 있다는 사실을 드러낸다. 1920년대 일제의 식민통치를 폭로하는 문학 작품에서는 대부분 물질적으로 궁핍한 현실을 통해 일제의 식민수탈의 가혹성을 보여주지만 <정오>는 무형적 세계의 침탈을 보여줌으로써 1920년대 여타의 작품들과 변별성을 지닌다고 할 수 있다. 위의 글을 보면 식민지하의 조선사람들은 동물도 피해서 부린다는 한 여름의 복더위도 피할 자격도 없고, 동물처럼 공장에 매여 일을 해야 하며, 행여 소홀히 일을 하면 매를 맞아야 한다고 생각하는 일인의 모습이 드러난다. 당시 조선의 상황은 일제에 의해 억압되고 갇혀진 상황이다.

<정오>의 세계는 김우진이 <산돼지>나 <난파>, <이영녀> 등에서 보여준 닫힌 세계보다 더 견딜 수 없는, 타자의 억압에 의한 인간의 기본적인 권리가 박탈된 '갇힌 세계'라 할 수 있다. 수산의 모든 작품이 식민지 상황에서 이루어진 것이지만 식민지 치하에서 억압받는 현실을 직접적으로 다룬 것은 <정

오>뿐이다. 그렇기 때문에 앞의 작품들에서는 허위허식과 모순의 극복을 위해 열린 세계의 지향을 다루고 있지만 <정오>에서는 닫힌 세계에서 더욱 질식될 수밖에 없는 '갇힌 공간'이 설정되어 있는 것이다. <정오>는 갇힌 상황에서 발생되는 혼돈과 그에 따라 가속되는 열로 인해 언젠가는 그 공간이나 세계가 폭발해 버릴 것이라는 엔트로피[268] 현상을 그대로 보여 준다. 한여름과 억압이 뿜어내는 열기가 더욱 가열되어 언젠가는 그 갇힌 상황(식민지 현실)이 폭발하리라는 것을 예견케 한다.

지금까지 살펴본 모든 수산의 희곡의 특징은 생명력 추구를 주축으로 하여 표현주의적인 내용에 의미를 두고 있고, 현실적인 소재일지라도 내면의식과 정신적인 면을 강조하고 있다는 점이다. 각 작품의 내용을 특징적으로 요약하면, <산돼지>는 주인공 원봉의 자아탐구를 통해 닫힌 세계에서 열린 세계로의 지향을, <난파>는 표현주의 극의 특징인 순례 형식을 통해 내면의 절규와 생명력 추구를, <이영녀>는 영녀의 죽음을 통해 물질의 영역에서 벗어나 생명력의 지속을, <두더기 시인의 환멸>에서는 식민지하의 갇힌 세계에 대한 행동 없는 거부 의식 등을 집중적으로 나타냈다고 볼 수 있다.

---

268) 열역학 제2법칙으로 갇힌 상황에서 에너지는 일정한 방향으로(고에서 저로) 흘러 결국에는 에너지는 평형상태가 되고, 에너지 운동은 정지된다는 이론이다. 나아가 갇힌 사회 집단에서 이 엔트로피가 극에 달하면 무질서가 최고에 이르러 열사하게 되고 아침내 갇힌 상태는 폭발하게 된다.
김성곤, 『탈모더니즘시대의 미국문학』, 서울대학교 출판부, 1989, pp.213~307 참고.

# 결론을 대신하여
## - 시극의 가능성

# 결론을 대신하여 - 시극의 가능성

## 01 / 문제제기

하이데거는 "작품의 창작된 존재는 작품 활동이 이루어지는 과정으로부터만 명백히 파악될 수 있다"[269]라고 말하면서 예술작품의 근원을 접하려면 예술가의 활동 속으로 진입해야 한다고 주장한다. 이제 한국 근대 희곡 연구도 개념 중심적, 혹은 역사적으로 바라봤던 것을 작가의 기질과 관계된 작품자체를 들여다 볼 필요가 있다. 어떤 개념이나 환경이나 외적 조건을 전제로 한 작품연구보다 그렇게 쓸 수밖에 없었던 창작자의 내적 요건에서 출발한다면 문학으로서 예술의 본질적인 면모를 찾아 볼 수 있을 것이다.

필자는 김우진의 시를 연구하면서 그의 시는 오랜 기간 그가 창작해온 한시에서 연유한 정서의 토로에서 출발하여 자유로운 자아와 리듬을 추구하면서 얻어진 자생적인 결과물로 보았다[270]. 물론 그의 문학작품 창작은 일본을 통한 서구 근대문학의 경험에서 얻어진 결과이다. 특히 김우진이 극예술학회 활동

---

269) 마르틴 하이데거, 신상희 옮김, 『숲길』, 나남, 2008, p.18.
270) 졸고, 「김우진의 시 연구 1」, 『어문연구』 167호, 한국어문교육연구회, 2015. 9.

을 적극적으로 했던 1921년에 썼던 시작품은 서사와 갈등을 표출하여 희곡적 요소가 많이 드러났다.[271] 그는 동경에서 목포로 귀향하기 전까지에는 시 작품만을 썼지만 1924년 6월 귀향 이후에는 희곡을 쓰기 시작했다. 창작 연대가 밝혀지지 않은 <정오>를 뺀 나머지 작품은 1925년 겨울부터 그가 1926년 자살하기 전까지 시기에 집중적으로 씌였다. 극에 관심이 많았던 그의 시에서 희곡적 요소가 발견되고, 시인되기를 갈망했던 그의 희곡에서 시를 보거나 시인을 주인공으로 만날 수 있는 것은 당연한 일일 것이다. 김우진은 "산문에서도 문학 활동을 하던 전 기간에 걸쳐 '시'에 대한 환상을 드러냈기 때문에 그의 모든 문학 작품은 궁극적으로 '시'를 지향했다."[272]로 볼 정도로 그의 희곡은 시와 밀접한 관계에 있다.

"시는 소설과는 달리 꾸며낸 것이 아니다. 시의 가치는 말과 말의 관계가 빚어내는 형식관련보다 오히려 말과 (말이 관여하는) 대상과의 의미 관련에서 생겨난다"[273]는 시의 다른 장르와 구별되는 특징으로 시적화자가 마주하는 세상에 대한 내면의 자세에 대해 말하고 있다. 또한 노드롭 프라이는 극을 음성과 이미지의 표면적인 재현인 외적인 모방으로 보았고 시를 음성과 이미지의 내적인 모방으로 보았다. 이에 따라 극은 서사적 양식으로 시는 주제적인 양식으로 분류[274]를 했다. 김우진의

271) 졸고, 「김우진의 낭만주의 시 연구」, 『드라마 연구』 제52호, 한국드라마학회. 2017. 6.

272) 염철, 「김우진의 산문을 통해 본 詩 인식 양상」, 『어문론집』 61, 중앙어문학회, 2015. 3, p.490.

273) 박이문, 『인식과 실존』, 문학과 지성, 1987, pp.223~224.

274) 노드롭 프라이, 임철규역, 『비평의 해부』, 한길사, 1983, p.413.

희곡이 극이면서도 시인 가능성은 서사를 관통하는 주제의식이 음악적인 이미지로 드러나기 때문이다. 김우진의 희곡은 <이영녀>를 빼고는 주관적 세계의 가시화이고 <이영녀>조차도 김우진의 주관적 가치를 상징적으로 드러낸다. 김우진의 희곡은 태생적으로 시인인 김우진의 기질이 반영되어 시적인 요소를 담을 수밖에 없어 개념적인 차원에서가 아니라 본질적인 차원에서 시극의 가능성을 갖는다고 본다.

> "이 작품, 육(肉)과 영(靈)의 투쟁을 보았다. 육을 탈각할 수 없는 그의 내심에는 늘 영이 동경이 있었다. 빛이 있는 영의 채찍이 그의 머리를 때리고 양심을 꾸짖었다. (중략) 마지막으로 작품 속의 시를 보았다. 그것은 재미있는 것이라고 생각했다. 로만티스트로서가 아니라, 느낌을 심화시키는 점으로 보아 공과(功果)가 있는 것이다. 일본의 작가는 하지 않지만 고리끼 등의 작품에 거의 주인공이 노래하지 않는 경우는 없다"275)

김우진의 작품을 읽고 창신생(昌伸生)이 일문으로 쓴 「김군의 처녀작을 평한다」라는 글의 부분이다. 어떤 극인지 정확히 알 수 없으나 극을 통해 그는 김우진이 영을 동경하는 인물로 보고, "빛이 있는 영의 채찍이 머리를 때리고 양심을 꾸짖었다"는 표현으로 극과 작가가 분리되지 않았음을 시사한다. 또한 시를 작품 속에 넣은 것을 일본의 작가도 하지 않은 김우진의 공으로 보고 있는데 당시 그의 말처럼 '느낌을 심화하기 위

275) 서연호·홍창수 편, 『김우진 전집 Ⅱ』, 연극과 인간, 2000, p.548.

해' 극에 시를 넣은 경우가 없었음을 드러낸 것이기도 하지만 그만큼 김우진이 정서로 극을 진행시켰다는 것을 입증한 것이기도 한다.

그간의 우리나라 초창기 시극 연구[276]는 일반적으로 시인이 시극이라는 이름을 붙인 경우에 연구를 출발해, 시극 양식을 갖춘 작품을 개념에 맞추어 분석함으로 형식과 갈등구조를 밝혔고 시극으로 발표된 작품들이 시성에 의미를 두어 극적 갈등의 미약함을 언급해 왔다. 시극이 극성을 지니지 못한 구체적인 원인을 규명하지 않았고 또한 시극 장르와 작가의 표현욕망의 상호작용에 따른 창작 배경에 대해서도 구체적으로 개진하지 않았다. 1920년대부터 발표된 시극을 바탕으로 시극사를 정리하는 최근에 발표된 저서는 그 성과만으로도 의미 있는 일이나 시극의 문학적 가능성이나 가치보다 역사적인 자료정리와 개념 정리를 귀납적으로 하고 있어[277] 질적인 문제라든가 새로운 연구의 가능성을 열어두고 있다[278]. 이런 차원에서도 한국

---

276) 이현원, 『1920년대 극시 시극연구』, 계명대학교 석사학위논문, 1988.
이현원, 『한국현대 시극연구』, 계명대학교 박사학위논문, 2000.
민병원, 「한국 근대 시극 <인류의 여로>에 대하여」, 『전통문화논집』 창간호, 경성대 향토문화연구소, 1993. 8.
허형만·김성진, 「한국시극연구」,『목포대학교 논문집』 16-2, 1997. 2.
곽홍란, 『한국 현대 시극의 형성과 전개양상에 관한 연구 1920-1960년대를 중심으로』, 영남대학교 박사학위 논문, 2007.
박정호, 「극시형성 및 장형화에 대한 일고찰」, 『한국어문연구』 8, 한국외대 어문학 연구회, 1997. 2.
임승빈, 「1920년대 시극연구」, 『한국극예술연구』 제16집, 한국극예술학회, 2002.

277) 이상호, 『한국시극사 연구』, 국학자료원, 2016.

278) "문학의 종류는 단순한 명칭이 아니다. 왜냐하면 하나의 작품이 참여하

문학 근대기에 자생적으로 발아[279]된 시극의 가능성을 지닌 작품을 검토해 보는 것은 또 다른 시선으로 연구방법을 여는 것이라 하겠다.

시극에서 시성과 극성이 작품 속에서 구체적으로 결합된다는 것은 어려운 일이다. 시극을 쓴 엘리어트나 예이츠 등 세계적인 시인들도 각각의 작품마다 각기 다른 시극의 가능성을 시도했지만 어떤 전형을 제시할 수는 없었다. 훌륭한 극작가들은 시극이라는 형식을 굳이 염두에 두지 않고서도 극을 통해 시적 효과를 얻기도 했다[280]. 물론 시극이 산문극 보다 우월한 입장에 있는 것은 아니나 모든 글이 시성을 가질 때 밀도가 높아진다. 그래서인지 일본의 경우 1950년대 말 연극의 위기의식에서 시극이 활발했게 논의 되었고 유럽에서는 사실주의 극의 한계에서 시극을 통해 반성하는 기회[281]를 갖았다. 우리나라에서도 초창기 시극의 시도 이후 잠시 뜸히디기 1960년대 이후부터 끊

는 미학적 관습이 그것의 성격을 형성하기 때문이다."(르네 웰렉, 오스틴 워렌, 『문학의 이론』, 이경수 역, 문예출판사, 1987, p.336)로 보아 문학에서의 장르는 문학적 전통과 관련된 것이다. 또한 "장르의 주제는 ... 특수한 문학적 배경에서, 급과 그것을 구성하는 개별들의 관계, 하나와 다수의 관계, 보편적인 것과 본질 등에 관련된 철학적인 문제들을 제기한다"(같은 책, p.353)는 말처럼 장르 연구는 그러한 형식을 빚은 배경과의 상관성에서 논의될 때 의미를 갖는다. 따라서 장르 구별은 문학의 역사와 시대를 포함한 개인의 인간본질에 대한 가치성향과 관계된 입체적인 차원에서 천착되어야 할 것이다.

279) "한국 시극의 출발은 문학계 자체의 강한 내적 욕망에 의해 발생한 것이다."(임승빈, 앞의 글, p.176)

280) 헤릭 입센, 고승길 편역 「극시인의 임무」, 『현대, 연극의 이론』, 대광문화사, 1980, pp.23~25 참고.

281) Peter Szondi, 송동준역, 『현대드라마이론』, 탐구당, 1983, p.78.

임없이 개진[282]되어왔다. 그러나 무엇보다 시극이 일반적인 산문극과 구별되는 효과를 거두지 않는다면 시극은 뚜렷한 설득력을 지닐 수 없을 것이다. 엘리어트는 "한 형식은 어떤 사람이 어떤 것을 말하려는 것에서부터 자라난 것이라는 의미에서 시는 형식보다 앞에 오는 것이다"[283]라면서 표현이 형식을 정하거나 형식을 깨고서 다시 만든다고 했다. 창작자의 입장에서 보면 어떠한 내용은 어떠한 형식을 불러올 수밖에 없다는 것이다. 또한 비평가의 입장에서도 "우리는 '형식' - '내용'을 이분화하는 대신, 소재를 생각하고 그러고 나서 그것의 소재를 미학적으로 조직시켜 주는 '형식'에 대해 생각해야 할 것이다."[284]로 성공한 작품의 경우 소재와 표현은 미학적 결합의 절대성을 갖는다는 것을 알고 있다. 시성과 극성의 결합은 이미 창작자가 자신이 다루려는 소재(내용)에 그 형식이 들어있다는 사실을 알아야 가능한 것일 것이다.

---

282) 이상호, 위의 책, p.78.

283) T.S. 엘리어트, 최창호역, 「시의 음악성」, 『엘리어트 문학론』, 서문문고, 1972, p.60.

284) 르네 웰렉, 오스틴 워렌, 앞의 책, p.360.

## 02 / 소재와 형식 - 철학과 음악의 조화

김우진은 시를 쓰면서 1924년부터 희곡을 썼지만 자신의 작품을 시극이라고 명명하지 않았다. 그러나 그가 극을 통해 주장하려는 바는 미학적으로 적절한 형식을 선택한 것이므로 그의 주제의식을 생각해 보겠다. 앞에서 밝힌 것처럼 시는 주제에 집중한다. 리처즈의 말대로 시는 예술가의 경험이다.[285] 즉 시인이 경험한 정서나 정신을 이미지로 주장하는 것이다.

시인이 주인공으로 등장하는 자전적인 희곡 <난파>의 경우 3막으로 된 표현주의극[286]이라는 부제를 달았는데 표현주의 극 형식[287]을 통해서 김우진이 드러내고자 하는 주제는 내적 진실의 고백이다. 이는 노드롭 프라이가 "시인의 이미지리는 그의 자아의 계시[288]"라고 말한 바와 연결해보면 시인인 김우진이

285) I.A. 리처즈, 김영수 역, 『문예비평의 원리』, 현암신서, 1978, p.305.

286) 일반적으로 사실주의에 반대한 초기의 표현주의극은 스타카토식의 문장, 감정의 격앙을 통해 보이지 않는 내면세계를 가시화하여 자아를 탐구하므로 시극과 밀접하다.

287) "표현주의 극은 대체로 두 가지 유형이다. 많은 작품들은 그릇된 사상들로 인해서 인간의 정신이 분열되어 급기야 기계보다 나을 게 없는 상태로까지 전락한 인간의 모습을 보여주기 위해 현재의 부정적인 측면들에 관심을 집중했다. 기타 작품들은 사회를 개혁하고 인간의 환경과 그의 정신 사이에 조화를 이루게 하는 것을 앙망했다. 작품이 메시지 중심이기 때문에 삽화적이다. 그 중에서 다수가 수색 또는 순례의 형식을 취한다. 진실이 내면적 환영 속에 자리하고 있다하여 사물의 外樣이 자주 왜곡된다".(Oscar G. Brockett, 김윤철 역, 『연극 개론』, 한신문화사, 1989, p.454.)

자신의 내면의 가시화를 위해서 표현주의 극형식을 선택한 필연성289)을 확인하게도 한다.

<난파>에 나오는 인물 유형은 현실적으로 존재하는 인물도 있으나 대부분 김우진이 기억하는 모습에서 가져온 하나의 속성이다. 예를 들어 '신주'는 죽은 존재임에도 불구하고 살아 있는 사람들에게 절대적인 영향력을 행사하므로 유교의 효를 의미한다. 이렇게 속성만 있고 성격이 없는 인물들은 직접적이든 간접적이든 작가 자신이 체험한 인물들을 유형화시킨 것이다. 부수적 인물 외에 자아를 탐색하려는 '시인'의 순례 대상들도 개념적 인물들로 이들은 작가의 정신의 방향을 드러낸다. 버나드 쇼오의 <워렌부인의 직업>에 등장하는 '비비'의 출현은 주제를 극명하게 드러낸 장치이다. '비비'의 모습은 강한 생명력을 추구하고자 하는 <산돼지>의 원봉의 모습과도 동일하다.

김우진이 자신의 행진곡이라고 한 <산돼지>도 주인공 원봉이의 자아탐색을 통하여 생명력 추구290)를 드러냈다. 원봉이가

---

288) 노드롭 프라이, 위의 책, p.308.

289) "현대의 시극(poetic drama)은 흔히 문학의 3대 장르의 하나로 일컬어지는 극시(dramatic poetry)와 혼동해서는 안된다. 극시는 르네상스 때가지 통용된 장르의 명칭으로 희곡형식으로 쓴 시다. 그런데, 현대 시극은, 산문 희곡 이후 이에 대한 반동으로 산문 대신에 시로써 희곡을 써서 무대화한 극이다. 그러므로 종래의 연극에 대한 반항이며, 무대에서 시정신을 찾으려는 일종의 시운동이다. 독일의 극작가인 카이저의 표현주의 작품인 <칼레의 시민>, 엘리어트의 <대성당의 살인.> 등은 모두 현대의 시극이다."(문덕수·김시태, 『문학개론』, 시문학사, 1981, p.225)

290) 베르그송에 의하면 생명체는 과거, 현재를 거쳐 미래를 향하여 진화한다. 그런데 그 진화는 어떤 지정된 목표를 맹목적으로 따라가는 것도 아니고, 인과 관계에 의하여 설명할 수 있는 것도 아니라고 한다. 생명은 예견할 수조차 없는 새로운 형태의 생명을 만들어내고 '창조적 진

추구하는 생명력은, 생의 장애물인 모든 이데올로기로부터 벗어나 자유로운 상태를 구가하는 것으로 인간 본성의 자유를 의미한다. 개인적인 자유가 아니라 니체가 말하는 일체의 종교적 도덕적 사회적 억압에서 벗어난 자유를 의미한다. <산돼지>에서 원봉은 자신을 혼동에 몰아넣은 아버지로부터의 강요된 '폐쇄적인 사회'에서 생명력 추구로 극적 비약[291]을 통해 자신에게 부여된 의무를 성숙하게 받아들인다. 이후 김우진은 베르그송이 주창한 시간과 생명의 지속의 개념까지 작품으로 형상화한다. 즉 육체와 정신으로 이루어진 인간은 죽음으로 육체적 형태가 사라져도 정신으로 살아남아 지속한다고 보고 육체적 죽음이 유기체의 종말이 아니고, 유기체는 어떤 기운으로 남아 계속적으로 존재한다는 결말을 도출할 수 있게 되었다. 그러므로 김우진이 <난파>와 <이영녀>에서 주인공이 육체적으로 죽

화'를 하는데, 이것의 원동력은 생의 비약(생명력)이다. 왜냐하면 생명이란 물질을 관류하는 정신의 흐름이고 물질은 해체되는 생명에 의해 그리고 低落되는 정신에 의해 이루어지기 때문에 물질이 생의 약동에 대하여 끊임없이 장애물을 가져다주더라도, 창조적 정신은 그 새로운 장애물을 딛고 일어서는 새로운 생명을 만들어 낸다는 것이다. 그러므로 생의 약동은 정신적이라 할 수 있다. (서정철, 『창조적 진화(H. 베르그송)』 해설, 을유문화사, 1972, p.12, 참고)

291) "사회집단이 요구하는 사회적 본능이 구성원으로 하여금 그 사회를 위해서 헌신 하도록 강요하면 그 사회는 '폐쇄적인 사회'가 된다. 그 폐쇄적인 사회는 폐쇄적인 도덕원리와 정태적 종교를 가지고 있고, 그 사회는 발전하지 않고 정지하여 있다. 그러한 폐쇄성을 탈피하여 보다 바람직한 '개방적인 사회'로 이월하는 데에는 극적인 비약이 필요하다.......베르그송은 이기주의를 바탕으로 하는 물질문명 시대에, 정신적으로 창조적인 가치관에 입각한 개방적인 도덕과 다이내믹한 종교에 의하여 인류가 정신문명으로 귀환해야 할 필요성을 역설하고 있다." (서경철, 앞의 글, p.13)

음에 이르는 결말을 이끌어 낼 수 있었지만, 그로써 새로운 출발을 예정할 수 있었을 것이다.[292] 이는 인간을 영적 존재로 보기 때문에 가능한 것이다.

<이영녀>의 1막에서는 매음녀의 삶을, 2막에서는 공장노동자 등 하층계층의 삶을, 3막에서는 죽어가는 영녀의 '생의 리듬' 발견과 영녀의 딸 명순을 통한 새로운 여성의 가능성을 보여주고 있다. 1막과 2막은 어느 정도 유기적 관계를 맺고 있다고 할 수 있지만 구체적인 영녀의 갈등 양상은 나타나지 않기 때문에 작가의 관념을 그대로 표출시켰다고 볼 수 있다. 3막은 앞에서 보여주었던 영녀의 삶과는 무관하게 남성의 성적횡포에 고통 받는 여성의 현실과 그에 대응하려는 신세대 여성의 모습이 그려 있다. 이는 김우진이 창작의 테마로 설정한 여성의 '연애, 결혼, 모성, 경제적, 사회적 문제'[293] 등을 <이영녀>라는 극에서 그대로 실현시킨 것으로 보아야 할 것이다. 당시 김우진은 그가 오랫동안 사숙한 쇼오의 "극이란 공연 그 자체에 그쳐서는 안 되며 사회 개혁을 위한 수단이 되어야 한다고 주장한 것과 극이란 극작가의 주장과 견해를 솔직하게 표현하는데 그 생명이 있다고 주장"[294]을 자신의 작품 속에 반영하였다.

이러한 김우진의 관념지배 경향은 생생한 성격 창조를 억압하고 관념 자체인 인물을 등장시켰다. 그간 <이영녀>연구에서 구성이 서사적이라거나 전체적으로 유기성을 갖추지 못한 작품이라는 평가를 해 왔으나 쇼오의 극 구성[295]을 고려하면 '주의'

292) 졸고, 『김우진 연구』, 국민대학교 박사학위 논문, 1999, p.168.
293) <창작을 권합네다>, 『김우진 전집 Ⅱ』, pp.68~69.
294) 이근삼, 앞의 책, 같은 페이지.

나 ‘주장’을 전달하려는 극에서는 그에 맞는 형식을 갖출 수밖에 없다는 것을 간과 한 것이라 볼 수 있다. <이영녀>에 대한 그간의 평가는 1920년 당대 식민지 현실의 문제를 객관적으로 형상화하고 가시적 현실의 문제 극복 여하에 의미를 두었다. 그러나 김우진이 다른 작품들에서 보여주었던 내면의식과 자아의 문제, 나아가 생명력의 문제를 <이영녀>에서도 추출해 볼 때 그 형식이 달라진다[296]. 1925년 9월에 탈고된 <이영녀>는 당대의 현실적 사회적 문제에 대한 이야기를 다루었더라도 김우진 자신이 제시한 창작의 방향에 의해 형상화되었고, 그 문제도 객관적인 현실인식의 틀로써가 아닌 김우진이 믿는 예술로서 영혼을 구제하려는 신념과 정신에 의해 해결되었다.[297]

단막극 <두더기 시인의 환멸>은 그 동안 자전적인 요소가 강한 작품으로 알려져 왔다. 제목과 관련해서 생각하면 주인공(두디기 시인) 이외의 등장인물이 부정적으로 보인다. 그러나 작품을 다 읽고 나면 주인공이 환멸을 느끼는 모습마저 아이러니컬하게도 희화화되며 작품 내에 등장하는 모든 인물이 부정

295) 버나드 쇼오는 자연주의나 사실주의 구성원칙을 지키지 않고 문제의 도입과 상황제시, 토론이라는 구성원칙을 구현하였다.(이근삼, 『서양연극사』, 탐구당, 1985, p.240.)

296) 이러한 가능성은 김우진이 근대극을 소개하면서 근대극은 ‘인류의 영혼의 解放救濟를 사명’(『김우진 전집 Ⅱ』, p.119.)으로 삼아야 할 것을 주창함으로써 19세기 서양의 근대극 운동이 자연주의 극과 사실주의 극을 전개시킨 것과 달리, 20세기에 전개되고 있는 표현주의 극을 근대극의 사명으로 내세웠다는 점에서 더욱 확고해진다. 또한 김우진은 1925년 8월에 발표한 <창작을 권합네다>에서도 자기 자신에게 철저하게, 인생의 전면을 ‘직관’하는 창작생활을 표방했고, 독일 표현주의 극과 같은 극이 우리 땅에서도 이루어지길 주장했기 때문이다.

297) 졸고, 앞의 논문, p.153.

적으로 형상화된 것을 알 수 있다. 이것은 1920년대 지식인을 중심으로 한 인물군상들 모두가 모순된 가치관을 가지고 있었기에 일제 강점이라는 민족적인 문제를 해결하기 위해 먼저 극복해야 할 문제의 제시[298]로 볼 수 있다.

김우진의 모든 작품이 일제 강점기에서 이루어진 것이지만 억압받는 현실을 직접적으로 다룬 것은 <정오>뿐이다. 그렇기 때문에 앞의 작품들에서는 허위허식과 모순의 극복을 위해 열린 세계의 지향을 다루고 있지만 <정오>에서는 닫힌 세계에서 더욱 질식될 수밖에 없는 '갇힌 공간'이 설정되어 있는 것이다. <정오>는 갇힌 상황에서 발생되는 혼돈과 그에 따라 가속되는 열로 인해 언젠가는 그 공간이나 세계가 폭발해 버릴 것이라는 엔트로피[299] 현상을 그대로 반영했다.

김우진 희곡은 주제의식을 인물로 형상화 했으나 추상적이고 관념적이므로 음악적 요소를 통해 정신(형이상학적인 세계)을 이미지화하는 방법을 이용하고 있다. 현대시극을 실험한 엘리

---

298) 김우진, 「수산 김우진의 희곡에 나타난 젠더정치학 : 「두데기 시인의 환멸」을 중심으로」, 『한국학연구』 52, 고려대학교 한국학연구소, 2015. 이 논문은 「두데기 시인의 환멸」에서 수산이 실패한 남성(적)주체 인물상을 통해 가부장적인 가정으로 유폐되지 않기 위해서는 여성의 자각과 더불어 남성(적)주체의 인식변화가 요구된다는 담론을 내포했다고 보고 새로운 패러다임의 필요를 피력했다고 보았다.

299) 열역학 제2법칙으로 갇힌 상황에서 에너지는 일정한 방향으로(고에서 저로) 흘러 결국에는 에너지는 평형상태가 되고, 에너지 운동은 정지된다는 이론이다. 나아가 갇힌 사회 집단에서 이 엔트로피가 극에 달하면 무질서가 최고에 이르러 열사하게 되고 아침내 갇힌 상태는 폭발하게 된다.
김성곤, 『탈모더니즘시대의 미국문학』, 서울대학교 출판부, 1989, p.213~307 참고.

어트도 시극[300]을 통해 정신세계를 지향했고 그 세계가 베르그송의 철학에 상당히 영향을 받았다[301], [302]는 사실은 김우진과 엘리어트와의 상관성을 열어준다.

김우진은 조명희의 <봄잔디 밭 위에서>를 'form and matter의 완전한 일치에 성공한' 작품으로, 시가 음악에 들어간 경지로 보고, 철학과 음악의 조화, 순수 음악 이상의 성공[303]을 얻었다고 보았다. 김우진의 이상적인 시에 대한 인식은 "음악은 다른 예술처럼 결코 현상의 모사인 것은 아니다. 이것은 의지의 직

300) "장르의 이론에 관심이 있는 사람이면 누구든지 '고전적인'인 이론과 현대의 이론 사이의 뚜렷한 차이들을 혼동하지 않도록 신중해야 한다..... 현대의 장르들은 대한 정의를 위해서는 어쩌면 특수하게 고도로 영향력 있는 책이나 작가로부터 시작해서 그 반향들, 즉 엘리어트와 오든, 푸르스트와 카프카 등의 문학적 영향을 찾아보는 게 최선인지도 모른다"(르네 웰렉, 오스틴 워렌, 앞의 책, pp.350~351)을 보면 현대의 극시는 엘리어트의 이론에 의존할 수밖에 없다. 자유시 이전의 음악적인 요소가 규칙적인 형식의 시, 즉 율격을 지닌 시는 극을 고전적인 의미의 '극시'로 자유시 이후의 시의 형태를 지닌 극을 '시극'으로 명명하겠다. 왜냐하면 일반적으로 알고 있듯이 아리스텔스의 『시학』에서는 서정시, 서사, 극시로 분류하여 작품을 언급할 때 모든 창작자를 시인으로 말하지만, 현대시극의 부활을 위해 애쓴 엘리어트는 자신의 실험적인 시적인 극을 시극(Poetic Drama)이라 명명하였기 때문이다.

301) 20대 초반에 철학도로서 시작에 재능을 보였던 엘리엇에게 베르그송의 철학은 중요한 토양을 제공한다. 암울한 시대적 상황에서 엘리엇은 베르그송의 물질과 기억에서 기억과 순수지속의 개념을 차용하여 익명의 군중들의 비본래적인 일상적 삶과 그의 예술가로서의 삶 사이에 극명한 대조를 그의 시 에 투영시켰다고 밝혔다. (윤희억, 「베르그송의 철학을 통한 T.S. 엘리엇의 바람 부는 밤의 광상시 연구」, 『현대영미시연구』 제21권 1호, 2015.)

302) 이문재, 「T.S. 엘리엇 시학의 베르그송 다시 읽기」, 『영어영문학』 제50권 1호, 2004.

303) 『김우진 전집 Ⅱ』, 조명희에게 보낸 1924년 5월 23일자 편지, p.519.

접적 모사이다. 음악은 <세계의 모든 물질적인 것>에 대한 <형이상학적인 것>, 모든 현상에 대한 물자체의 (物自體)의 묘사인 것이다"[304]라는 니이체의 인식과 같다. 쇼펜하우어도 "세계의 참된 본성을 심각하게 직접적으로 보여주는 것으로서 음악만큼 강렬하게 작용하는 것이 없다"고 하면서 음악을 통해 가장 자기의 참된 가치와 의의를 느낀다고 했다[305]. 김우진의 모든 희곡 작품에는 시나 노래가 등장[306]한다. 또한 그의 시편에도 'for music'이라는 부제를 달거나 <哀樂曲>처럼 노래의 의미를 지닌 것도 있다. 음악과 시의 음악적인 요소와 분리하지 않은 그의 인식은 음악을 통해 형이상학적 세계로 선명하게 도달할 수 있을 것을 기대하고 있다. 김우진이 시와 극에서 음악적인 요소를 계속적으로 주장하고 장치화한 것은 철학과 음악의 조화를 얻기 위해 언어가 지닌 한계 때문에 내면을 적확하게 가시화하기 위한 갈구였다고 할 수 있다. 시극은 주제를 무엇으로 다루었냐는 것도 중요하지만 예술작품으로 음악적인 것을 드러내는 시극이라는 형식을 통해 표출할 수밖에 없는 어떤 것과 극성의 절대적인 결합이 그 의의이다.

김우진의 시와 희곡에 공통적으로 작용하고 있는 것은 정서를 이끌어 가는 음악적 요소(청각적 이미지)와 관념 세계의 가

---

304) 프리드리히 니이체, 앞의 책, p.155.

305) 쇼펜하우어, 최학순 옮김, 『쇼펜하우어 수상록』, 범우사, 1995, p.109.

306) <이영녀>에서도 포주 안숙이네가 엄마인 영녀를 기다리는 관구를 달래기 위해 '선녀(천사)'가 나오는 노래를 들려준다.(『김우진 전집 Ⅰ』, p.40) <산돼지> 2막에도 '귀신의 눈깔'이 지켜본다는 가사가 나오는 노래가 나온다.(『김우진 전집 Ⅰ』, p.135) 이 노래가사들은 작가의식이 비가시적 세계를 넘나들고 있음도 보여준다.

시화이다. 그래서인지 그의 희곡의 의미는 청각적 이미지와 유기적으로 연결되어 있다.

시와 극에서 음악적인 것은 작가의식과의 유기적인 결합 이상의 에너지를 포함한다. 엘리어트는 운문으로든 산문으로든 전체적인 기운이나 톤의 변화 없이 시가 자연스럽게 형성되어 형식이 눈에 띄지 않은 상태에서 감정을 극화된 상태로 몰아가야[307]한다고 주장하였다. '감정의 극화'는 김우진의 표현주의 극 <난파>와 표현주의 극의 특징이 드러나는 <산돼지>뿐 아니라 그의 다른 모든 극에서도 시로써 나타난다.

① Ca-ro No-me! 잊지 못할 네 이름! / 내 가슴 속 깊이깊이 들어온! 네 이름 그리워라! / 가슴에 불 지르고, / 마음에 끄지 못할 / 사랑의 불꽃을 준!
잊혀질 새 없이 / 이내 맘 그리워라 / 아! 죽을 그때에도 / 내 이름을 부르련다!
살아 있을 동안도 / 이 내 맘 그리워라. / 네 이름만 부르련다. / 죽어 가는 그 때에도!

— 희곡 <난파>에서[308]

② 아 뜨거운 김 속
鎔鑛爐 그 무서운 속
청춘은 팔독을 것고
뉘라서 對抗을 하리
뉘라서 對抗을 하리

---

307) T.S. 엘리어트, 위의 책, p.112.
308) 『김우진 전집 Ⅰ』, p.69.

아 열대 밋헤선
청춘 압헤 바람이 분다
신선한 바람이 분다
　신선한 이 바람결은!

– 희곡 <정오>에서309)

③ 아하 맛낫서라 偶然히
물결 놀고 바람치는
海邊가에서 님을 맛낫서라
　오냐 물결아 놀아라
　바람아 ㅅ뛰어라
　보다 어엽부게 놀고
　보다 힘잇게 ㅅ뒤일
　님 한 분을 만낫거던

아하 세상은 재미잇서라
겨울이 못 가서 봄이 오고
가슴이 식기 前에 님이 왓서라
　오냐 물결아 놀아라
　바람아 ㅅ뛰어라
　보다 어엽부게 놀고
　보다 힘잇게 ㅅ뒤일
　님 한 분을 만낫거던

– 희곡 <두더기 詩人의 幻滅>310)에서

①은 정거장식 구조를 지닌 <난파>에서 '비비'의 한계를 극

309) 『김우진 전집 Ⅰ』, p.180.
310) 『김우진 전집 Ⅰ』, pp.16~17.

복하고자 '비비'의 속성을 지녔지만 '비비'와는 구별된 이름의 '카로노메'라는 인물이기도 한 노래이다. 노래이면서 사람인 카로노메의 등장은 비현실적인 세계를 다루는 표현주의 작품에서 시의 메타포, 즉 비유적 이미지로 사용되어 각 장이 끝날 때마다 혹은 주요 인물이 등·퇴장할 때 등장하기 때문에 주제의식을 드러낸다. ②는 일제 강점기의 상황을 대도시의 바람 한 점 없는 여름날 '정오'라는 상징으로 그린 <정오>에서 작가의 목소리인 듯한 '學生 二'가 '알에그로'로 숨 막히는 순간을 은유적 이미지로 시화하여 낭송한 것이다. 정오의 상황을 청춘이 대항을 하고 있음을 청춘 앞에는 바람이 불고 있음을 환기시키고 있다. 미래를 향해 있다. ③은 극이 시작되면서 주인공 시인인 원영이 낭송하는 시로 작품 출발의 결정적인 원인을 내포하고 있다. 시를 읽는 격정 때문에 아기가 잠을 깨고 가족 간의 갈등이 생긴다. 이 시는 그 내용대로 주인공이 아름다운 여자를 만나 사랑의 감정에 휩싸인 것을 보여주기도 하나 시인이라는 주인공의 비현실적이고 이기적 성격을 은유적으로 드러낸다.

앞에서 밝혔듯이 <두더기 시인의 환멸>은 시작부터 긴장이 고조되어 아이러니로 치닫고 있으며 이 긴장으로 형성된 이미지가 극 전체를 관통하고 있다. 그리고 극의 끝도 '두더기 시인의 환멸이라는 희극'이라는 대사와 또 "시 한편이 또 나오겠다"는 신여성 박정자의 대사로 끝이 난다. 김우진은 <두더기 시인의 환멸>에서 사랑이라는 감정을 아이러니로 희화화하고 있는데 반해, 표현주의 극 <난파>에서는 사랑의 순례를 통해 자아를 탐색하다 도달한 '난파'의 순간에 아이러니하게도 행복에 도달한다. 루카치는 “순간이 집약적으로 간결이 표현되는 것은 찬물을 끼얹는 식의 지성화가 결코 아니라 오히려 인간의 운명에 대한 자기의식이 시적으로 성숙했음을 뜻하는 것이다. 여기서는 -그리고 오직 이런 경우에만 -극적인 것과 시적인 것이 이제 더 이상 서로 대립되는 원리가 아니다”라면서 시와 극이 결합된 이상적인 순간을 인간운명에 대한 자기의식의 순간이라 말하고 있다.

또한 시극에서는 상징적인 인물이 허락하는 한도 내에서 시를 분배해야 한다고 말한 엘리어트는 극중 인물에게 시를 떠맡기는 것이 아니라 극중 인물로부터 시를 끄집어 내야한다고 강조[311]했는데, 이것은 시극에서 인물의 성격과 극적 구조 속에서 시가 필연적으로 흘러 나와 정서가 자연스럽게 발흥해야한다는 것을 강조한 것으로 극적 요소가 시적요소와 만나 강력한 에너지를 발할 수 있는 순간의 요건을 말하고 있다.

『한국 시극사 연구』에서 이상호는 월탄 박종화가 자신의 <죽음보다 압흐다>[312]는 조선에서 처음으로 쓰인 창작시극이라고

---

311) T.S. 엘리어트, 앞의 책, pp.110~112 참고.

312) 1923년 『백조』에 발표된 <죽음보다 압흐다>에서 월탄은 그 완성도를 떠나 육체와 대별되는 영혼의 문제를 다루고자 했다. 사랑의 감정이 현실적인 제약으로 인해 영혼의 결합으로만 끝나는 것으로 보아서도 월탄은 시극의 요체가 눈에 보이지 않는 세계를 두드리는 것이라고 감지한 듯하다. 당대의 시풍을 반영한 듯 퇴폐적이고 병적인 면이 있으나 정신적인 측면에서 사랑을 확인하는 결말은 새로운 모습이다. 1925년 『조선문단』에 발표된 오천석의 <인류의 여로>는 등장인물이 실제 인물이 아니라 인류라든가, 증오, 편견, 문학, 철학, 자유, 평등 등 형이상학적인 관념들이다. 인류를 둘러싸고 있는 긍정인 가치와 부정적인 가치가 대립되다가 ‘국제심’에 의해 갈등이 종결된다. 1926년에 『조선문단』에 발표된 <세 죽음>은 정신적이고 종교적인 측면을 다루기 위

스스로 일기에 밝힌 것을 한국시극의 출발 근거로 삼았다[313]. 그는 월탄의 선구자 의식과 새로운 문학양식에 대한 호기심이 시극을 창작하게 하였다고 보고 월탄이 모든 문학적 양식을 섭렵할 정도로 문학적 재능의 비범함에 의미를 두었다.[314] 나아가 그는 박종화로부터 시작되어온 시극을 우리의 문화 예술자산으로 보고 시극사 연구에 의의를 두었다.[315]그러나 시극의 무엇이 문화자산으로 이름 지을 수 있는지는 밝히지 않아 아직 시극의 요체를 말하지는 않고 있다.

---

해 기독교 교리를 직접적으로 보여주어 예술작품이라기보다는 개념적 주장에 머물러 있다고 할 수 있다. 동년에 『학지광』에 발표된 <독사>는 에덴동산의 이야기를 패러디하여 이브가 저지른 실수를 만회하여 잃어버린 낙원을 공동체의식으로 회복하려는 것을 보여주나 掌篇 수준의 길이(『학지광』의 4쪽 안 되는 분량)로 실낙원이라는 거대담론을 뒤집는다는 것 자체가 개념적 수준을 벗어나지 못하고 있다. (이상은 김우진의 희곡보다 빨리 발표된 시극이다.)

313) 이상호, 앞의 책, p.48.

314) 이상호, 위의 책, p.56.

315) 이상호, 위의 책, p.131.

## 03 / 리듬과 극적 구성

김우진은 <산돼지>를 탈고한 후 조명희에게 원고를 보내면서 "선을 굵게, 힘잇게...자연주의 극은 우리의 내부 생명의 リズム(리듬)과 갓지 아니함으로외다. 그래서 그 삼막 전편의 리듬의 굵은 선의 진행이 이렇게 대강되었습니다."[316]라고 하면서 그림을 그려 보낼 정도로 극에 리듬을 표현하기 위해 애를 썼다. 과백(대사)을 조명희에게 조절해보라고 하지만 호흡에 치명상이 된다면 그냥 두라는 말을 덧붙[317]일 정도로 그는 호흡을 포함한 리듬에 예민했다.

또한 동학을 소재로 하여 당대의 현실적 문제를 접근[318]한 극이어서 작가의 사회인식[319]을 드러내고자한 면이 있으나 자

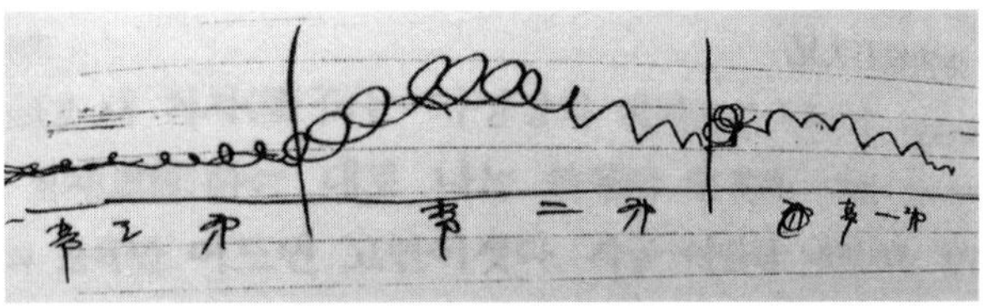

316) 서연호·홍창수 편, 『김우진 전집 Ⅱ』, 연극과 인간, 2000, p.529.

317) 위의 책, 같은 페이지.

318) 신원선, 『동학 희곡의 재조명』, 한국학술정보, 2005, p.77.

319) "문학단체파스큘라(PASKYULA)) 멤버로 적극적으로 활약하는 김복진과 프로문학 진영의 선두그룹 조명희등 1920년대 조선의 경향문학의 색채를 띤 문학청년의 "어떤 성격과 생명력을 추상"한 <산돼지>를 '리듬'으로 구상한 것이다."(권정희, 「'생명력의 리듬'의 형식」, 『반교 어문

연주의극으로 쓸 수 없는 이유를 내부생명의 리듬과 같지 않기 때문이라고 밝힌 것은 김우진이 무엇을 쓰는 것만큼이나 그 형식에 의미를 두고 있음을 보여준다.

리듬이 점차 높아지는 2막은 몽환장면으로 동학군으로서의 아버지와 만삭의 어머니가 어떻게 희생되고 있는지를 보여주면서 집돼지와 다른 산돼지 탈을 쓴 원봉이가 자신의 출생의 비밀을 알게 되는 부분이다. 1막에서 사회적으로 개인적으로 곤란한 상태를 반복적으로(리듬으로) 보여줌으로 점차 고조되던 갈등이 2막에서 그 원인규명으로 최고조로 이르고 리듬도 최고조에 닿는다. 즉, 리듬이 최고에 닿을 때 주인공은 자신이 누구인지 깨닫는 것이다. 나아가 원봉은 개인의 고통 속에 내재된 역사적 희생과 의무를 깨닫게 된다. 이후 현실로 돌아온 3막에 이르러서 개인적 갈등인 연애조차도 정서적으로 정리에 이른다.

그가 말한 '내부 생명의 리듬'은 니이체가 말한 "등장인물을 우리가 아무리 명료하게 움직이게 하고 생동하게 하며 내면으로부터 조명한다고 해도 그는 항상 현상으로만 머물러 있다. 그로부터 진정한 실재, 세계의 심장에 도달하는 다리가 놓여지지 않았다. 그러나 이 심장부에서부터 말하는 것은 음악이다[320]"와 같은 맥락에서 생각할 수 있다. 따라서 어떤 존재의 진정한 실재를 그리려고 한다면 극에서 리듬에 의존할 수밖에 없을 것이다. 김우진은 조명희에게 편지를 통해 조명희의 시 <봄 잔디 밭우에>와 <달조차>를 작품에 썼다[321]면서 양해를

연구』 30호, 반교어문학회, 2011, p.153.)

320) 프리드리히 니이체, 김대경역, 『비극의 탄생』, 청하, 1991, p.33.

321) 『김우진 전집 Ⅱ』, 1926년 7월 12일자 조명희에게 보낸 편지, p.527.

구했는데, 이는 김우진이 <산돼지>를 구상할 때 전체적 리듬을 고려하여 플롯을 설계한 것을 다시 입증한다. <봄 잔디 밭우에>는 3막 이후에 대화 속에서 세 번이나 낭독되고 결론을 대신하여 다시 낭송된다. "시에서 반복은 그 중요 요소인 리듬을 빚어내기 위한 시도로 이루어지는 것이다. 반복의 원리가 패턴에 비중을 두게 되면 병렬의 근거가 생긴다. 시에서 병렬은 대조의 개념에서 출발한다 ...구조화가 이루어진다"[322]는 말처럼 반복이 리듬을 만들고 구조적으로 병렬을 이루고 의미적으로는 대조를 이루며 교유[323]로서 새로운 자질과 새로운 의미의 상징적 의미를 만든다.

리듬을 극에서 어떻게 실현할 수 있는지에 대한 문제는 극작가의 시적 감수성과 내용을 창조적으로 빚으려 하는 개성적인 표현에 달려있다[324]. 시극에서 리듬은 플롯을 통해 형성된다고 할 수 있는데 플롯은 작품의 인과 관계 뿐만 아니라 어투 성격 등 극의 여러 요소들을 녹여 전체적인 내용의 완성을 이루어내는 것이다. 따라서 시극의 리듬은 소리뿐만 아니라 행동이나 이미지 등 모든 것의 반복을 통해서 형성된다. 반복적인 것 사

322) 김용직, 『현대시론』, 학연사, 1988, p.223.

323) 필립 윌라이트, 김태옥 역, 『은유와 실재』, 문학과 지성, 1982, p.85.

324) "창작의 심리학은 ... 극히 초기 단계에 있어서 시인의 마음에는 어떤 종류의 통제적이고, 조정적인 힘이 확립되는 있는데, 이 힘을 코울리지는 동인(動因, intiative)이라 불렀다. 이 힘은 점차 모든 것을 흡수하고, 결국에는 작품의 포괄적인 형식이 되어 나타난 것이다. ... 주제는 그와 같은 인자의 하나이며, 이미지의 적절성을 결정짓는 정조(情調, mood)의 통일성에 대한 감각도 그러하다. 만일 그 작품이 규칙적인 운율을 가지고 있는 시라면, 그 운율도 인자의 하나일 것이며, 그렇지 않을 경우에도 어떤 다른 통합적인 리듬이 존재하게 될 것이다."(노드롭 프라이, 위의 책, p.343) 참고.

이에는 리듬이 생기고 긴장을 만들기 때문이다. 리듬은 똑같은 것이 일정하게 규칙적으로 반복될 때 청각에서 느껴지는 질서에서 공간적 시간적으로 확장되었다.[325] 시에서 리듬은 반드시 의미 내용과 상관관계를 지닌다.[326] 겉으로 보이지 않는 리듬은 작품을 실제적으로 낭송할 때 작용하는 구체적인 것으로 내용을 심화시키기도 하고 또 변형시켜 울림을 갖게도 한다. 자유시의 음악성은 형식적인 율격보다는 구체적인 리듬을 통해 실현되고 반복되어 이미지까지 리듬을 형성[327]하여 반복적인 리듬으로 형성된 이미지가 시의 의미를 이룬다.

김우진은 <정오>에서 공일 한낮의 더위를 피해서 쉬려는 노동자(모군)와 아기 보는 여자(고모리)를 몰아세워 쉬지 않고 일을 하도록 강요하는 일인 순사의 행위를 반복적으로 보여준다.

---

325) 심은독, 「고대 그리스 유대 문화에서 본 오감의 탄생」, 『철학논집』 제18집, 서강대학교 철학연구소, 2009, pp.146~147.

326) 김용직, 위의 책, p.210.

327) 본 논문에서 인용하는 시극에 대한 전반적인 이론은 필자가 이전에 시극정립을 위해 쓴 글(「옛날옛적에 훠어이 훠이연구」(『한국연극연구』 제3집, 한국연극사학회, 2000, pp.145~170)와 「한국 시극의 가능성을 위한 서설 -최인훈의 「둥둥낙랑둥」을 중심으로」(『드라마 연구』 제24집, 한국드라마학회, 2006, pp.141~168)에 인용했던 T.S. 엘리어트와 노스롭 프라이의 시극 이론을 근거로 하여 동일한 시각에서 시극에 대한 견해를 밝히려한다.
문예비평에 있어서 음악적이라는 말이 혼란스럽게 사용되어지고 있는 주된 이유는 비평가들이 시에 있어서 음악을 고찰할 때, 그들의 논의의 대상으로 하고 있는 시와 동시대에 속하는 음악(강한 악센트와 추의 리듬을 갖고 있는)에 대해서 생각하는 일이 거의 없고, 고전시대의 음악구조에 대해서 생각하기 때문이다. 고전시에 있어서는 음의 패턴, 즉 음의 장단은 반복적인 요소임으로 해서, 따라서 멜로스(melos)의 일부였는데, 현대에 있어서 그것은 옵시스(opsis)의 일부가 되고 있다.

또 일본인(하오리)에게 돈을 갚아야하는 한국인(굴네수염)의 비굴함이 반복적으로 나타나는 가운데 일본인(하오리)은 학생들에게도 노동자에게도 반복적으로 잔소리를 한다. 여름 한낮의 열기와 일인의 감시와 잔소리의 반복으로 공원은 점점 뜨거워져 마침내 처음 배경인 '오전'이 '정오'로 되어 버렸다. 즉 오전이라는 시간이 흘러 정오가 된 것이 아니라, 시적으로 읽으면 '정오'는 동일한 억압의 반복으로 이들이 느끼는 열기와 분노가 만든 것이다. 그래서 시간이 흘러도 이 반복되는 상황은 계속되는 것을 의미하며 한 여름날 '정오'의 상황이 계속적으로 지속될 것을 보여준다. 이렇게 시적으로 해석할 때 <정오>는 단순하지 않은 극이 된다. 시인의 상상력과 결합된 극적 구성은 짧아도 시가 오랜 여운을 남듯이 단막극에 지나지 않은 <정오>가 일제 강점기에 이 땅의 정신적 상황을 상징적으로 드러낸 것이다.[328)]

<두더기 시인의 환멸>에서도 반복되는 주인공 시인과 신여성의 갈등이 마지막에는 자신들의 모순을 희화화하여 스스로를 폭로하고 있다. 일반적으로 극은 구성을 통해 사건이 발달하여 위기를 거쳐 클라이막스에 도달하나 이 극은 처음부터 감정이 최고조인 크라이막스에 도달해 있으며 갈등은 해결되지 않고

---

328) 정우숙, 「김우진 극작술의 맥락에서 본 <정오>」, 『한국근대 문학 연구』, 한국근대문학회, 2011. 이 논문은 <정오>가 사회 비판적 차원뿐만 아니라, 잠재적 저항을 지향하는 문제적 청년의 상징성을 제시한다고 보았다.
이승현, 「김우진 희곡 <정오>에 나타난 탈 식민지적 양상 고찰」, 『극예술연구』 33집, 한국극예술학회, 2011. 이 논문은 <정오>가 시간과 공간을 통해 탈식민적 인식을 드러냈다고 보았다.

처음과 같은 상태에서 끝이 난다. 극의 구조로 보아 이 문제적 갈등 상황은 앞으로도 반복될 것이다.

<이영녀> 조차도 1막의 영녀의 유린당하는 삶은 2막의 노동자로 수탈당하고 모욕당하는 삶으로 반복되어 나타난다. 3막의 가난한 재혼 여성의 병든 모습까지 보여줌으로 고통이 반복적으로 나타난다. 음악이 같은 주제를 악기를 달리하여 반복하여 보여주듯이 주제를 드러내는 서사가 병렬적으로 구성되었다. <난파>도 표현주의 극 형식인 정거장식 구조를 통해 같은 일이 반복하여 리듬을 형성하고 있음을 알 수 있다. <산돼지>에서도 몽환장면이전까지 주인공은 자기 자신과 자신이 처한 상황을 거부하여 부정적이고 공격적인 모습을 반복적으로 보여준다. 대사의 반복은 물론이고 극구성의 반복을 통해 긴장을 발전시켰다. 김우진의 희곡 작품들은 그가 직접적으로 밝힌 <산돼지> 외에도 반복에 의해 구성(plot)이 진행된 것을 알 수 있다.

시극에서는 내면의 보이지 않는 세계와 보이는 세계를 동시에 보여주는데 여기에서 반복으로 형성된 리듬은 보이지 않는 세계의 가시화와 그 세계로의 이동을 용이하게 한다. 김우진이 조명희에게 보낸 편지에서 밝힌 '내부 생명의 리듬'을 베르그송의 생명력과 관련하여 집중적으로 밝히려 한 권정희는 "조선의 현실에서 요청하는 내용과 형식의 동시적인 과제를 작가는 베르그송의 생의 철학과 접속하면서 내면을 드러내는 극의 형식으로 점화할 수 있었다."[329]라고 하며 김우진이 리듬을 통해 내용과 형식의 일치를, 내면세계의 가시화를 시도했다고 보았다.

329) 권정희, 「'생명력의 리듬'의 형식」, 『반교 어문연구』 30호, 반교어문학회, 2011, p.171.

> …한편의 시 또는 시의 한 귀절은 말을 통한 표현에 이르기 전에 한 특수한 리듬으로서 나타나는 경향이 있으며, 이 리듬이 나중 시의 내용과 이미지를 밝히 나타내게 되는 것 같다.[330)]

엘리어트의 말처럼 작가가 시극을 쓰려고 할 때는 말 이전에 리듬을 설정해야만 할 것인데 이 리듬에 의해 내용과 이미지가 진행되는 것을 김우진의 전 희곡 작품에서 확인 할 수 있었다.

---

330) T.S. 엘리어트, 앞의 책, p.61.

## 04 / 시극의 기능 - 화해와 평온의 상태 지향

현대에 와서도 시극이 지속적으로 시도되는 것은 본질적으로 과거에 시로써 비극이 도달한 극시의 효용을 부분적으로나마 얻기 위한 방편으로 추구된 것은 아닌가 생각한다. 그래서 엘리어트는 산문으로 써야 할 극과 시로 써야 할 극을 구별하라고 한다.[331] 시극으로 쓸 수밖에 없는 소재나 주제는 시극으로 쓸 때 내용에 맞는 형식을 지님으로 그 내용을 극대화 할 수 있는 것이다.

> "일상 생활의 행동에 까지 이르게 될 때 자명할 수도 있고 분간 할 수도 있는 우리들의 의식 생활의 감정과 동기 -그것은 산문극이 표현하기에 가장 적합한 부분이기는 하지만- 그것을 초월한 곳에, 우리들이 소위 곁눈질을 통해서만 겨우 포착할 수 있고, 명확히는 초점을 맞추어 볼 수 없는 감정, 다만 일시적 행동에서 떠난 곳에서만 감지할 수 있는 감정의 무한한 영역이 존재하는 것이라고 나는 생각한다. 입센이나 체호프 같이 때때로 산문으로는 가능하다고 생각되지 않는 것을 산문으로 쓴 위대한 산문 극작가들이 있다. 그러나 그들이 성공했음에도 불구하고 산문으로 씀으로서 그들은 표현상의 제한을 받았다고 나는 생각하는 것이다. 이러한 감정의 특수한 영역은 그것이 최고도에 달한 순간에는 극시에 의해서만 표현할 수 있는 것이다....극적 질서와 음악적 질서의 두

331) T.S. 엘리어트, 위의 책, p.110.

면이 동시에 나타내도록 인간의 행동과 언어로 설계해 놓은, 완전한 시극의 신기루가 보이는 것이다....일상의 현실에 확고한 질서를 부여하고 나아가서 현실 속에 존재하는 질서를 감지케 함으로써 우리들을 평온과 조화와 정밀의 상태로 이끌어가고....궁극적으로 예술의 기능이기 때문이다."[332]

일상 생활을 초월한 감정의 특수한 영역을 그리려할 때는 극적 질서와 음악적 질서가 동시에 이루어진 시극에 의해서만 엘리어트는 일상의 질서를 감지하고 평온과 조화와 정밀의 상태에 이를 수 있다고 보고 이것을 예술의 궁극적 기능이라고 보았다. 시극은 과거의 극시라는 극의 형식을 재현하려는 것이 아니라 엘리어트의 말을 빌리자면 '무시간의 통일성' 또는 '회전하는 세계의 정지점'[333]을 위해 필요한 것이다. 따라서 시극은 극의 최초의 순간처럼 시의 철학적인 면과 음악적인 면을 결합시켜 순간적으로나마 구원을 느낄 수 있는 종교적 상태를 희구한 것으로 볼 수 있다. 엘리어트는 1차 세계대전 후, 절망과 회의에 빠진 혼돈의 시대에서 구원의 길을 제시하고자 노력함으로써 사회의 대변자로서의 작가의 사명에 충실하였다.[334] 그럼으로 엘리어트는 시극을 통해 전적으로 화해와 치유와 구원을 갈망했다.[335] 엘리어트가 시극을 통해 얻으려는 것과 김

---

332) T.S. 엘리어트, 앞의 책, pp.130~131.

333) 이창배, 『인간과 문학; T.S. 엘리어트 연구』, 민음사, 1993, p.25.

334) 이수경, 『T.S. Eliot의 詩劇에 나타난 "Incarnation"의 세계 : Murder in the cathedral과 The cocktail party를 중심으로』, 이화여자대학교 석사학위논문, 1985.

335) 김부영, 『T.S. Eliot의 詩劇에 나타난 救援의 樣相에 관한 연구』, 한양대학교 박사학위 논문, 1990.

우진이 <산돼지>, <난파>, <이영녀>에서 얻고자하는 것은 상관성을 갖는다.

(永女난 明順의 얼굴을 힘잇게 어머니의 사랑보다도 千古의 秘密을 凝視하는 듯 바라보고 있다)

永: (힘업시 눈동자랄 옴겨 ㅅ도 한참 동안 東트는 便을 바라보고 안졋다. 얼굴에, 두 눈에, 점점 生氣가 도라온다.... 極히 느린 그 動作에난 形便 업난 精靈의 存在만이 보이는 것 갓다.... 흰 얼굴빗 우에는 死面 갓흐나 生의 리듬이 돈다...)[336]

<이영녀>에서 죽음의 순간에 놓인 주인공이 보는 '생의 리듬'은 일상에서는 찾아 볼 수 없는 세계이다. 매음녀로 노동자로 살아온 주인공이 맞이하는 죽음은 육체적인 의미를 벗어나 정밀의 순간이고 구원의 순간이다. '永女'라는 이름은 영원한 여성을 의미하는데 그녀는 딸 명순을 마지막으로 볼 때 천고의 비밀을 보듯 바라본다. 이 장면은 여성 안에 감추인 여성으로서의 생의 비밀을 발견하고 죽음으로 끝이 아니라 지속될 것을 보여준다. 고통스러웠던 삶과 화해하고 생명적 충일함을 이미지로 나타냈다.

詩人: (밋치며) 불에 물에요. 날 혼져 빠지게 해 쥬. 아 難破란 것이 이럿케 幸福이 됨닛가?
難破란 것이 이럿케 幸福이 됨닛가?[337]

---

336) 『김우진 전집 Ⅰ』, p.64.
337) 『김우진 전집 Ⅰ』, p.100.

시극의 비가시적 세계와 정신적 가치를 형상화하여 움직여나가는 모습은 표현주의극에서도 볼 수[338] 있다. <난파>에서 주인공 시인은 격앙된 감정으로 비비, 카로노메, 갈레오토 등 비현실적 인물을 순례하다가 마지막에 물에 빠져 행복을 느낀다. 물을 통한 '정화'는 갈등의 종결과 안식을 제공하기 때문이다.

연극학자 프란시스 퍼거슨은 정화는 그 목적이 제의와 관련된 것이므로 비극은 인간의 성질과 운명에 대한 신비를 그리고 영혼의 건강을 목적으로 진행한 것이라고 『시학』의 핵심[339]을 정리한 바 있다. 그렇기 때문에 시극을 통해 엘리어트는 감정과 정신의 경계에서 정신의 세계를 지향했고 예이츠는 신화를 통해 인간 보편적인 이야기를 다루었다.

<산돼지>에서 마지막 원봉의 시낭송은 결말을 대신한 것인데 김우진은 갈등의 해결 대신 정서적 경험을 제공한다. 이것은 1926년 당시 현실에서 만날 수 없는 위로와 평화의 경험이다.

元 : (貞淑의 눈을 한참 듸려다 보다가 크게 숨 쉬고 나서 徐徐히 외인다. 외이는 동안 貞淑은 수건으로 쟈긔 얼골을 갈인다)

내가 이 잔디밧 우에 ㅅ뒤노닐 적에
우리 어머니가 이 모양을 보아주실 수 업슬가

338) 김미도, 「시와 연극의 상관성 - 시를 지향하는 연극」, 『현대시』, 1998.5, p.35.

339) 프란시스 퍼거슨, 이경식역, 『연극의 이념』, 현대사상사, 1980, p.75.

아린 아기가 어머이 젓가슴에 안겨 어릿광함갓치
내가 이 잔디밧 우에 짓둥그를 적에
우리 어머니가 이 모양을 참으로보아 주실 수 업슬가

미칠 듯한 마음을 견데지 못하여
엄마! 엄마! 소리르 내엿더니
땅이 우애! 하고 한울이 우애! 하옴에
어나 것이 나의 어머니인지 알 수 업서라

– 幕 徐徐히[340]

봄이 의미하는 새 생명감과 자연의 충만감은 새로운 출발을 앞둔 사람들에게는 상징적으로 다가온다. 김우진은 시의 세계와 시가 주는 효과를 충분히 인지했다. 시는 논리가 도달할 수 없는 안정감과 이성으로 주장할 수 없는 감동을 줄 수 있기 때문이다. 그간 김기진부터 시작된 <산돼지>에 대한 부정적 평가는 이 극을 시극으로 읽을 때 새롭게 바뀔 수 있을 것이다. 상징적 이미지를 통해 詩라는 것은 지성을 완전히 지워버린다는 윌러스 스티븐스의 말[341]처럼 상징은 논리와 개연성을 뛰어넘어 새로운 세계를 경험하게 한다. 김우진은 갈등이 해결된 화해와 평온함을 봄이라는 원형 상징을 통해 시적 이미지로 나타냄으로써 관객이나 독자는 쉽게 인지할 수 있도록 했다.

340) 『김우진 전집 Ⅰ』, pp.173~174.
341) 필립 윌라이트, 앞의 책, pp.97 참고.

## 05 / 맺는말

시극의 리듬은 청각적인 멜로스(melos)와 눈에 보이는 옵시스(opsis)로 인간 본질과 관련된 정신과 종교를 다루는 형이상학적인 세계를 드러내는데 효과적이다. 김우진 희곡의 전편에 시와 노래가 나오기도 하지만 무엇보다 김우진의 희곡이 시극의 가능성을 지닐 수 있는 근거는 그가 <산돼지>를 쓸 때 리듬을 염두에 두고 극 전편에 흐르는 리듬을 그림으로 제시했다는 데에 있다. 그리고 극에서 리듬으로 도달한 시를 통해 상징적으로 화해와 무한한 가능성의 이미지를 그리고 있는데 이것은 논리로 다가갈 수 없는 세계이다. <산돼지> 이외에 <정오>, <두더기 시인의 환멸>, <이영녀>, <난파>에서도 노래나 시를 이용한 리듬으로 극을 이끌어 간 것과, 리듬으로 형성한 이미지를 발견할 수 있었다. 이는 일상적인 세계와 세속성을 뛰어넘고자 하는 김우진의 정신세계를 극명하게 드러냈다.

리듬은 리듬을 창조하려고 하는 사람의 의식적인 숨결에서 발생하기 때문에 시와 극에서 리듬은 작가의식과 작품의 유기적인 결합 이상의 에너지를 포함한다. 희극으로 쓰인 작품을 제외한 나머지 <산돼지>, <이영녀>, <난파>의 결말 부분에는 현실을 뛰어넘는 가치 추구의 작가의식이 드러나 엘리어트가 시극에서 추구한 화해와 평온이라는 순간적 종교성을 느낄 수 있었다. 근대극 초창기에 쓰인 김우진의 희곡은 작가의 내적 욕망에 의해 음악과 철학의 조화라는 시성과 극성이 유기적으로 결합한 자생적 시극이라 할 수 있다. 극적 요소와 시적요소를 긴밀하게 결합시켜 시극으로서만 만날 수 있는 새로운 경험을 가능케 하는 완성도 높은 시극이 한국문학에 출현하지 않은 상황에서 김우진의 희곡에 대한 면밀한 연구는 시극 창작의 새로운 방법을 제시하기도 한다.

# 참고문헌

# 참고문헌

## 1. 자료


『金祐鎭 全集 Ⅰ, Ⅱ』, 전예원, 1983.
서연호·홍창수 편, 『김우진 전집 Ⅰ, Ⅱ, Ⅲ』, 연극과 인간, 2000.
일연 저·이병도 역, 『三國遺事』, 권2, 권3, 명문당.
≪대한매일신보≫, 1907.5.4
≪동아일보≫, 1921.7.27.
≪조선일보≫, 1926.1, 23~24.
『개벽』, 1922.10.
『新女性』, 1923.11.
『조선지광』 제64호, 1927.2.
『학지광』 제 3호(1914)·5호(1915.5)·6호(1915.7)·11호(1917.1) 22호(1921.6).
김억, 「시형의 음률과 호흡」, 『태서문예신보』 14호, 1919.1.13.
오천석, 「인류의 여로」, 『조선문단』 8호, 1925.5
유도순, 「세죽음」, 『조선문단』 16-7호, 1926.5-6.
이헌, 「독사」, 『학지광』 27, 1926.5
「懸賞文藝爭先應募하시오」, 『靑春』 8·9호, 1917.
황석우, 「시화」, ≪매일신보≫, 1919.10.13.
_____, 「조선 시단의 발족점과 자유시」, ≪매일신보≫, 1919.11.10.


## 2. 논문 및 평문


강옥선, 「윌리엄블레이크의 반제국주의-산업화와 노동의 문제」, 『19세기 영어권 문학』 9(3), 19세기 영어권 문학회, 2005.
곽홍란, 「한국 현대 시극의 형성과 전개양상에 관한 연구 1920~1960년대를 중심으로」, 영남대학교 박사학위 논문, 2007.

권경희, 「'생명력의 리듬'의 형식」, 『반교 어문연구』 30호, 반교어문학회, 2011.

권유성, 「1920년대 초기시의 미학성과 사상성」, 『국어국문학』 172호, 국어국문학회, 2015.

김경선, 「정지용과 중국한시의 회화 특징 비교연구」, 『韓中 人文學 硏究』 45집, 한중 문학회, 2014.

김명호, 「율격시와 자유시의 리듬비교분석」, 『현대 영미어문학』 제16권 1호, 1988.

김미도, 「시와 연극의 상관성 - 시를 지향하는 연극」, 『현대시』, 1998. 5.

김부영, 『T.S. Eliot의 詩劇에 나타난 救援의 樣相에 관한 연구』, 한양대학교 박사학위논문, 1990.

김성진, 「김우진의 연극관 연구」, 『드라마 논총』 21집, 한국드라마 학회, 2003. 12.

김성희, 「김우진 유치진 희곡의 기호학적 연구: <난파>, <산돼지>, <토막>, <소>를 중심으로」, 단국대 박사논문, 1991.

김우진, 「수산 김우진의 희곡에 나타난 젠더정치학: 「두데기 시인의 환멸」을 중심으로」, 『한국학연구』 52, 고려대학교 한국학연구소, 2015.

김정수, 「미국 극에 나타난 표현주의」, 『외국어문 논집』 제7집, 부산외국어 대학, 1986.

김정아, 「낭만주의와 관련하여 네리발의 시에 나타난 견성과 오르페우스적 환시에 대한 연구」, 『불어불문학 연구』 86집, 불어불문학회, 2011.

김홍식, 「조명희 문학과 성공회 체험」, 『한국문학과 계몽 담론』, 문학사와 비평 연구회, 새미, 1999.

김종철, 「<산돼지> 연구」, 『한국현대 극작가론1 - 김우진』, 한국극예술학회편, 1996.

노춘기, 「근대 형성기의 창작 주체와 장르의식」, 『어문논집』 54권 10

집, 민족어문학회, 2006.
______, 「잡지 <삼광> 소재 시와 시론 연구」, 『批評文學』 제42호, 2011.
문수경, 「김우진 3막 희곡의 연구」, 성균관대 석사논문, 1987. 2.
민병욱, 「김우진의 <이영녀> 연구 - 갈등구조를 중심으로」, 부산대 석사논문, 1987.
민병원, 「한국 근대 시극 <인류의 여로>에 대하여」, 『전통문화논집』 창간호, 경성대 향토문화연구소, 1993. 8.
박명진, 「김우진 희곡의 기호학적 분석 <산돼지>를 중심으로」, 중앙대 석사논문, 1988.
______, 「김우진과 식민지 모더니티」, 『어문논집』 53호, 중앙어문학회, 2012.
박슬기, 「한국 근대시의 새로운 리듬론, 리듬의 음성주의를 넘어서」, 『한국시학 연구』, 제36호, 2013.
______, 「한국과 일본에서의 자유시론의 성립」, 『한국현대 문학 연구』, 제 42집, 2014.
박정호, 「극시형성 및 장형화에 대한 일고찰」, 『한국어문연구』 8, 한국외대 어문학 연구회, 1997. 2.
박현옥, 「모리 레이코의 『삼채 여자론』 - 조선여인 오타 줄리아를 중심으로」, 『일본문화학보』 제54집, 2012.
______, 「고즈시마 섬의 줄리아 축제에 관한 연구 - 조선여인 '오타 줄리아'를 중심으로」, 『일본어문학』 제58집, 2013.
배봉기, 「김우진의 희곡 <산돼지> 인물연구」, 『드라마 논총』 8호, 한국드라마학회, 1996.
서지영, 「근대시의 서정성과 여성성 - 1920년대 초기시를 중심으로」, 『한국근대문학연구』 13호, 한국근대문학회, 2000.
손화숙, 「김우진의 시 연구」, 『어문논집』 33, 고려대학교 국어국문학과, 1994.
신연수, 「일본 유학시절 金祐鎭에게 준 부친 김성규의 계서」, 『近代서지』 3~4호, 2011~2012.
신용님, 「김우진 희곡 연구」, 연세대 석사논문, 1984.8.
심은록, 「고대 그리스 유대 문화에서 본 오감의 탄생」, 『철학논집』 제18집, 서강대학교 철학연구소, 2009.
양승국, 「金祐鎭 재론」, 『김우진』, 한국극예술학회, 연극과 인간, 2010.
______, 「극작가 金祐鎭 재론」, 『한국극예술연구』 제7집, 한국극예술학회, 1997.
엄경희·유정선, 「자연시의 전통과 世界觀의 변모」, 『한국시의 미학적 패러다임과 시학적 전통』, 소명출판, 2006.
염철, 「김우진 산문을 통해 본 시 인식 양상」, 『어문논집』 제61집, 2015.
유석환, 「每日新報와 近代文學; 1910 - 1929」, 『근대서지』 제9호, 2014.
유호식, 「자기에 대한 글쓰기 연구(1)－고백의 전략」, 『불어 불문학 연구』 43권, 불어불문학회, 2000.
윤의섭, 「근대시의 미적 자율성 형성과정 연구」, 『한국시학 연구』 제21호, 2008.
______, 「시종결 방식의 형성과 의미」, 『한국시학연구』 제33호, 2014.
윤진현, 「金祐鎭의 문자의식과 문학어의 성립과정」, 『김우진』, 한국극예술연구편, 연극과 인간, 2010.
이미원, 「김우진 희곡과 표현주의」, 『경희어문학』 7, 경희대 국문과, 1986. 9.
이상일, 「연극과 역사의식」, 『연극평론』, 1973 겨울호.
이수경, 『T.S. Eliot의 詩劇에 나타난 “Incarnation”의 세계 : Murder in the cathedral과 The cocktail party를 중심으로』, 이화여자대학교 석사학위논문, 1985.
이승현, 「김우진 희곡 <정오>에 나타난 탈 식민지적 양상 고찰」, 『극예술연구』 33집, 한국극예술학회, 2011.
이은경, 「水山 金祐鎭 硏究」, 숙명여대 박사논문, 1994.
이철호, 「1910년대 후반 청년지식인들의 기독교적 ‘生命’ 인식－<學之

光>을 중심으로」, 『한국기독교역사연구소식』 제78호, 2007a.
______, 「근대적 자아의 비의」, 『상허학보』 19집, 2007b.
이현원, 「1920년대 극시 시극연구」, 계명대학교 석사학위논문, 1988.
이현원, 「한국현대 시극연구」, 계명대학교 박사학위논문, 2000.
임승빈, 「1920년대 시극연구」, 『한국극예술연구』 제16집, 한국극예술학회, 2002.
정대성, 「한국근대시의 먼동, 수산 김우진의 한시－전통의 변용과 창출, 전통과 근대의 변증법－」, 『민족문화 논총』 제31편, 2005a.
______, 「새로운 자료로 살펴 본 와세다 대학 시절의 김우진」, 『한국극예술연구』 제25집, 한국극예술학회, 2005b.
정우숙, 「김우진 극작술의 맥락에서 본 <정오>」, 『한국근대 문학 연구』, 한국근대문학회, 2011.
진재교, 「동아시아의 詩歌 文學과 近代의 발견: 近代 전환기와 漢詩의 대응 - 近代 인쇄 媒體와 漢詩와의 상관성」, 『한국시가 연구』 24권, 한국시가학회, 2008.
허형만·김성진, 「한국시극연구」, 『목포대학교 논문집』 16-2, 1997. 2.
홍창수, 「김우진 연구: 수상을 포함한 문학평론과 희곡의 관련성을 중심으로」, 고려대 석사논문, 1992. 2.

## 3. 국내 편저서

『金祐鎭』, 한국극예술학회 편, 연극과 인간, 2010.
강대석, 『새로운 역사철학』 한길사, 1991.
권택영, 『포스트 모더니즘이란 무엇인가』, 민음사, 1991.
김광요, 『독일희곡사』, 명지사, 1989.
김방옥, 『한국사실주의 희곡연구』, 동양공연 예술연구, 1989.
김병익 편, 『토마스 하아디 단편집』, 범조사, 1977.
김성곤, 『탈모더니즘 시대의 미국문학』, 서울대학교 출판부, 1989.
김성희, 『한국현대 희곡 연구』, 태학사, 1998.
김영무, 『W. BLAKE』, 혜원출판사, 1987.

김영철, 「近代詩의 形成期」, 『한국현대시사』, 민음사, 2008.
김용직, 『현대시론』, 학연사, 1997.
김우탁, 『영미 희곡개론』, 성균관대학교 출판부, 1983.
김인주, 『독일 니힐리즘 문학』, 강원대학교 출판부, 1996.
김종대, 『독일 희곡 이론사』, 문학과 지성사, 1986.
김종훈, 『한국근대 서정시의 기원과 형성』, 서정시학, 2010.
김주연, 『고트프리 벤 연구』, 문학과 지성사, 1981.
김준오, 『文學史와 장르』, 문학과 지성, 2000.
김풍기, 『漢詩의 品格』, 창비, 2014.
박이문, 『詩와 科學』, 일조각, 1984.
______, 『인식과 실존』, 문학과 지성, 1987.
박찬기, 『표현주의 문학론』, 민음사, 1990.
서연호, 『한국근대 희곡사』, 고려대학교 출판부, 1996.
성기옥 外, 『한국시의 미학적 패러다임과 시학적 전통』, 소명출판, 2006.
신근재, 『한일 근대 문학의 비교 연구』, 일조가, 1995.
신원선, 『동학 희곡의 재조명』, 한국학술정보, 2005.
양승국, 『김우진, 그의 삶과 문학』, 태학사, 1998.
여석기편, 『현대 영미 희곡 작품론 노트』, 한신문화사, 1987.
오세영, 『한국현대시사』, 민음사, 1970.
유민영, 『한국연극 운동사』, 태학사, 2001.
이광래, 『미셸푸코』, 문학과 지성, 1990.
이근삼, 근대 영미 극 개론, 영미희곡수필 평론, 영미 어학 문학 총서, 1964.
이두현, 『한국신극사 연구』, 서울대학교 출판부, 1986.
이상호, 『한국시극사연구』, 국학자료원, 2016.
이재호 편역, 『낭만주의 영시』, 탐구당, 2002.
이창배, 『인간과 문학; T.S. 엘리어트 연구』, 민음사, 1993.
이호룡, 『한국의 아나키즘-사상편』, 지식산업사, 2002.

정우택, 『한국근대 시인의 영혼과 형식』, 깊은 샘, 2004.
조영복, 『1920년대 초기시의 이념과 미학』, 소명출판, 2004.
최대호, 『현대시와 한시』, 은하출판사, 1994.
한자경, 『자아의 연구』, 서광사, 1997.

## 4. 역서

발터 벤 야민, 차봉희 역, 『현대사회와 예술』, 문학과 사회, 1980.
버나드 쇼오, 이종수 역, 『인간과 초인』, 정음사, 1971.
버나드 휴이드, 정진수 역, 『현대연극의 사조』, 홍성사, 1979.
칸딘스키, 권영필 역, 『예술에 있어서 정신적인 것에 대하여』, 열화당, 1981.
D.C. Muecke, 문상득 역, 『아이러니』, 서울대학교 출판부, 1986.
에드먼드 윌슨, 이경수 역, 『악셀의 성』, 홍성사, 1980.
에머슨, 이창배 역, 『에머슨 수상록』, 서문당, 1996.
앙리 베르그송, 황수영 역, 『창조적 진화』, 아카넷, 2005.
에르 스트벤츠, 이종성 역, 『진화사상과 그리스도교의 희망』, 현대사상사, 1975.
프리드리히 니이체, 김대경 역, 『비극의 탄생』, 청하, 1991.
____________, 최승자 역, 『짜라투스투라는 이렇게 말했다』, 청하, 1991.
프란시스 퍼거슨, 이경식역, 『연극의 이념』, 현대사상사, 1980.

가스똥 바슐라르, 이가림 역 『물과 꿈』, 문예출판사, 1980.
____________, 민희식 역 『불의 정신분석』, 삼성출판사, 1992.
고트프리트 벤, 김주연 역, 『올페의 죽음』, 민음사, 1974.
지그문트 프로이드, 김종엽 옮김, 『토템과 타부』, 문예마당, 1995.
G. 루카치, 반성완. 심희섭역, 『영혼과 형식』, 심설당, 1987.
게오르그 트라클, 손재준 역, 『귀향자들의 노래』, 민음사. 1975.
H. 베르그송, 서정철 역, 『창조적 진화』, 을유문화사, 1972.

헤릭 입센, 고승길 편역, 「극시인의 임무」, 『현대, 연극의 이론』, 대광문화사, 1980.
쟝 폴 샤르트르, 김붕구 역, 『문학이란 무엇인가』, 문예출판사, 1991.
자끄 라깡, 권택영 역, 『욕망이론』, 문예출판사, 1994.
M.엘리아데, 박태규 역, 『상징·신성·예술』, 서광사, 1991.
마르틴 부버, 표재명 역, 『나와 너』, 문예출판사, 1977.
마르틴 하이데거, 신상희 옮김, 『숲길』, 나남, 2008.
______________, 이규호 역, 『존재와 시간』, 청산 문화사, 1974.
몰턴 화이트, 신일철 역, 『20세기 철학』, 서문당, 1974.
노드롭 프라이, 임철규역, 『비평의 해부』, 한길사, 1983.
O.F. 볼노프, 최동희 역, 『실존철학이란 무엇인가』, 서문당, 1973.
오스카 G.브로케트, 김윤철 역, 『연극개론』, 한신문화사, 1994.
필립 윌라이트, 김태옥 역, 『은유와 실재』, 문학과 지성사,1991.
Peter Faulkner, 황동규 역, 『모더니즘』, 서울대학교 출판부, 1979.
Peter Szondi, 송동준역, 『현대드라마 이론』, 탐구당, 1983.
폴 드만, 이상남 역, 『독서의 알레고리』, 문학과 지성사, 2010.
르네 웰렉. 오스틴 워렌, 이경수 역, 『문학의 이론』, 문예출판사, 1987.
레이몬드 윌리암스, 임순희 역,『 현대비극론』, 학민사, 1985.
R.S. Furness, 김길중 역, 『표현주의』, 서울대학교 출판부, 1985.
쇼펜하우어, 김재혁 역, 『쇼펜하우어 인생록』, 육문사, 1995.
쇼펜하우어, 최학순 옮김, 『쇼펜하우어 수상록』, 범우사, 1995
_________, 김충기 역, 『의지와 표상으로서의 세계』, 집문당, 1979.
테리 이글턴, 김명환·정남수·정남영 공역, 『문학 이론 입문』, 창작사, 1986.
테렌스 하웍스, 심명호 역, 『은유』, 서울대학교 출판부, 1983.
T.E. 흄, 김재근 역, 허버트 리이드 편 『사색론』, 정음사, 1967.
T.S. 엘리어트, 최창호역, 『엘리어트 문학론』, 서문문고, 1972.
토마스 하디, 김회진 역, 『인생의 작은 아이러니들』, 영풍문고, 1997.
블라드미르 나보코프, 신동란 역, 『로리타』, 모음사, 1987.

V. Kayser, 김윤섭 역, 『언어예술작품론』, 대방출판사, 1982.
월터 휘트먼, 유종호역, 『풀잎』, 민음사, 1991.
윌슨 에드먼드, 이경수 역, 『액셀의 성』, 홍성사, 1980.
우도 뮐러, 봉원웅 역, 『희곡과 시 입문』, 도서출판 반, 1999.
가라타니 고진, 조영일 역, 『근대문학의 종언』, 도서출판b, 2006.

## 5. 국외 저서

Bernard Shaw, *Man and Superman*, Penguin, 1982.
Bloom, Harold, *The Visionary: A Reading of Romantic Poetry*, revised & enlarged, Ithaca: Cornel University press, 1971.
J.L. Styan, *Expressionism and the Epic theatre*, Cambrige Univercity Press, 1981.
Mason, Michael ed., *William Blake Selected Poetry*, Oxford university Press, 2008.
Renate Benson, *German Exepressionist Drama Ernst and Toller and Georg Kaiser*, Macmillan, 1984.
Susanne K. *Lanager Feeling and Form*, Charles Scribner's Sons, 1953.
Stevenson, W. H., ed., *Blake: the Complete Poems*, New york: Longman, 1989.

**김우진 시와 희곡 연구** 값 15,000원

인　　쇄 | 2018년 12월 24일
발　　행 | 2018년 12월 28일

저　　자 | 손 필 영
발 행 인 | 유 지 수
발 행 처 | 국민대학교 출판부
주　　소 | 서울시 성북구 정릉로 77
전　　화 | 02-910-4242, 3
팩　　스 | 02-910-4240
등록년월일 | 1975년 6월 17일
등록번호 | 제6-33호
인　　쇄 | (주)상지피앤아이 Tel. 02-2275-2500

 ISBN 978-89-7812-431-7 93800